U0603285

《乡土中国》整本书阅读课例研究

余党绪——主编

上海教育出版社

序言

打开《乡土中国》整本书阅读课程化的钥匙

陈心想

现在中学语文教育深化改革的一个重要体现，是将整本书阅读作为教学单元任务，放入语文课本之中。作为社会学经典，费孝通先生的《乡土中国》成为高中生整本书阅读的两本书之一。除了提高学生语文素养外，它的入选还有两个重要作用，一是可以满足中学生接受初步社会科学素质培养的需要，一是能帮助他们了解中国传统文化而实现文化自觉。

相较以往的单篇文章或者著作章节选读，整本书阅读对师生来说都是新事物，构成了教学上的挑战。此外，《乡土中国》是一本严格意义上的社会科学著作，与以往的教学内容材料有所区别。因此，对教师来说，如何应对这个挑战，对教学方法进行创新，就成为一个急需解决的现实问题。余党绪老师主编的这本《〈乡土中国〉整本书阅读课例研究》，便旨在帮助一线教师寻找相应的课程化教学方法。

据我之前的观察，近年来很多教师都参与到整本书阅读的课程开发之中，并且有些人投入了极大的热情，关于《乡土中国》书里书外的知识储备非常丰富，并从不同角度尝试教学。然而，作为自以为熟读《乡土中国》的老读者，当我打开这本《〈乡土中国〉整本书阅读课例研究》后，还是感到非常惊讶，惊讶于老师们对这本书知识掌握之丰富、深入、细致，惊讶于老师们围绕这本书教学的贯通古今中外知识的想象力，惊讶于老师们执着的探索精神和奇妙的课程设计。

老师们的课例各有特色，如同春光明媚的大花园里，各种花儿万紫千红，自带风姿。不管是从"有我之境"到"无我之境"，从"乡土"到《乡土中国》，还是从"乡土中国"到"走出乡土"等，都是"总览与通读"的妙招；不管是"家族""礼治"，还是"根植于乡土的儒道文化"等，都是"梳理与探究"的学习典范；不管是"祥林嫂之死的社会学分析""贾探春悲剧命运的文化成因"之探索，还是对牌坊里的"乡土中国"的探究，都是对"乡土"思想的有理有据的"转化与运用"。并且，每个课例都附有专门的针对性点评，使我看到了只看课例所不能领会到的特色与精彩。对书中这些课例和点评，我大概只有静心学习与欣赏的资格!

在前言部分，余党绪老师对整本书阅读要不要课程化和课程化的三个考查维度进行了分析，并对教学实践作了反思。这些内容已经回答了整本书阅读教学的总体性问题。然后，他谈了理解《乡土中国》的三个维度，分别是:（1）在晚近"数千年来未有之变局"中，理解《乡土中国》的写作主旨;（2）在传统文化的源流中，理解《乡土中国》的思想内涵;（3）在时代发展的浪潮中，理解《乡土中国》的当下意义。通过这样三个维度，余老师把《乡土中国》的宏观主旨和价值意义充分展现了出来，有利于老师们总体把握这本书的思想概貌和价值内涵。

这三个维度，引出了我曾经多次在不同场合讲到的关于"乡土"的三重叙事逻辑。为什么要讲这个逻辑？因为它是理解《乡土中国》的一把钥匙，大概可以拨开读者阅读中的多层迷雾。我们说"乡土中国"，这里的

“乡土”到底指的是什么？费孝通在开篇《乡土本色》第一句话说：“从基层上看去，中国社会是乡土性的。”这个基层上的人是“那些被称为土头土脑的乡下人”。然而，在《差序格局》一章里，差序格局又变成了中国相对于西洋的“团体格局”而言的社会结构特征了，意味着整个中国都是“乡土”。此外，举《红楼梦》大观园贾府人物之间的关系的例子，意味着大观园也是“乡土”的，但像探春这样的贵族小姐绝不是“土头土脑的乡下人”。这样就让读者感到混乱不清，到底“乡土”是指什么？费孝通在书中不断地移动着看事情的视角，但又没明确地告诉读者，由此才引发这些对何谓“乡土”的疑窦。虽然费孝通没有明确指出，但我们可以归纳出“乡土”概念背后的三重逻辑。

第一重逻辑是中国城市和乡村意义上，作为乡下的“乡土”。书中的下列这类表述，都是对第一重逻辑的诠释：“从基层上看去，中国社会是乡土性的”，且这个基层上的人是“那些被称为土头土脑的乡下人”。“我们说乡下人土气，虽则似乎带着几分藐视的意味，但这个土字却用得很好。土字的基本意义是指泥土。乡下人离不了泥土，因为在乡下住，种地是最普通的谋生办法。”这都是在第一重逻辑下所讲的“乡土”。

第二重逻辑是世界东西方发展格局意义上，作为东方的中国“乡土”。在《乡土中国》成书的时代，从全球范围意义上看，西方即城市，东方则是从属于西方的乡村。东方的中国自然具有“乡土”性。《共产党宣言》里说：“资产阶级使乡村屈服于城市的统治……正像它使乡村从属于城市一样，它……使东方从属于西方。”借此，冯友兰认为：“在工业革命后，西方成了城里，东方成了乡下。乡下既靠城里，所以东方亦靠西方。”（《辨城乡》）这样就可以理解，在那个时代，为什么像费孝通这样的学者会把中国社会的结构特征“差序格局”与西洋社会进行对比了，以及为何把中国与西洋的“家庭”作对照——“在西洋，家庭是团体性的社群”，他是把中国整体作为“乡土”来看待的。

第三重逻辑是古今意义上，与现代社会相对照的传统中国的“乡土”。这需要我们回到乡土中国主要思想来源来理解。费孝通写作《乡土中国》，是受其好友雷德菲尔德（Robert Redfield，1897—1958）的一篇名为 *Folk Society* 的论文启发。雷氏是美国芝加哥大学人类学家，而 *Folk Society* 的主要思想内容是他在研究墨西哥村庄的基础上提炼出的理想类型，以对照说明原始社会与现代城市社会所具有的不同特点。因此，费孝通在给雷氏的信中将《乡土中国》表述为 *Folk China*。韩格理、王政翻译的《乡土中国》英译版，书名译为：*From the Soil — The Foundations of Chinese Society*。这一译法既没有了 folk，也没有了 rural，只有“泥土”。从这个逻辑来看，乡土中国是传统意义上的中国，而中国要走向现代。这也是冯友兰所说的，中西问题实质上是古今问题。所谓东西之分，不过是古今之异。对于中国就是从农业经济向工业经济的转变，就是工业化的问题。这一逻辑意味着在古今历史角度意义上，这种“乡土”是指与现代性社会相对照的传统中国是“乡土性”的。如费孝通所说：“现在我们常常听到的社会计划，甚至社会工程等一套说法。很明显地，这套名字是现代的，不是乡土社会中所熟习的……人类发现社会也可以计划，是一个重大的发现，也就是说人类已走出了乡土性的社会了。在乡土社会里没有这想法的。在乡土社会人可以靠欲望去行事，而在现代社会中欲望并不能作为人们行为的指导了，发生‘需要’，因之有‘计划’。从欲望到需要是社会变迁中一个很重要的里程碑。”（《从欲望到需要》）

明白了以上三重逻辑，我们便会减少不少疑惑。比如，费孝通说的是“土头土脑的乡下人”构成的基层社会是“乡土性”的，可是又把《红楼梦》里林黛玉和贾探春这样的贵族小姐所在的“大观园”看作“乡土性”的，有着“差序格局”的结构特征。这自然会引起人们的疑惑。明白了“乡土”的三重逻辑视角在转换，我们就可以对这些疑惑释然了。乡土可以不只限定在中国的乡下，需要纳入全球视角和古今维度。费孝通先生主张并且践行文章要“隐”，也许《乡土中国》里的三重“乡土”逻辑是其文章“隐”写的部分体现吧!

希望以上关于“乡土”概念三重逻辑的阐释，可以对读者朋友们深入阅读理解《乡土中国》有所助益，并为一线语文老师的教学带来新的启示。我期待与老师们携手合作，共同致力于整本书阅读的教学实践。这种实践不仅能够提高教学质量，还能激发中学生对社会科学研究的兴趣，提升其素养。我也希望通过这样的教学过程，帮助学生加深对中国传统文化的理解，增强他们的文化自觉。这是我的愿景和努力的方向。

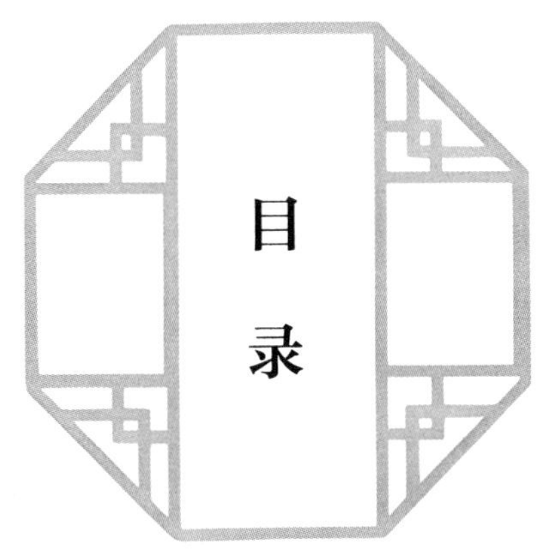

目录

前言

整本书阅读的课程化及其学理考查

余党绪

一、整本书阅读要不要课程化

讨论整本书阅读教学，课程化是个绕不过去的问题。不大有人反对整本书阅读，但确有很多人对课程化持有疑虑。其中，统编语文教材总主编温儒敏老师的观点影响很大。关于课程化，温老师有很多表述，总体倾向是一致的。如“我不太主张名著阅读（整本书阅读）课程化”[1]，整本书阅读“千万不要太过课程化”，还提出整本书阅读要“降温”等。我想，温老师要“降”的，肯定不是学生读整本书的“温”，这与其教育理念不符。他说：“提高语文教学效果有各种各样的办法，但最管用的是读书，是培养读书兴趣，这是关键，是‘牛鼻子’。”[2]那么，温老师要“降”的，就只能是课程化的“温”，是整本书阅读教学的“温”了。

---

[1] 温儒敏.温儒敏谈读书［M］.北京：商务印书馆，2019：63.
[2] 温儒敏.温儒敏谈读书［M］.北京：商务印书馆，2019：16.

在语文教学改革中，温老师坚守常识，他的理性精神与稳健态度对于课改有着特殊意义。整本书阅读的推进，积极进取当然重要，而稳妥或许更难，这样才能避免大干快上式的一哄而上、一哄而“下”乃至一哄而散，以往这种运动式课改留下的教训也不少了。在语文课改历经多轮反复而最终证明收效有限的情况下，整本书阅读抓住了“读书”这个语文教育的关键（即温老师所说的“牛鼻子”），回归语文教育的朴素传统，自然引发了社会的广泛共鸣。同时，整本书阅读也焕发了很多一线教师的热情。长期以来，在没有课时保障与课程支持的情况下，他们怀着对名著阅读的热情，引导学生课外阅读，还开展了一些力所能及的有限教学；而今《普通高中语文课程标准（2017 年版 2020 年修订）》（以下简称课标）将“整本书阅读与研讨”作为第一个学习任务群，让名著阅读从课外走进课内，自然让这些“吃螃蟹”的先行者们兴致勃勃。而且，在国家推动“全民阅读”的背景下，政府部门与社会组织对整本书阅读也加以渲染，以此助推社会阅读。一时间，整本书阅读成了众目聚焦的热点，看起来好像热火朝天。温老师此刻提出降降温，不要头脑发热，可谓用心良苦。

温老师谈语文，主要着眼于读书；温老师谈读书，主要着眼于学生的阅读兴趣。说这是温老师语文教育思想的立足点，应该大体不差。温老师对整本书阅读及其课程化的疑虑，立足点也主要在阅读兴趣上。我梳理了他的相关言论，大致可归纳为三点。

第一，整本书阅读的价值，在于培养学生终身阅读的兴趣，不必负载太多功利目的，而应让学生充分享受阅读的乐趣，甚至提出“阅读，快乐至上”[1]。值得注意的是，温老师所说的“功利”，不仅包括世俗意义上的物质利益与考试分数，也包括学科范畴的知识教学与能力训练。比如针对

---

[1] 温儒敏.温儒敏谈读书［M］.北京：商务印书馆，2019：3.

“不动笔墨不读书”的说法，他提出“处处扣着写作来阅读是很累的”[1]。确乎如此。读写虽为一体，毕竟各有其道，非得处处关联、时时挂钩，既不现实也无必要，还可能导致学生对阅读的厌恶，结果既损害了阅读，也损伤了写作。

第二，在阅读指导上，少一些规定动作，少布置“活动”与“任务”，多给学生自由，包括书目选择、阅读方式、阅读过程与阅读结果（即理解）的自由，核心精神就是减少课程介入对自由阅读的干预，减少集体教学对自主阅读的干扰。事实上，阅读不仅是语文的事情，也不仅是课内的事情，将所有的阅读都纳入指导范畴，这是不必要的。温老师主张多读点“闲书”，“少点功利”，与课程化并不构成矛盾。纳入教学的，就该考虑课程化，以保证教学质量；该自由阅读的，就尊重学生的兴趣，让它成为学生“自己的园地”。

第三，不要用不合理的题目与测评败坏了学生的阅读兴味。温老师反复提醒，“刷题”不能代替读书，测评更要慎之又慎。从已有的《红楼梦》等测评情况来看，我们对相关测评还存在很多认知盲区与误区[2]。毫无疑问，温老师的反复提醒，抑制了不少人用“指挥棒”来“制造”整本书阅读热潮的冲动。差之毫厘，谬以千里，测评事关重大，不可不慎之又慎。

尽管如此，温老师并没有否定课程化，更没否定教学。他说：“整本书阅读教学效果好不好，就看学生是否爱上读书，自己能找更多的书来读，而且多是整本书阅读。”[3]教学还是要的，目的在于让学生“爱上读书”，未必要拘泥于某本书的精耕细作。温老师还主张读书要“连滚带爬”，有人据此说温老师反对整本书阅读教学。但事实上，温老师原话是这

[1] 温儒敏.温儒敏谈读书［M］.北京：商务印书馆，2019：66.

[2] 余党绪.无可挽救的颓败 无处安放的青春——整本书阅读之《红楼梦》（五）［J］.中学语文教学参考·高中，2022（10）：19－21.

[3] 温儒敏.温儒敏谈读书［M］.北京：商务印书馆，2019：65.

样的:“不要每一本书都那么抠字眼，不一定全都要精读，要容许有相当部分的书是‘连滚带爬’地读的，否则就很难有广泛的阅读面，也很难培养起阅读兴趣来。”[1]这里讲的是精读与泛读的选择，主张“相当部分的书”可以泛读，并没说每本书“连滚带爬”即可。其实，温老师也主张有些书是“要啃”的。他说:“经典因为有时代的隔膜，年轻人阅读比较困难，要不断克服某些阅读障碍，其丰富的内涵也需要认真反复地发掘体味，这都不会是像阅读流行小说那样痛快的。必须先要有‘啃书’的思想准备，克服那种浅尝辄止的毛病，才能真正进入良好的阅读状态。”[2]

之所以讨论“课程化”问题，是因为这是整本书阅读教学必须解决的一个前提性问题。所谓课程化，就是站在育人的高度，基于教学的规律，对教学价值与内容的理性设定，对教学方式与结果的合理预设，以达成“合目的性”与“合规律性”的统一。课程赋予教学行为以价值，以意义，以规律。要“纳入教学”，就必须有相应的课程考量；有课程设计，才会有合理的教学行为。课程化肯定会抑制个体的意志与自由，但前提是对学习主体的尊重，对教学规律的顺应。没有课程的保障，教学只能各自为战，看起来繁花似锦，实际上镜花水月。有了课程的考量，教学才有了评价与改进的依据，才有了批评与交流的基础，才能求同存异，凝聚共识，不断前行。几十年来，语文课改多是热闹一阵子，又归于寂寞；进一步，又退两步。说到底，就是因为在语文的课程性质上共识不够。缺乏共识基础的课改，必然沦为跷跷板式的折腾。

整本书阅读并不是泛义上的阅读，作为课标设定、教材落定的教学任务，它的课程性质不言而喻。在特定意义上，否定整本书阅读的课程化，一线的课程设计与教学探索就失去了合理性。在当下的教育环境下，整本

[1] 温儒敏.温儒敏谈读书［M］.北京：商务印书馆，2019：30.
[2] 温儒敏.温儒敏谈读书［M］.北京：商务印书馆，2019：79－80.

书阅读的开展举步维艰，如果其教学的合理性还存有争议，无异于釜底抽薪。这恰恰是很多先行先试的老师们所面临的窘境。现在的一线老师有点茫然，教也不是，不教也不是。与其这样半推半就，欲迎还拒，倒不如回到以前的课外阅读状态，那至少还有自由选择的快乐与坦荡。多少年来，有那么多人，默默地探索名著阅读。他们并不是为了践行课标，或落实文件，不过是无法忘却名著阅读的梦想而已。

事实上，所谓整本书阅读“热”也只是个表象。从学生阅读与教师教学看，“热度”都还谈不上，更谈不上“降温”。无论是学生还是老师，对整本书阅读的热情总体不高，这才是事实。但造成这个局面的，肯定不是课程化，更不可能是过度课程化造成的。课程化尚处在起步阶段，它面临的是合理与否的问题，而非过度与否的问题。进一步说，不读书，这首先是一个社会问题，然后才是一个教育问题。要唤起一代人的读书热情，也不是课程化就能解决的。在读书问题上，教学只能承担教学应该承担的责任。

兴趣与课程的关系也要辨析。在具体教学中，兴趣与教学的矛盾始终存在。之所以要读《乡土中国》，读《红楼梦》，并不是因为学生有兴趣，而是因为这些书具有无可替代的文化意义与教育价值。正如温老师所说，因为“时代的隔膜”，因为“阅读障碍”的存在，学生对它们的兴趣可能反不如那些“流行小说”。黑塞说：“我们先得向杰作表明自己的价值，才会发现杰作的真正价值。”学生对名著不感兴趣，除了个体的心理与性格原因，更主要的恐怕还在于缺乏与经典相匹配的价值诉求、知识结构和思维素养。在经典名著的阅读上，我们是不是该换个思路：不是因为学生有兴趣才教学，而是通过教学来激发他们的兴趣，通过理解来培养他们的志趣。正如温老师所说：“读书的兴趣需要长期培养，需要磨性子，是一个漫长的涵养过程。”[1]若课程扼杀了学生的阅读兴趣，那是课程本身的缺

[1] 温儒敏.温儒敏谈读书［M］.北京：商务印书馆，2019：196.

陷，而非课程化的原罪。

在整本书阅读课程化的探索中，人民教育出版社中学语文编辑室做了很多有益的尝试，他们率先推出“名著阅读课程化”读物，开整本书阅读课程化之先河。原中语室主任、中语会理事长王本华老师说：“要把名著阅读作为语文课程的一部分，有规划，有指导，给时间，出成果，而不是把它当作可有可无的点缀，也不能在教学中放任自流，随意而为。”[1]言简意赅地阐明了整本书阅读课程建设与教学实施的要求。

承认整本书阅读是语文课程的有机组成部分，课程化就不是“要不要”的问题，而是该“怎么样”的问题。

二、整本书阅读课程化的三个考查维度

“整本书阅读与研讨”是课标推出的学习任务群，这是它的基本属性。讨论它的课程化，应尊重这个属性，尽量克制个人的感受与偏好，多在教育政策与教学规律的公共平台上讨论，寻求对话与共识。我认为，在当下教育环境中讨论整本书阅读课程化，有三个维度必须兼顾，可视作三个学理依据。

一是课标关于整本书阅读的基本精神。课标界定了整本书阅读的目标、内容及教学安排，这是整本书阅读的直接依据与标准。该不该读，该不该教，能不能教，教到啥程度，课标都有明确说法。其实，对照课标，很多分歧与争论是没有必要的。比如要不要教学，课标在强调了“不以教师的讲解代替或限制学生的阅读与思考”之后，明确指出“教师的主要任务”

---

[1] 王本华.名著阅读课程化的探索——谈谈统编语文教材名著阅读的整体设计与思考[J].语文学习，2017(09)：5.

是“提出专题学习目标，组织学习活动，引导学生深入思考、讨论与交流”。我看了一些反对教学的文章，发现分歧可能出在对“教学”的理解上。有人理解的“教学”，就是“教师的讲解”。那么，设计专题，组织活动，算不算“教学”呢？显然，不是整本书阅读不要教学，而是我们关于教学的观念需要更新。尤其是面对《红楼梦》这样的著作，必须承认，习以为常的那一套教法实在难以为继了。

在整本书阅读的教学目标上，课标不仅强调“经验”积累，也强调了“方法”建构。在表述上，经验与方法总是如影随形，前后呼应。经验是个体的，与主体的精神结构、心理特征、人生经历密切相关；同时，经验也是感性的，往往依存于具体情境，可意会而难以言传。与经验相比，方法则具有更多的公共性与规范性，可以离开具体的个体与情境而存在，便于借鉴，可以迁移。经验的积累主要靠感受与积累，而方法的训练主要靠运用与转化。课标将经验与方法相提并论，显然是在强调，整本书阅读不仅要增加阅读体验，积累阅读经验，还应寻求个体经验的公共化，感性经验的理性化，掌握一些具有普遍意义的方法，从能力走向素养。

在文本理解上，课标要求也很明确，不仅强调“通读”，还要“理解”。尤其是对“指定书目”。比如长篇小说，课标提出要“反复阅读品味”，“深入探究”，“探究人物的精神世界，体会小说的主旨，研究小说的艺术价值”，显然是希望发挥名著阅读在学生的文化发展与精神成长中的积极作用，发挥其在语文核心素养培育中的独特价值。这就进一步凸显了课程开发与教学设计的重要性。

当然，就教材安排的《乡土中国》与《红楼梦》而言，要达到课标要求，难度确实很大。但做不到不等于不该做，做不到更不能成为反对教学的理由。这是两码事。若经调查与论证，确认《红楼梦》《乡土中国》不适合高中教学，可考虑替换书目，而不是将整本书阅读束之高阁。最糟糕的是，明明教材做了安排，而教学却可以堂而皇之地敷衍了事。这种形式主义大概不是人们所希望看到的。

二是“整本书”的特点。既然是整本书阅读课程化，当然要尊重“整本书”的特点。作为一个教学概念，整本书阅读主要区别于长期以来占主导地位的片段阅读与篇章阅读，除此并无更多内涵。基于这个术语，试图演绎出一套阅读教学的规律，多半是大而无当。课标给出的思路是分类教学，明确提出了“应完成一部长篇小说和一部学术著作的阅读，重在引导学生建构整本书的阅读经验与方法”。这个表述暗含了从“一本书”到“一类书”的建构逻辑。的确，与其泛泛地讨论整本书阅读规律，不如具体到小说类、学术类等具体类别，可望形成一些有用的具体方法。但是，从一本书到一类书，经验的迁移也隐含着诸多风险，运用不当，适得其反。经典名著的特点正在于它的独一无二性与不可替代性，即使同为“一类书”，彼此之间可以借鉴的方法也很有限。像《红楼梦》这样的作品，它的经典性并不能使之自然地成为阅读其他同类作品的“样本”和资源。相反，它的独特性倒很容易成为通向其他经典的障碍。阅读，面对的是具体文本；阅读教学，自然也必须从具体文本开始。

说到底，读好“一本书”才是根基。读好“一本书”，才谈得上读好“一类书”；为了读好“一类书”，也只有先读好这“一本书”，舍此别无他途，多想无益。总是冲着读“一类书”的经验而去，结果是既得不到经验，书也不可能读好。同样，总是冲着整本书阅读的教学规律去，而不愿意在“一本书”的教学研究上下功夫，好大喜功的结果必然也是劳而无功。

基于上述分析，聚焦“这本书”的内容与特点，发掘“这本书”独特的教育价值与内涵，是做好课程化的前提。我将其概括为“按照整本书的规律教，教出这本书的个性来”。

三是语文核心素养。作为语文的组成部分，整本书阅读归根到底要服务于核心素养的培育。我们向来重视名著阅读在涵养人文、陶冶情操上的“无用之用”（偏向于“审美鉴赏与创造”“文化传承与理解”），而对它在读写与思维中的“有用之用”（偏向于“语言建构与运用”“思维发展与提升”）则认识不足，甚至还有意无意地将二者对立。这也是很多老师不太重视整本书阅读的一个现实原因。事实上，整本书阅读的“无用之用”与“有用之用”是相辅相成的。没有语言与思维的根基，审美与文化的大厦也难以建成；没有审美与文化的超越导向，语言与思维的落实也会变得琐碎而贫弱。

整本书阅读面对的是大文本与复杂文本，宏观把握更重要，我提出“整本书阅读还得在‘整’字上下功夫”[1]，强调的就是这一点。因此，要学会取舍，分清主次，抓大放小。篇章教学能解决的，未必要借助整本书，否则事倍功半；通过整本书阅读才能解决的，那就知难而愈进。但是，强调整体并不以牺牲局部为代价，强调系统并不以牺牲要素为代价。恰恰相反，文本的所有意义都蕴含在细微的语言与细小的结构之中，再宏大的教育价值也只能来自文本，通过文本，依存于文本。

有些老师担心整本书阅读的宏观取向会削弱它的语文色彩，这个担心并非杞人忧天，但根源还在于我们的阅读观念。阅读的对象是文本，而非语言，对这一点很多人是误解的。语言是构成文本的材料，但在具体文本中，却因创造者而拥有了灵魂。当我们面对文本的时候，语言的内容与形式融为一体，统一于创造者的主体精神。非得将语言切割为音、形、义，或者将文本分割为工具性与人文性，文本必然被肢解为一堆毫无生机的材料，而文本的意义及其价值也就无从说起。相反，如果确立了牢固的文本观念，养成了尊重文本的意识，将一切推断与结论牢牢地扣住文本，核心素养的培育就不会偏离正道，凌空蹈虚。

这就是整本书阅读课程化的三个考查维度。课程化的总体思路应该是：依据课标规定，基于“这本书”的特质，以核心素养的培育为指归。

---

[1] 余党绪.整本书阅读还得在“整”字上下功夫——詹丹《重读〈红楼梦〉》读后有感［N］.中华读书报，2020-09-16（10）.

必须说，这三个要求没有一个是容易达成的。但是，若能确认整本书阅读及其教学的价值，我们就可以在具体的书目选择、具体要求、推进策略上持续着力。当然，若整本书阅读的价值终被证明是虚妄的，那就另当别论。

三、整本书阅读教学实践的反思

课程化并不意味着把教学搞得很难、很复杂，或者僵化死板，而是要让它更合乎培育核心素养的目的，更合乎教育的基本规律，更合乎学生的实际状况。依据上述三个考查维度，检视目前的整本书阅读教学实践，有四个问题需要进一步探索。

一是整本书阅读的教学价值，宜着眼于高站位。

相对于篇章阅读，整本书阅读意味着更复杂的学习，理应花费更多时间与精力。但现实的尴尬在于，大家情愿将时间用来刷卷子，也不肯在整本书阅读上花功夫，给定的有限课时也多被蚕食。这显然与整本书阅读的价值定位相关。打个比方，如果学生从《红楼梦》中得到的，跟从篇章阅读中得到的相差无几，从效能角度看，我们就有理由质疑开展《红楼梦》阅读的必要性。列举读名著的一千条理由，也不如给学生一个具体可感的愿景。只有找到了《红楼梦》无可替代的教育价值，老师们才会心甘情愿地投入时间与精力；只有让学生感受到整本书阅读与素养发展之间的正向关系，他们才会投入更多心血。在这个问题上，没必要批评他们功利，这样的功利诉求本来无可厚非。

整本书阅读的价值究竟是什么？

从学习经历看，彭正梅教授“打大仗”的说法值得关注。他说，只有经历了真正的战斗，人才能获得成长。“读一本书实际上就是一次战斗，你不断地在森林里寻找，然后才能打到猎物；而读一篇小文章，那就像是吃个小点心。”[1]他还用“打大仗”比喻读整本书，用“打小仗”比喻篇章阅读，意思是再多的小仗也代替不了大仗，只有大仗才能带来“突变”与“质变”。若将《红楼梦》阅读比作“打大仗”，那它能给学生的语文素养带来哪些质的突破呢？它能给学生的思维方式带来哪些独特的冲击呢？它能给学生带来哪些革命性的人生启迪呢？“打大仗”的思路有助于我们精准定位《红楼梦》的教学价值。目前看，主导我们的依然是“打小仗”的思路，纠缠于“打小仗”，陶醉于吃“小点心”，结果必然是人困马乏，却带不来价值感。

从学习性质看，郭华教授的深度学习理论值得借鉴。郭华认为，深度学习是核心素养培育与发展的基本途径，是我国课程改革走向深入的必需。她特别强调，虽然深度学习的深浅是相对而言的，但学习内容必须具有挑战性，非经教学不能理解。[2]这对于理解整本书阅读教学很有启发。《乡土中国》《红楼梦》的难度与高度绝非一般课文可比，放任自流，则阅读意义非常有限；只有借助专业的课程与教学引导，学生才可能克服价值观念、思维方式与知识结构上的缺陷，走到文本深处，触摸作品精华。

深度学习与打大仗的思路是一样的，都强调要发挥整本书阅读的复杂性与挑战性，在学生的学习经历与精神磨砺中留下深刻的印记，使之成为学生成长过程中的“关键事件”。这应该是整本书阅读区别于一般篇章阅读的重要特点。

二是整本书阅读的教学内容，重在通读指导与总体理解。

提倡“打大仗”与深度学习，并不是要一味地追求高度与难度，教学还是要立足学生实际，不能好高骛远，悬鹄过高。目前看，“通读原著”与“总体理解”依然是教学的重中之重。

---

[1] 邹一斌.鲁迅的七堂语文课［M］.上海：华东师范大学出版社，2022：88.

[2] 郭华.带领学生进入历史：“两次倒转”教学机制的理论意义［J］.北京大学教育评论，2016（02）：8－26.

如前所述，引导学生通读整本书，本身就是教学。通读《红楼梦》这样的书，不仅需要“阅读打卡”这种众所周知的管理手段，也需要借助专业的教学知识与技术，设置任务，提出问题，引导学生一步步走进文本，完成通读任务。这样的教学设计，同样需要教师的学术积累与教学想象力。

总体理解，是把握大文本的一般规律。像《红楼梦》这样的著作，内容复杂，思想多元，既不可能面面俱到，也不可能一劳永逸。这就要改变教学观念，放弃那种全盘占有、毕其功于一役的想法。正是在这个意义上，温儒敏老师的“兴趣论”值得我们深思。经典是需要我们用一生的时光反复进入的文本，中学教学的目的，旨在开启经典阅读的大门，播下名著阅读的种子，培养学生反复阅读、终身阅读的志趣。蒙以养正，教学重点应放在通识性与共识性的内容上，难、偏、生、怪的内容还是少涉及为好。

有一种现象值得关注。打着快乐阅读、趣味阅读、创造阅读的旗号，将不可靠的多元解读与无意义的学术争端引入教学，这是需要考辨的。“水煮三国”“戏说红楼”，自娱自乐倒也无妨，但教学还是要保持基本的学术品质。一句话，阅读可以连滚带爬，但教学不可没头没脑。

强调通识与共识，其实给教师提出了更高要求。按照郭华教授“两次倒转”的深度学习机制，教师既要站在科学与理论的前沿，高站位，宽视野，明了知识的来龙去脉与价值意义，同时还要精通学习规律，为学生提供可行的方法指导与路径支持。就《红楼梦》来看，教师要密切关注《红楼梦》研究的成果与动态，摒除那些似是而非的所谓新见与异见，筛选出相关的通识与共识。这比那些借多元解读之名、行肢解文本之实的读法要艰难得多，也有意义得多。

需要反复强调的是，强调总体理解，与快乐的原生态阅读、充分的沉浸式阅读、有重点的文本细读并不构成矛盾。

三是整本书阅读的教学方式，不妨在大单元教学上做更多探索。

名著（整本书）是自然形态的大单元，整本书阅读具备大单元教学的所有要素、功能与意义。目前，围绕大单元教学的争议很多，但其理论出发点与现实针对性还是要肯定的。李松林教授认为，大单元教学的价值，在于改变目前教学中普遍存在的“散、浅、低”的现状，而这些与核心素养的培育是相抵牾的。[1]我认为，语文教学长期存在着价值站位低、思维层次浅、知识散乱零碎等痼疾，大单元教学有助于改变这种低阶、低效的教学状态。但总体看，一线的大单元教学探索并不理想，相反还带来不少争议或非议。我建议，在大单元教学的推进中，应该多从观念上理解和借鉴，少从技术上强求与推广；不要急于确立新的教学范式，而应着眼于现有教学资源的改造与传统方法的借鉴，以减少不必要的震荡与摇摆。

名著阅读蕴含着丰富的大单元教学资源。比起以篇章为基础的大单元设计，《乡土中国》《红楼梦》在大概念的挖掘与提炼、结构性学习的设计、关联与整合的思维训练等方面，具有得天独厚的优势。比如大单元教学与独立文本解读之间的关系，一直困扰着我们。现在的很多大单元教学，是以牺牲文本的独立意义为代价的。所谓的关联与思辨，受到外在目标与任务（大概念与大任务）的影响，先入为主的主观主义与“为我所用”的实用主义盛行，导致了对文本的割裂与肢解。多年前让于漪老师痛心疾首的“碎尸万段”式阅读，又借大单元教学之名沉渣泛起，这是值得警惕的。但在整本书阅读中，各部分、各要素之间的关联是先在的和有机的，统一于“整本书”的意义与主旨。只要有“整本书”的意识，尊重文本的客观性与独立性，关联的逻辑性与思辨的真实性就有了坚实的保障。因此，整本书阅读可能是当下最便捷、最现实的大单元教学，通过整本书阅读来探索大单元教学，或许是震荡与风险最小的探索之路。

我在整本书阅读探索中，以“母题”作为大概念，在母题统领下设计

---

[1] 李松林.以大概念为核心的整合性教学［J］.课程·教材·教法，2020（10）：56－61.

“结构性专题”，围绕专题学习中的“关键问题”，引导学生展开基于文本的、有深度的思辨读写。“三题定位，思辨读写”的课程设计，可看作一个大单元教学的框架。在具体的教学实践中，我也提出“小切口，大关联，强思辨，重整合”的教学思路，以体现大单元教学的理念。总之，所有的课程开发与教学设计，都是为了引导学生更好地读书，都是为了以精要的教学引领学生走进名著。

整本书阅读是复杂文本的学习，“思辨”尤应特别强调。经典名著内涵复杂，意义丰富，非思辨无以求真；传播久远，街谈巷议，道听途说，非思辨无以辨伪；影视改编，游戏恶搞，非思辨无以还原。以思辨介入整本书阅读，既是名著阅读的需要，也是培育核心素养的需要。

四是整本书阅读测评，应着眼于“整体”与“高阶”。

作为课标设定的学习任务，对整本书阅读进行测评是必要的。测评是否合理，其要依然在于前述三个维度。测评重在一个“整”字，万不可陷入碎片化、片面化和表面化的误区。同时，测评应与“打大仗”、深度学习的定位相呼应，着眼于高阶能力比如思辨能力、整合能力、评价能力的考查，以彰显整本书阅读在核心素养培育上的独特价值。在测评方式上，信息的死记硬背必须杜绝，单一的知识识记尽量避免，测评的开放性与学术的合理性也应保持一致。

目前高考卷中对《乡土中国》的测评较少，这里以《红楼梦》为例。江苏卷多年考查《红楼梦》阅读，题目多以“人物论”为命题点，前后涉及薛宝钗、贾母、刘姥姥、晴雯等。2013年的题目是这样的：

> 《红楼梦》中抄检大观园时，在入画的箱子里寻出一大包金银锞子、一副玉带板子和一包男人的靴袜等物，在司棋的箱子里发现一双男子的锦带袜、一双缎鞋和一个小包袱，包袱里有一个同心如意和她表弟潘又安写的大红双喜笺。入画和司棋分别是谁的丫鬟？在处置入画和赶走司棋时，她们的主子各是什么态度？

题目考查学生对迎春与惜春的理解。但凡通读过《红楼梦》的人，对迎春的善良与懦弱，惜春的孤僻冷漠、耿介孤直应该会有印象。她们的性格在“抄检大观园”这个大事件中得到了鲜明的表现，在命题者的诸多提示下，考生应能做出判断。这个题目重在考查学生的“通读状况”以及对人物的“基本理解”，方向值得肯定；它将人物置于具体的社会关系与具体情节中，旨在唤醒学生的阅读印象与记忆，其导向是理解而非死记，命题方式也值得肯定。相比之下，现在有太多命题，沿袭传统测评的思维惯性，考查学生能否记住金钗们及其丫鬟的名字，能否记住小姐们所居馆舍的美名，甚至要求学生一字不错地默写通灵宝玉上的八个字“莫失莫忘，仙寿恒昌”，宝钗金锁上的八个字“不离不弃，芳龄永继”。若是专业阅读，这样的要求自有其道理；但对于中学生而言，这不是要把学生逼进信息的汪洋大海吗?

江苏卷聚焦《红楼梦》的文本值得学习，但过分黏滞于文本，则难度可能脱离学生实际，有些命题的学理依据也显不足。如 2020 年的题目：

> 《红楼梦》第五十回“芦雪庵争联即景诗，暖香坞雅制春灯谜”中，众人联句，起句为王熙凤所作，她说，“你们别笑话我，我只有一句粗话”，“就是‘一夜北风紧’”。请结合这句诗简析王熙凤的形象。

这个命题可用“轻率”来批评。凭王熙凤的一句“诗”，就能“简析王熙凤的形象”？放在《红楼梦》文本系统中，这句诗确实能引发诸多联想；但凭借孤零零的一句话，要分析人物形象，大概只能生拉硬扯贴标签了。对照其参考答案，也可发现命题的疏漏：“诗句浅白，表明其学识浅薄；诗句能领起全篇，表明其聪明颖悟，有一定领导才能；诗句意境肃杀，表明其心怀忧惧。”俞晓红教授就此分析说：

> 第一句尤可；第二句分开看也不错，“诗句能领起全篇”和“聪明颖悟，有一定领导才能”都是客观存在的事实，但这两者之间并不存在因果逻辑关系……第三句就更离谱，如果王熙凤真的“心怀忧惧”，

而且还能出于个人意志、借助吟诗表达给众人听，那她就不是这样一个不识字、以中饱私囊为务的王熙凤，而是一个才富志高、贾探春式的人物形象了。[1]

确乎如此。我认为，答案的第一句话也有问题。王熙凤不识字，“学识浅薄”，但这与“诗句浅白”之间没什么必然关联。学识渊博的人未必能吟出好诗，而好诗也未必一定要有深厚的学问。何况，“诗句浅白”也不见得不是好诗。艺术创作与学问之间的微妙关系，凭常识也能知道并非一一对应。说王熙凤“学识浅薄”没错，但这是整个文本系统告诉我们的，“一夜北风紧”这句话却不足为凭。单就这句诗讲，我可不可以说，王熙凤真是个天才啊，她虽然不识字，这句诗却是真的妙极！这样的题目既架空了文本，也架空了思维。想必学生要做的，就是将记忆中的“标签”贴在此处而已。

归根到底，测评的内容和方式都服从于测评目的，还得回到课标。我将整本书阅读分为四个层次：通读，即读“整本书”；理解，读懂故事与主旨，强调个人的体验；思辨，合理的辨析与判断，追求学术意义上的公正；创新，在前述基础上读出个性，读出新意。整本书阅读重在“通读”与“理解”两个层面。第三个层次，有条件的学生可做一些体验性的思辨研究。对于创新，保持开放的期待即可，不必刻意追求。与这四个层次相对应，我们在命制试题时，也不妨问问测评所关注的阅读境界：

通读了吗？

读懂了吗？

读对了吗？

读出新意了吗？

测评之路，道阻且长，唯有开放而理性的态度，才能积累经验，不断前行。

[1] 俞晓红.悦读红楼[M].合肥：安徽教育出版社，2021：180.

总论

理解《乡土中国》的三个维度

余党绪

《乡土中国》并非严恭静正的学术论著，从它的产生方式、发表样态和行文风格看，称之为“学术性著作”也许更为合适。尽管费孝通创制的很多概念一直沿用至今，而且依然充满活力，但在本书中，作者并未就概念及其关系作出更周密的阐释，他的判断也多依托于他的生活感受或者田野经验，而非理性的论证。这是一本像“乡土”一样素朴的学术著作，得益于作者敏锐的文化感知力与深刻的文化洞察力，素朴之中又散发出理性思辨的通透。以学术求真知，以思辨求真理，这大概就是学术的本质内涵吧。

正因为如此，理解《乡土中国》，局限于文本是远远不够的。我们还应将眼光投射到历史的纵深处，投射到现实的大空间，在不同的维度去发掘它的内涵、价值与意义。

一、在晚近“数千年来未有之变局”中，理解《乡土中国》的写作主旨

《乡土中国》从“乡土”入手，揭示了乡土社会的“超稳定”特征。小农经济将广大的农民束缚在土地上，一生一世，祖祖辈辈，这样的生产方式造就了乡土社会的人际关系，以及处理人际关系的伦理道德与习俗风尚。时间不断卷过风云，但历史并未随着时间的推进而产生新的内容，增加新的要素。有历史学家称这种“超稳定”的历史是“没有时间的历史”，千年如同一年，一年遮蔽千年。考虑到几千年来，传统中国的生产方式、价值理念与社会形态的延续性与同质性，用“超稳定”来形容这个漫长的历史时段，不算夸张。

这个田园牧歌式的历史终结于1840年，鸦片战争让中国社会发生了断崖式的变革。晚清重臣李鸿章提出了一个命题，叫“数千年来未有之变局”。李鸿章是从边患与国防的角度来界定这个“变局”的，但此命题却被人们广泛接受，其所指也远远超出了国防的范畴，政治、经济、文化、社会风尚、生活习气，无不涵盖其中。

李鸿章的原话是这样的：

> 历代备边多在西北。其强弱之势、主客之形皆适相埒，且犹有中外界限。今则东南海疆万余里，各国通商传教来往自如，麇集京师及各省腹地，阳托和好之名，阴怀吞噬之计，一国生事，诸国构煽，实为数千年来未有之变局。[1]

传统中国的迷梦在洋枪洋炮的硝烟中惊醒。鲁迅说，人生最苦痛的是

[1] 俞祖华，汪洋.近代以来三次历史大变局与中华文明的衰而复振[J].济南大学学报（社会科学版），2021（01）：92.

梦醒了之后无路可走。那几代中国人，大概都曾经历过这样的震惊与迷茫吧。

近代中国人的“突围”从两个方向展开，一个是“开眼看世界”，另一个我姑且称之为“反身看自己”，二者难解难分，互为动因，彼此纠结，深刻地影响了几代人的精神与心态。近代中国的政治、哲学与艺术，无一不带有这种纠结的痕迹与创伤。

“开眼看世界”，大体可分为三个阶段。第一阶段重在“学技术”。残酷的事实摆在面前，咱们武器不如人，军事不如人，工业也不如人。师夷长技以制夷，虽属被动，却也自然。但学技术这条看起来便捷易行的康庄大道，最后梦碎于甲午海战。

第二阶段是“学制度”。虽然清王朝躲躲闪闪，毕竟尝试过君主立宪；孙中山枪炮开路，意在建立民主共和。他们试图模仿和借鉴西方的政治制度，但这条路最终幻灭于辛亥革命。鲁迅那代人，每每谈到辛亥革命，都有挥之不去的幻灭感，因为他们都曾做过革命的美梦，甚至曾经在梦中自我陶醉过。

这些尝试宣告失败，这就有了第三个阶段，有人称之为“学文化”。为避免理解上的歧义，我称之为“文化的对话与反思”吧。学技术，不行；学制度，也不行。那么，是不是意味着中国人不行？是不是意味着我们的文化不行？这个发现让人震惊，可算撕心裂肺。中国人对自己的文化一直充满自信，即使在屡战屡败的绝境下，依然还有最后一个安身立命的港湾，那就是悠久的文化与深厚的传统。事实上，传统文化在几千年的历史进程中也发挥了积极的社会整合与激励效应。总体看，传统与现实之间的矛盾并不突出，撕裂性的冲突更少。即使发生了，也都能很快地自我修复与弥合。中国人的文化自信就是这样造就的。但在近代，中西之间不可调和的矛盾，让古今之间的和谐关系受到强大冲击。《狂人日记》里那句“名言”似乎也代表了“今”对“古”的质疑：“从来如此，便对么？”

说到底，“反身看自己”与“开眼看世界”之间，有着复杂的因果关联——那些“开眼看世界”的人，往往也是“反身看自己”的先知，严复、谭嗣同、梁启超……无不如此。理解《乡土中国》也需要回到这样的历史纵深处观照，这是费孝通“开眼看世界”之后“反身看自己”的产物。总体上，可纳入他提出的“文化自觉”的探索范畴。

“文化自觉”是费孝通1997年在北京大学举办的第二届社会学人类学高级研讨班上提出的命题。他回忆说：

> 这个名词确实是我在这个班上作闭幕发言中冒出来的，但是它的思想来源，可以追溯的历史相当长了。大家都了解，20世纪前半叶中国思想的主流一直是围绕着民族认同和文化认同而发展的，以各种方式出现的有关中西文化的长期争论，归根结底只是一个问题，就是在西方文化的强烈冲击下，现代中国人究竟能不能继续保持原有的文化认同？还是必须向西方文化认同？[1]

我们生于斯，长于斯，文化就像空气、阳光和水一样，弥散在我们的生命中，我们受着它的滋养，却未必能感受到它的存在，更不要说知道它的长处与短板。知人者智，自知者明，没有文化的自知之明，仅仅按照传统的惯性生活，沿着前人的教诲行事，这样的民族是危险的；处在弱肉强食的近代丛林世界，缺乏文化自觉的民族甚至连生存都成问题。中国近代的屈辱与辛酸，不能不说与文化自觉的缺失存在着密切的相关性。

1943年，费孝通出访美国。面对生机勃勃的美国社会，费孝通痛感中国传统文化之保守。他将传统文化比作“生了硬壳的文化”，不无痛惜地写道：

> 在这种生了硬壳的文化中，除了安心在壳里求存，有什么别的生

[1] 费孝通.文化与文化自觉［M］.北京：群言出版社，2012：539－540.

> 路呢？于是，聪明的人“克己复礼”，把生活托付给传统。他们只能在控制自己的欲望的方法下求一个平静恬适的生活了。“知足常乐”必然会成这种人的立身要诀。[1]

当然，费孝通绝非那等妄自菲薄之辈。他在繁荣的美国社会后面，也看到资本主义所带来的不断膨胀的物质欲望，以及它必然带来的资源匮乏与紧张的社会关系。这让费孝通又看到了中国式的知足常乐的人文价值。

在《初访美国》中，费孝通写的是美国，萦绕于心的依然是他的祖国；表现在文本上，就是它隐含的中西（美）对比的思路。这样的思路同样存在于《乡土中国》中。不同的是，《初访美国》明写美国，暗嵌着中国；而《乡土中国》，明写中国，暗嵌着西洋。比如在《家族》一节，他写道：

> 在这里我可以附带说明，我并不是说中国乡土社会中没有“团体”，一切社群都属于社会圈子性质，譬如钱会，即是赍，显然是属团体格局的；我在这个分析中只想从主要的格局说，在中国乡土社会中，差序格局和社会圈子的组织是比较的重要。同样地，在西洋现代社会中差序格局同样存在的，但比较上不重要罢了。[2]

有人将差序格局与团体格局对立起来，似乎水火不容，这不是事实，也不合费孝通的本意。上述这段“附带说明”，不仅出于学者的严谨，而且透露出费孝通在中西对比的格局中揭示中国文化特点的认知方式。可以说，在中西文化的联系与对比中，中国文化的特点才能充分显现，这恰恰是走向文化自觉的必由之路。

费孝通的根在中国，在民间，在乡村。他的学术福地在吴江的开弦弓村，这个小小的中国村庄，成就了他的《江村经济》；抗战时期，费孝通用

[1] 费孝通.初访美国[M]//费孝通.费孝通全集：第3卷.呼和浩特：内蒙古人民出版社，2009：435.

[2] 费孝通.乡土中国［M］.北京：人民出版社，2008：44.

自己的双脚丈量了更多土地，这就有了“云南三村”，即《禄村农田》《易村手工业》《玉村农业和商业》等。必须说，《乡土中国》的写作，离不开这些田野调查。亲眼所见，亲耳所闻，让他获取了大量的第一手材料，让他对中国乡村与农民有了直接和深切的理解。在他笔下，经常能读到一些“理解的同情”与理性洞察之下的温情，这即使不能算是一个学者的长处，也可算作他在学术传播上的一个优势吧。

费孝通生活在中西古今矛盾最直接、最集中，因而也最尖锐的江南沿海地区，这也在一定程度上解释了费孝通写作《乡土中国》的主旨。费孝通出生在江苏吴江的一个士绅家庭，家庭开明，他上的是新式学堂，接受的是民主与科学的新文化。因为家庭的缘故，孩提时期的费孝通对中西文化的碰撞与冲突似乎并无明显感受。到了1935年，当他来到毗邻家乡的开弦弓村（即“江村”），费孝通真切地看到了中西交通给一个中国江南乡村所带来的影响。他写道：

> 由于世界经济萧条及丝绸工业中广泛的技术改革引起了国际市场上土产生丝价格的下跌，进而引起农村家庭收入不足、口粮短缺、婚期推迟以及家庭工业的部分破产。[1]

吴江毗邻上海，那是中国最接近世界市场的近代城市。在世界经济与西洋文化的冲击下，开弦弓村的社会结构正被破坏，生丝业也遭到极大冲击。不过，费孝通依然保持着对未来的理性的乐观。他坚信：“在它们的废墟中，内部冲突和巨大耗费的斗争最后必将终止。一个崭新的中国将出现在这个废墟之上。”[2]

“一个崭新的中国”，这就是费孝通终生为之奋斗的理想。他明白，要

---

[1] 费孝通.江村经济［M］//费孝通.费孝通全集：第2卷.呼和浩特：内蒙古人民出版社，2009：73.

[2] 费孝通.江村经济［M］//费孝通.费孝通全集：第2卷.呼和浩特：内蒙古人民出版社，2009：267.

走出这种“内部冲突”与“巨大消耗”，离不开自觉的、理性的文化反思。《乡土中国》的立意，从根本上看，就是思考传统文化的“根”在何处，我们从何处而来，我们究竟应该往何处去。

“何处来，何处去”，这是对《乡土中国》主旨的基本界定。

二、在传统文化的源流中，理解《乡土中国》的思想内涵

乡土是传统文化的根。从对乡土的审视，走向对传统文化尤其是儒家文化的理解与反思，这是费孝通文化思考的基本路径。

《乡土中国》试图给乡土生活与传统社会一个合乎事实与逻辑的解释。中国人祖祖辈辈生活在这片土地上，吃喝拉撒，生老病死，婚丧嫁娶，一切自然而然，一切都好像天经地义。但是，“我们为什么这样生活？这样生活有什么意义？这样生活会为我们带来什么结果？……文化是哪里来的？怎样形成的？它的实质是什么？它将把人类带到哪里去？”[1]这都需要解释。

在费孝通看来，理解这些问题，是走向“文化自觉”的必经之路。这个过程，就是一个意义赋予的过程，也是一个价值重塑的过程。因而，我们可以说：反思即创造。

费孝通的解释之旅从“乡土”开始。无独有偶，费孝通对美国文化的分析也是从“土地”开始。他写道：

> 北美这个字是和机会同义的。在早年，在农业阶段上，北美有的是荒地。在一个古旧的农业国家，一个农夫一生只能在一定的土地上求生活。他没有扩充他的田园的希望，更没有换一块田地耕种的希

[1] 费孝通.文化与文化自觉[M].北京：群言出版社，2012：391－392.

望。他得尽力地保持地力，因为土地的贫瘠就是他的冻馁。在北美，他可以不愁这些。只要他有体力，他可以开垦新地。而且，他若是厌旧一块地，另外可以再去开垦一块新的。[1]

在费孝通看来，新大陆广袤的土地及开垦自由，锻造了美国人热爱自由、敢于进取的精神风貌，他们的民主政治也与此密切相关。生产方式决定社会形态，经济基础决定上层建筑，费孝通的解释思路切中了唯物史观的精髓。恩格斯在《家庭、私有制和国家的起源》中，将生活资料的生产和人自身的生产看作“历史中的决定性因素”。他说：“一方面是生活资料即食物、衣服、住房以及为此所必需的工具的生产；另一方面是人类自身的生产，即种的繁衍。”在传统中国，“土地”是最重要的生产资料，而基于血缘的家族则是“人类自身的生产”中最重要的因素。可以说，“土地”与“家族”就是恩格斯所说的“历史中的决定性因素”。理解它们，成为理解“乡土中国”的关键。在《乡土中国》中，“差序格局”是能将这两个“历史中的决定性因素”关联起来的核心概念，它既是“土地”所衍生的必然，也是“家族”运行的必须；既是一种自然秩序，也是一种伦理秩序。经过长期的积淀，进而成为一种普遍的心理秩序。

差序格局是具有中国特色的血缘等级制度，“血缘”给“等级”打上了浓厚的情感与伦理烙印，甚至笼罩上一层温情脉脉的面纱。从此出发，可解释传统生活的诸多方面，包括《乡土中国》涉及的家族、礼治、无为政治与长老统治等。即使在现代革命小说中，比如在《太阳照在桑干河上》《暴风骤雨》这些反映土地改革的作品中，尖锐的阶级对立也往往与血缘伦理纠合在一起，构成了错综复杂的社会关系。在《红楼梦》中，贾府这样“功名奕世，富贵传流”的贵族之家，与贾氏家族的其他子弟如贾芸、贾蔷等

[1] 费孝通.初访美国［M］//费孝通.费孝通全集：第3卷.呼和浩特：内蒙古人民出版社，2009：435－436.

人，构成了一种等级与温情兼在的关系。贾芸尽管卑微贫寒，与宝玉却是叔侄关系，因为宝玉的一句玩笑话，贾芸甚至可以夤缘而上，将叔侄关系上升为“父子关系”。

贾芸的行为方式与思维方式，鲜明地反映了差序格局的特点。血缘本是人与人之间的伦理关联，客观存在，无可摆脱；贾芸不仅巧妙地改造了“父子”关系的内涵，而且还将这一层关系的外延放大，将它引入自己的经济生活以及其他社会活动中，而他的街坊邻里也认为理所当然。这样，血缘就走出了家族，进入社会生活。换句话说，它从一个实在的伦理法则转化成为一种虚化的社会观念。这一点，连乡下文盲刘姥姥都心知肚明。她敏锐地发现了女婿王狗儿家与王夫人家的关系，并利用这个关系进入贾府，成功地从一个乡下婆子晋升为“姥姥”。黛玉说她是哪一门子的姥姥，并没说错：王狗儿家与王夫人家除了同姓一个“王”字，本来也没什么血缘关系。可见，血缘超越了血缘本身，成为社会交往中的一个桥梁或工具。

从贾芸到刘姥姥，可清晰地看到一条血缘不断稀释而血缘观念不断泛化的演进线路。这是一个从自然伦理向文化观念的转化过程。从乡土社会的生活习惯到底蕴深厚的文化传统，这是一个不断反复、积累与繁衍的过程，而超稳定的社会结构则提供了必要的时空保障。言行经反复而成为习惯，习惯因积累而成为习性，习性因积淀而成为文化，文化因传递而成为传统。

源于乡土社会的行为方式与观念，成为儒家文化生长与发育的肥沃土壤。儒家文化的根基，正在于血缘伦理。《论语》说：“其为人也孝弟，而好犯上者，鲜矣；不好犯上，而好作乱者，未之有也。君子务本，本立而道生。孝弟也者，其为仁之本与！”在这里，我们看到了儒家政治与道德秩序的建构逻辑。“孝”乃为人之本，归根到底也是政治秩序之“本”。明白了这一点，也就不难明白儒家典籍中的很多矛盾。譬如在《孟子》中，舜善待他的父亲瞽瞍与“日以杀舜为事”的异母兄弟象的故事，就颇让人费解，尤其是大舜善待象的逻辑：

> 万章曰："舜流共工于幽州，放驩兜于崇山，杀三苗于三危，殛鲧于羽山，四罪而天下咸服。诛不仁也。象至不仁，封之有庳。有庳之人奚罪焉？仁人固如是乎？在他人则诛之，在弟则封之？"曰："仁人之于弟也，不藏怒焉，不宿怨焉，亲爱之而已矣。亲之，欲其贵也；爱之，欲其富也。封之有庳，富贵之也。身为天子，弟为匹夫，可谓亲爱之乎？"[1]

圣王大舜当然是宽厚仁慈的代表，对心怀奸险的弟弟，也能"亲之""爱之"。但问题是，大舜不仅是象的兄长，还是天下的首领，他的威望正是在"诛不仁"中树立的。"他人则诛之，在弟则封之"，他的公正体现在哪里呢？只能说大舜是"公正而有私"。现代人觉得荒谬的行为，儒家却视为天经地义，原因正在于儒家的立论前提是家国同构，国就是家。这样，孝子与忠臣、孝悌与忠信、齐家与治国，便达成了逻辑上的一致。

儒家道德理论亲切而素朴，它不来虚的，也不来大的，更不来空的，神鬼都得走开。它关注的就是人，就是身边的人，首先就是血缘意义上的父母与兄弟。做到这一点，便立定了"根"，就可以推己及人，所谓"老吾老以及人之老，幼吾幼以及人之幼"了——而推己及人就足以"平天下"了。儒家的"己所不欲，勿施于人""己欲立而立人，己欲达而达人"，其推演的逻辑无不如此。费孝通以"推"字来概括儒家文化的建构逻辑，实在是抓住了儒家文化的逻辑灵魂。

儒家追求的道德境界很高，但给定的起点与路径却很"亲民"，所谓从自己做起，从身边做起，从小事做起。当然，小事不小，小中有大，所有的"大"都在这"小"中了。所以，人皆可为尧舜，就看你愿不愿意，看你够不够坚忍。

---

[1] 金良年.孟子译注［M］.上海：上海古籍出版社，2016：201.

在大舜对待兄弟的事件中，也可看出儒家文化的另一个特点，即标准的“伸缩性”，转圜与解释的空间很大。它导致的结果就是公私不明，群己不分，界限模糊。这种为人处世的方式甚至在很大程度上影响了我们的哲学思维。即使是相对超越的哲学范畴，正如费孝通说，《论语》的核心概念“仁”，孔子的解释也是虚实不定，总给人以不好把握的飘忽感。

费孝通从“乡土”出发，从生产方式到社会结构，再到社会的治理方式，最后延及社会的内在矛盾与变迁，在因果关系的梳理中构建乡土社会发生与运作的逻辑。如果乡土社会是传统文化的根基这个假设前提是成立的，那么，很多传统经典著作都可借助《乡土中国》的这套理论来解释。前述《论语》只是一例。再如：

《三国演义》中的刘关张为什么要用“结义”来表达他们“同心协力，救困扶危；上报国家，下安黎庶”的志向与情谊?

《水浒传》里的梁山好汉也讲究一个“义”字，但局限在群体内部；对群体之外的人，却未必厚道。如何解释他们的行为逻辑?

《红楼梦》写的是贵族之家，但它的运行逻辑却与《乡土社会》所揭示的家族文化高度吻合。缘何贵族之家也有“乡土本色”?

……

这些作品构成了《乡土中国》教学的重要资源。《乡土中国》与众多传统经典的这种“互文”关系，正彰显出这本学术性著作的强大解释力和不朽生命力。

三、在时代发展的浪潮中，理解《乡土中国》的当下意义

在《乡土中国》的教学中，普遍存在着一种偏颇：似乎掌握了《乡土中国》的解释逻辑，就可解释中国社会的各种现象与事件。在我观察的课堂

上，有老师引导学生讨论“为什么可以诉诸公堂的事情，当事人往往更倾向息事宁人”这样的问题，学生多借助“无讼”的文化心理来解释。这种简单的贴牌与套用，不仅违背了学术阅读的规律，也可能遮蔽了问题本身。在现代社会，法律观念深入人心，如果人们对司法有足够的信心，恐怕还是愿意对簿公堂的；不愿诉诸法律的主要原因，主要还在于对司法的信心不足。考察现实生活，首先还得在现实矛盾中梳理它的前因后果与来龙去脉，而不是直接、简单地归结为某种文化心理。文化传统在现实生活中的作用是深刻而持久的，但往往也是间接的。直接归因，可能会转移我们的视线，甚至因此忽略了对现实的关注与改造。

这样的偏差，一个重要的原因是夸大了《乡土中国》的解释力。作为一部社会学著作，《乡土中国》对传统社会的解释有其特定的学科视角与视域，但也因此有着不可避免的局限，社会学的解释不能取代政治学的解释，如同政治学的解释不能取代经济学的解释一样，视角不同，各有所司。像鲁迅，也致力于传统社会与文化的反思，但因其更着眼于社会政治的现实考察，他更多地看到隐藏在文化心理后面的乡土社会复杂的利益冲突、统治者对民众的愚弄与剥夺，表现出迥异于费孝通的思路与风格。

还有一个重要原因，近现代中国社会是一个不断变革的社会，尤其是当改革开放之后，中国社会日新月异，发生了翻天覆地的变化，与费孝通作为“模型”的传统社会存在着天壤之别。可以说，如果不能发现《乡土中国》与现实生活的关联，说明学生还没有走进文本；但如果不能发现《乡土中国》与现实生活的区别，则可能犯了简单化、机械化的错误。因此，阅读《乡土中国》，要始终保持理性的思辨精神，辨析《乡土社会》与现实社会的关系的复杂性。

“家族”是传统文化的根基。正因如此，在现代社会运行中，它的衰败与式微也是不可逆转的。在“五四新文化运动”中，家族及其文化遭遇了前所未有的重创。鲁迅的《狂人日记》意在批判礼教，可它选择的靶点却是暴露“家族制度”的弊害；吴虞的《家族制度为专制主义之根据论》尖锐地指出，孝悌之道就是家族伦理和专制政治之间的根基；李大钊则抨击说“中国现在的社会，万恶之原，都在家族制度”。“五四”之后的一大批家族小说，主流意见都是揭露和批判家族的罪恶，如巴金的《家》、曹禺的《雷雨》等等。

家族的身影正在远去，是不是意味着它的基因也消逝了呢？高考作文命题是考察时代观念的一个窗口，2015年全国新课标甲卷作文题是：

> 因父亲总是在高速路上开车时接电话，家人屡劝不改，女大学生小陈迫于无奈，更出于生命安全的考虑，通过微博私信向警方举报了自己的父亲；警方查实后，依法对老陈进行了教育和处罚，并将这起举报发在官方微博上。此事赢得众多网友点赞，也引发一些质疑，经媒体报道后，激起了更大范围、更多角度的讨论。对于以上事情，你怎么看？

有人认为小陈大义灭亲，有人认为她违背孝道。但材料提供的事实显然不支持这样的判断。命题给“事件”设定了一系列的情境因素，比如“总是”“屡劝不改”“迫于无奈”“更出于生命安全的考虑”“通过微博私信”等，这些因素将“女儿举报父亲”的背景、动机、原因、方式做了全方位的“合理化”，而“举报”所可能带来的家庭伦理风险与社会道德风险也因此抵消。事实上，在这个具体的“举报”事件中，女儿的目的旨在父亲及家人的安全，显然谈不上“大义灭亲”；“举报”也是在穷尽了一切合理手段之后的无奈之举，且采取了“微博私信”这样相对体面的方式，说小陈“违背孝道”也不合事实。

这样的审题偏差，不能简单归结为审题者的粗心大意，恐怕更多源于学生头脑中自觉不自觉的观念束缚，这就是传统的“孝”与“隐”的观念。正是在这个传统文化心理的作用下，考生丧失了独立思考与自主辨析的意识，在思维惯性的引导下陷入了审题偏差。事实上，现代意义上的“孝”跟传统的是不一样的，传统的“孝”是以剥夺子女的独立人格与思想自由为前提的，现代意义上的“孝”强调的是对长辈的尊重与关爱，与独立人格无涉。至于“隐”，即使在古代，它与国家法律、公共秩序之间的矛盾也是可能尖锐的。《史记·循吏列传》有这样的记载：

> 石奢者，楚昭王相也。坚直廉正，无所阿避。行县，道有杀人者，相追之，乃其父也。纵其父而还自系焉。使人言之王曰：“杀人者，臣之父也。夫以父立政，不孝也；废法纵罪，非忠也；臣罪当死。”王曰：“追而不及，不当伏罪，子其治事矣。”石奢曰：“不私其父，非孝子也；不奉主法，非忠臣也。王赦其罪，上惠也；伏诛而死，臣职也。”遂不受令，自刎而死。[1]

为了忠孝两全、情法兼顾，石奢竟要付出生命的代价，足见“隐”的沉重与煎熬。

在现代社会，“孝”与独立人格是有冲突的，应该限定它的具体内涵；“隐”与公民身份是有矛盾的，应该厘清其法律边界。

在今日之中国，公民的独立人格与法律的基础地位已经深入人心，“孝”与“隐”基本不再能羁绊我们的现实选择。但在精神深处，这些传统观念却时刻影响着我们的判断。可以说，《乡土中国》对于现实生活的解释力已远不如前，它的价值更在于引发我们对自己所存身的这块土地的文化回视与反省。

站在社会发展的潮头，赋予《乡土中国》以当下意义，这也是一种“文化自觉”。

---

[1] 司马迁.史记：第十册［M］.北京：中华书局，2013：3770－3771.

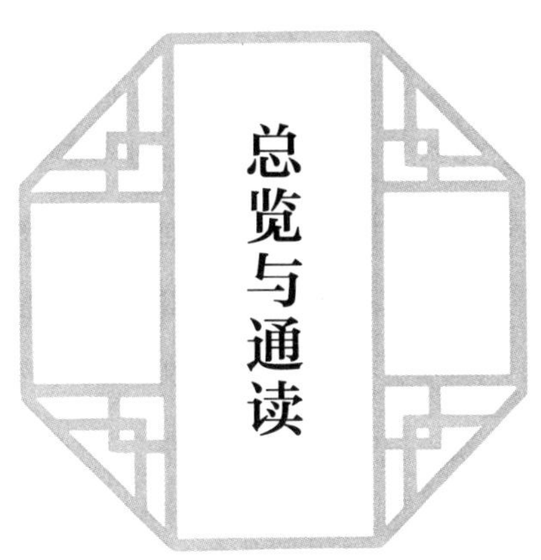

总览与通读

通读整本书，是整本书阅读教学的前提与基础；同时，指导学生通读整本书，本身就是教学的重要任务，目前看可能还是更为急迫的任务。

《乡土中国》的通读教学，主要任务有三：

一是激发兴趣，提供动力。可引导学生关注学术及学术文体，关注费孝通其人其事其著作，关注社会学这个“冷门”学科，还可关注该书聚焦的“乡土”题材……目的只有一个，让学生带着求知的热情与探究的欲望，通读整本书，进而读通整本书。

二是方法指导，资源支持。学术研究，贵在质疑与思辨；学术表达，重在概念与论证；学术阅读，贵在理性与对话。引导学生用学术的眼光看《乡土中国》，以学术的精神读《乡土中国》，用学术的方法研究《乡土中国》，方可触及学术的本质，领略学术的魅力。

三是总体规划，优化进程。鼓励学生自主阅读，但要做好必要的进程管理，不可放任自流。可提出阅读的重难点，布置阅读任务，设置时间节点等。总之，通读指导也要有技术含量，有专业的素养支持。

课例1 学术著作里的“有我之境”

程载国，浙江省余姚中学语文组组长，正高级教师，曾获浙江省春蚕奖、宁波市名师等称号，在各类报刊发表文章数百篇，出版个人著作4本，参编书籍10余本。

姜宁宁，浙江省余姚中学语文教师，曾获浙江省教坛新秀、余姚市优秀教师、余姚市“三八红旗手”、余姚市学科骨干等荣誉称号。

设计意图

经典阅读，除了拓宽我们的视野，丰富我们的知识，其更重要的意义是塑造我们的人格，造就一个又一个更加健全、高尚的阅读主体。朱永新教授指出：“个体的精神发育历程是整个人类精神发育历程的缩影。每一个个体在精神成长过程中，都要重复祖先经历的过程。这一重复，是要通过阅读来实现的。”温儒敏教授在谈论经典阅读时也强调：“为什么要读经典？因为经典是人类文化积淀下来的精华部分，读经典可以接触人类文化智慧。所谓素质培养，最重要的就是用人类最精华的成果去熏陶、感化，让人格思想得以健全发展。”作为一门课程，整本书阅读应该比课外经典名著阅读具有更加丰富的精神内涵。

《普通高中语文课程标准（2017年版2020年修订）》对“整本书阅

读”的指导意见中也有指向学生人格成长的表述：“促进学生对中华优秀传统文化、革命文化、社会主义先进文化的深入学习和思考，形成正确的世界观、人生观和价值观。”

因此，《乡土中国》整本书阅读教学很有必要呼唤“人的回归”。我们的教学要充分挖掘教材中的人格力要素，重视以学生为阅读主体的人格精神培养。

为了在一定程度上矫正《乡土中国》教学重术不重道的风气，我们为《乡土中国》整本书阅读的起始课确立了如下学习目标：

1. 运用梳理式阅读的方式，精读《乡土中国》序言，理解《乡土中国》的写作初衷，对学术著作中作者的家国情怀有深切的了解。

2. 运用梳理式阅读的方式，略读《乡土中国》后记，了解社会学学科发展历程，以及费孝通为振兴社会学学科所做的努力。

3. 联读《乡土中国》序言与后记，结合费孝通年谱资料，提炼概括费孝通作为一代学术大家的精神品质。

教学扫描

环节一　导入

师：据我了解，同学们在初中阶段已经开展过整本书阅读了，如《伊索寓言》《朝花夕拾》《水浒传》等。从今天开始，我们要进行《乡土中国》整本书阅读。跟初中的那些著作相比，《乡土中国》是完全不同的类型。有谁能说出《乡土中国》属于什么类型的作品吗？

生 1：学术著作。

师：你是怎么知道的？

生 1：我读了温儒敏先生的导读，导读里说这是一部学术著作。

师：读书就要像你这样充分利用各种信息，达到融会贯通的境界。大家能说说自己对学术著作有怎样的印象吗？

生 2: 艰深难懂。

生 3: 只对从事学术研究的人有用。

师: 说学术著作“艰深难懂”我认同，说它“只对从事学术研究的人有用”我可不赞成，学术著作对全人类都有益处，而且它的大门一直向所有读者敞开。

（PPT 展示）

（1）学术图书就是著者在理论上对某一知识领域或某一专题作较系统、较专门分析、研究后创作的作品。——叶继元

（2）学术著作是指著者经过社会调查、科学考察或实验，深入研究而进行系统论述的著作。——白国应

师: 根据这两条定义，同学们能重新概括学术著作的特点吗?

生 4: 专业性。

生 5: 客观性。

生 6: 创新性。

师: 王国维在《人间词话》中将文学境界区分为“有我之境”与“无我之境”两类。同学们，根据你们以往的阅读经验来判断，在学术著作中，作者呈现的状态往往是“有我”的还是“无我”的？为什么?

生 7: 无我之境。这是由学术论著的文体风格决定的。学术论著的语言要求客观和理性。它的研究对象是自然与社会现象，这些现象都是客观存在。学术论著需要探索客观事物的规律性。在此过程中，作者需要观察、实验、描述、分析、讨论的研究对象是客体而非行为的主体。因而，学术论著应规避个人感情，力戒主观臆断，强调陈述的客观性。这样，我们就看到了学术论著中呈现出“无我”的状态。

师: 今天开始，我们要共同学习费孝通先生的《乡土中国》，这是一部比较浅显的学术论著。也许我们会发现，在这部学术论著背后，费老的身

影依稀可辨，费老的温度隐约可感。接下来，我们就通过联读《乡土中国》的序言与后记，一起来探寻其中的“有我之境”。

环节二　初识

师：不管是写作还是演讲，费孝通都乐于分享自己的学术经历。研究者普遍认为，费孝通卓越的学术成就与他特殊的学术经历有着密不可分的关系。因此，我们研读《乡土中国》，不妨从亲近费孝通本人开始。

我们先来做一个游戏，请大家将 A、B、C、D、E、F 这些字母分别贴到对应的照片旁边，看谁准确率最高。

A. 1935 年费孝通与王同惠的结婚照　　B. 1936 年费孝通在开弦弓村留影

C. 费孝通在伦敦留学时的留影　　D. 1946 年费孝通途经新加坡时的留影

E. 1957 年费孝通重访开弦弓村的留影　　F. 费孝通与第二任妻子孟吟的合影

环节三　熟读：社区研究，学科发展有“我”的贡献

（一）学科发展里程碑

师： 课下同学们已经略读了《乡土中国》的后记，用圈点勾画的方法，圈出历代社会学家的姓名，标画出他们的学科贡献。下面就请大家在社会学学科历程表中填入相关社会学家的名字，并且简述他们的贡献。

（示例）

发展阶段	代表人物（学生填）	学科特点	成就贡献（学生填）	缺陷不足
始创阶段	孔德、斯宾塞	研究社会现象的总论	创立新的学科门类，并确定其研究范围	学科界限过广，学科研究内涵空泛
分化阶段	亚当·斯密等人的门徒	“社会学”领域内只剩下一些不大重要的社会制度	从社会学学科中分化出政治学、经济学	学科的地位严重下降，学科研究领域严重萎缩
交叉阶段	孟汉（现译曼海姆）、叶林	社会学与其他专门学科交叉，形成了宗教社会学、知识社会学等	学科交叉让社会学重新热闹起来，受关注程度得到提高	社会学本身的学科专业并未得到发展，其地位进一步边缘化
综合阶段	苏洛金、费孝通	把各边缘加起来，调解学科偏见	重新占据社会现象研究的堂奥，从制度关系上去探讨，或对社区分析进行比较研究	目前尚在探索中，成败未知

师： 费孝通在后记中介绍社会学发展历程时语言诙谐幽默，又有一些含蓄留白，因此我们粗粗读一遍，不易把握脉络，经过这样的表格梳理，线索脉络就清晰了许多。但经与社会学领域的专业人士讨论之后，老师要郑重向大家指出，费孝通在后记中对社会学发展历程的介绍忽略了社会学三巨头——涂尔干、马克思、韦伯的贡献，这是不客观的。另外，后记中对社会学发展历程的介绍并没有在社会学领域获得广泛共识。

师：费孝通在英国留学期间的导师马林诺夫斯基为费孝通《江村经济》作序时，写下这样的学术评价，我们一起来朗读。

（PPT 展示）

> 我敢于预言费孝通博士的《中国农民的生活》（又名《江村经济》）一书将被认为是人类学实地调查和理论工作发展中的一个里程碑。——马林诺夫斯基《〈江村经济〉序言》

（该项活动重在引导学生学会对学术著作进行梳理式阅读，在阅读过程中抓住关键信息，并且悟出文本信息的留白，社会学发展史的介绍不是重点。由于表达相对含蓄，在表格填写过程中，很多学生会忽视费孝通的学术贡献，教师要善于引导学生重读原文，发现并提炼费孝通本人在社会学走向综合的过程中于社区研究方面的贡献。）

（二）社区调查真勇士

师：在《乡土中国》的后记中，费孝通用简洁的文字提到了 1935 年与妻子王同惠同赴广西瑶山做社区研究的情景。于中国社会学、人类学研究史而言，这只是一小段悲剧性插曲，但这样的片段值得我们去探究研讨。请同学转述纪录片《社会学大师费孝通》中有关这一片段的记述。

生 8：1935 年，费孝通与新婚妻子王同惠，来到广西瑶山考察当地瑶民的生活。12 月 16 日，在深山考察的费孝通误踩了瑶民设下的捕虎陷阱，双腿被兽夹牢牢夹住动弹不得，王同惠独自下山找人营救，但不幸失踪。直到 7 天之后，村民们在湍急的山涧激流中发现了王同惠的遗体。那一天，是王同惠和费孝通结婚的第 108 天。

师：我们来看看费先生 40 多年后到妻子墓前祭扫时写下的诗篇。

（PPT 展示）

> 心殇难复愈，人天隔几许。圣堂山下盟，多经暴雷雨。坎坷羊肠

道，虎豹何所沮。九州将历遍，肺腑赤心驱。彼岸自绰约，尘世惟蚁聚。石碑埋又立，荣辱任来去。白鹤展翼处，落日偎远墟。

师：请同学们自由发言，谈谈自己对这一事件的阅读感受。

生 9：费先生在后记里提到这件事时言辞简约，情感克制，但是我还是从中读出了他内心的沉痛。我特别感动。我首先感动于费孝通这样一代学者对待学术研究的严谨，以及他们身上所具备的勇气。其次，在悲剧发生之后，他并未退缩，而是一边疗伤一边整理、发表调查报告，这样一种刚毅与坚持也让我感动。第三，费孝通并非冷酷无情的书呆子，他在爱妻墓碑上写下的悼词以及他 40 多年后为亡妻所写的祭词，都让人感动。

（三） 学术名流朋友圈

师：接着，我们要通过课下同学们搜集整理的材料，展示费先生的朋友圈，来窥探中国社会学的发展历程，以及费孝通先生在此过程中的学术贡献。

（PPT 展示）

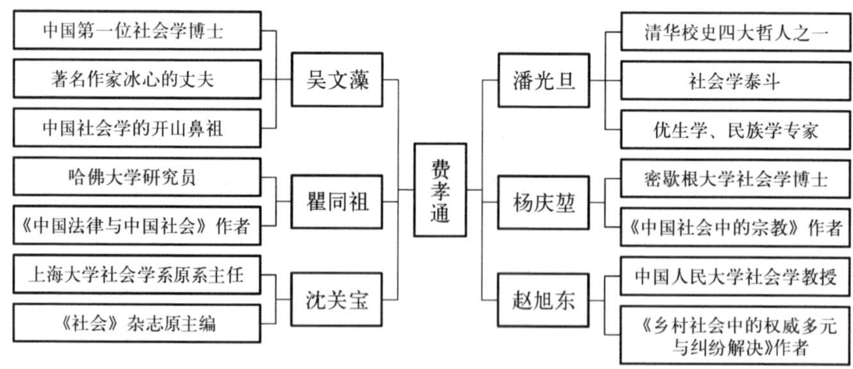

生 10：PPT 上的 6 位社会学学者可分为 3 个层次：

吴文藻与潘光旦是中国第一代社会学学者，也是费孝通的恩师；费孝通早年受到吴文藻的影响，秉承其将社会学、人类学研究中国化的理念，自此，费孝通将自己的研究放在中国的历史文化脉络中进行。潘光旦则启发了费孝通从儒家文化中寻找灵感和资源。

瞿同祖、杨庆堃是中国社会学第二代学者中的杰出代表，他们都是费孝通的同学。瞿同祖师从吴文藻，是“吴门四犬”（瞿同祖、费孝通、林耀华、黄迪 4 位弟子均属狗，且同龄，被师母冰心戏称为“吴门四犬”）之首。费孝通在燕京大学求学期间，与室友杨庆堃结下了深厚的友谊，他们在学术领域志同道合，立志“要靠走社会学这条路，在知识积累的上边来为人类做出贡献”。

沈关宝是费孝通在上海大学重启社会学之后招收的第一位社会学博士生，后来担任社会学领域权威期刊《社会》主编。赵旭东是费孝通晚年所带的博士生，作为费先生的入室弟子，深得其真传。费孝通的这两位弟子也为新时期社会学发展贡献了不小力量。

（由学生整理的费孝通的朋友圈大致可以看出费孝通在中国社会学界的地位。另外还可补充如下资料以佐证费孝通为中国社会学所做出的贡献：1. 费孝通是中国社会学学会任期最长的会长；2. 新中国成立之后费孝通先后创办了中央民族大学人类学社会学学科、上海大学社会学、北京大学人类学研究所。）

师：由此，你能小结费孝通在中国社会学发展史上的地位了吗？

生 11：费孝通先生可谓中国社会学的奠基人、总设计师。他吸收了吴文藻、潘光旦等人的思想精髓，同时开拓创新，带出了沈关宝、赵旭东等学科后进，可以说，他不仅是一位勇往直前、大胆求知的社会学学者，而且是一位生命不息、探索不止的社会学领路人。

环节四　涵泳：志在富民，乡土重建有“我”的探索

（一） 了解《乡土中国》的写作初衷

师：费孝通写作《乡土中国》一书的目的何在？请用序言中的一个句

子予以概括。

生 12： 尝试回答“我”自己提出的“作为中国基层社会的乡土社会究竟是个什么样的社会”这个问题。

师： 为了回答“作为中国基层社会的乡土社会究竟是个什么样的社会”这个问题，作者进行了怎样的探索？请结合“费孝通年谱简编”（见附录）简要回答。

（引导学生关注费孝通的前期探索：1. 做了大量的社会学、人类学实地调查，取得了非常扎实的一手数据资料；2. 运用最前沿的社会学、人类学理论来分析这些原始资料；3. 阅读了前辈以及同期学者在这方面的研究文献，站在巨人的肩膀上做更深入的探索。）

（PPT 展示）

二十世纪三四十年代，为了探索作为中国基层社会的乡土社会究竟是个什么样的社会，费孝通先生做了大量的田野调查，主要工作有：

（1）大学期间跟随派克教授在北京城区进行调查；

（2）硕士期间，在史禄国教授的指导下进行体质人类学调查；

（3）跟随梁漱溟教授到山东开展农村建设；

（4）与王同惠一起到广西瑶山进行民族志调查；

（5）到江苏吴江开弦弓村开展社会学调查；

（6）在云南呈贡魁阁带领团队开展系统的社会学调查。

（二）理解《乡土中国》的理论突破

师： 据你了解，在费孝通之前，有哪些思想家、革命家就中国社会现状问题进行过探索？请列举一两位前人的探索，并说出他们得出的结论以及改进措施。

生 13： 我觉得清末张之洞等人发起的洋务运动就可以算是新的探索，

张之洞他们提出“中学为体，西学为用”，希望借鉴西方科技来加速中国社会的发展。

生 14：我觉得鲁迅弃医从文也可以算是对中国道路的探索，鲁迅认为中国积贫积弱是因为民众的精神没有觉醒，他要用自己的文艺创作去唤醒民众，从根本上改变国人的精神面貌。

师：请大家根据这张表格提供的信息，说说费孝通对中国道路的探索与其他改革者有何异同。

（PPT 展示）

代表人物	主要观点	措施方法
梁启超	中华民族为一极复杂而极巩固之民族	借鉴西方，改良制度
孙中山	中华民族，世界之至大者也，亦世界之至优者也	民族主义、民权主义、民生主义
毛泽东	中国人民贫困和不自由的程度，是世界所少有的	彻底推翻帝国主义、封建主义、官僚资本主义三座大山
梁漱溟	伦理本位、职业分立的特殊社会结构论	选择试点进行乡村社会变革
晏阳初	中国农民的根本缺陷在于愚、贫、弱、私	发起全国识字运动，推行教育下乡
胡适	中国弱小是因为“五鬼”（贫穷、疾病、愚昧、贪污、扰乱）闹中华	充分采用世界的科学知识与方法，一步一步自觉地改革

生 15：孙中山、毛泽东选择的是革命救国道路，梁漱溟、晏阳初选择的是社会实验救国道路，而费孝通与梁启超、胡适相仿，都是选择学术救国道路。费孝通的研究借鉴了前人的成果，也吸取了前人的教训，是站在巨人肩膀上的前沿探索。

师：费孝通对这个问题做出了怎样的回答？这个回答有怎样的划时代意义？

生 16：费孝通对中国基层社会的乡土性本质以及乡土社会的现象与特性进行了描述与阐释。他认为中国基层社会具有乡土性，在社会结构上呈现差序格局，而在治理模式上主要依赖礼治秩序。费先生对中国社会的分析鞭辟入里，发人深省，不仅为国人了解中国社会文化的基本特性提供了重要参考，也为当今中国新农村建设提供了重要的借鉴。

环节五　居敬：文化自觉，说理论证有“我”的温度

（一）读出这一本的特色

师：刚才大家比较了费孝通与其他社会改革者在对中国道路探索上的异同，现在请大家根据序言，说说费孝通在教学上与其他老师有怎样的不同。

生 17：费孝通不愿意像其他教师那样按部就班，更不肯照本宣科，他喜欢在课堂上跟学生一起探讨自己尚不成熟的想法。

师：我们中学老师能像费先生那样把不成熟的想法拿到课堂上来讨论吗？

生 17：好像不能。

师：为什么不能？

生 17：高考有标准答案，一定要讲正确成熟的东西；大学考试都是老师自己组织的，分数也是老师自己给的，当然可以讲自己的想法。

师：这样一说好像大学老师非常随意。

生 17：我可以把刚才的话换一个说法：中学教育重基础，大学教育重创新。

师：这样表述就中听多了，因为这样就凸显了费孝通在教学上的创新追求。

根据序言，大家能概括出《乡土中国》在写法上与《江村经济》有什么不同吗?

生 18:《江村经济》是为一个具体的社区写的调查报告，而《乡土中国》则是从渺远广阔的时空中提炼一些概念来描述中国乡土社会的特色。

师: 费孝通的博士论文《江村经济》获得了巨大的成功，换一种完全不同的模式去写作是不是特别冒险? 费孝通为什么要冒这样的险?

生 19: 我觉得是他在学术上有野心，要不断探索新路径。

生 20: 可能是作者觉得不用概念提炼的方法就难以表达他对中国乡土社会的宏观见解。

生 21: 应该是他这次是拿现成的讲稿去出版，要比写博士论文更容易。

师: 你们说的都有一定道理，合起来理由就会更充足。由《乡土中国》概念提炼式的写法，我们可以看出费孝通在寻求中国出路上的决心，也可以看出他在学术研究方面的创新意识。因为时处战乱时期,《乡土中国》的出版也的确仓促。

（二） 发现新儒家的自信

师: 同学们在序言中发现费先生为人谦和的品质了吗?

生 22: 序言中有好几处相当谦虚低调的表述，比如“以我现有的水平来说，还是认为值得有人深入研究的”，比如“我称这是一项探索，又一再说是初步的尝试，得到的还是不成熟的观点”。

师: 费先生如此谦虚低调，是不是因为他对自己的学术研究缺乏信心呢?

生 23: 我觉得他对自己的学术选题和研究方法都有清醒的认知，也完全意识到了自己的独到之处。“我并不认为教师的任务是在传授已有的知识”，这句话就透露出作者对自己教学方法的自信。“搞清楚我所谓乡土社会这个概念，就可以帮助我们去理解具体的中国社会”，由这句话我们也可以看出作者对自己学术成果的自信。

师：除了刚才同学们所发现的谦和中蕴含着自信，费孝通的学术表达还遵循了儒家的“恕”道：己所不欲，勿施于人。全书晓畅生动，不故弄玄虚，只在迫不得已时才引入几个概念术语。这样的表达让费孝通的作品很受读者欢迎。

（三）为江村纪念馆拟写对联

师：根据序言和后记，你能提炼概括出费孝通身上所具备的科学精神与品质吗？

生 24：费孝通拥有非常完美的学术履历，他不畏艰辛，深入基层做调研，他不甘守旧，教学写作敢创新。

生 25：费孝通是一位使命感极强的学者，他身上肩负着双重使命：一是为国家谋出路，为农民谋出路；一是为社会学、人类学找到更合适的学科发展路径。

（PPT 出示张冠生对费孝通一生的精练概括）

少年早慧，青年成名，中年成器，盛年成“鬼”，晚年成仁，暮年得道。

师：你能不能为江村纪念馆拟写一副对联，以表达对费孝通先生学术成就与社会贡献的敬佩呢？

（示例）

（1）做研究，写著作，学为强国；出主意，想办法，志在富民。

（2）情系祖国，一生勤奋为学，历尽沧桑甘苦；志在富民，半世调研求真，踏遍万水千山。

环节六　总结

师：费孝通的一生，是让人崇敬的一生，在《乡土中国》中，我们了解到：社区研究，学科发展有“我”的贡献；志在富民，乡土重建有“我”的探索；文化自觉，说理论证有“我”的温度。读《乡土中国》，我们感受到了作者的在场，了解了费孝通先生在社会学领域做出的杰出贡献，更体察到了他的科学精神和社会责任感。希望我们带着这一份敬意，开启对《乡土中国》的整本书阅读之旅。

课后作业

学校图书馆展览厅要开展“20 世纪中国学术名家画像展”，请你为费孝通先生的画像写一段 150 字左右的评介语。

板书设计

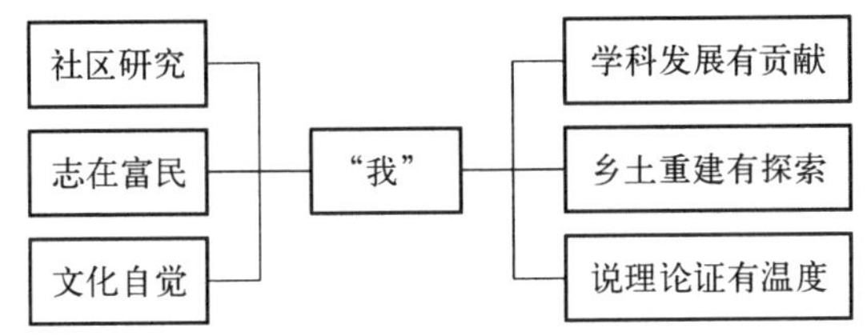

附录（费孝通年谱简编）

1910 年 11 月 2 日，费孝通出生于江苏省吴江县（今苏州市吴江区）。他的父亲费璞安曾留学日本，母亲杨纫兰出身名门。

1922—1928 年，就读于东吴大学附属第一中学，14 岁开始在报刊上发表文章。

1928—1930 年，就读于东吴大学医学预科，因参与学生运动受处分。

1930—1933 年，就读于燕京大学社会学系，跟随美国来的帕克教授开展田野调查。

1933—1935年，在清华大学人类学家史禄国门下攻读体质人类学硕士学位。

1935年，携新婚妻子王同惠赴广西瑶山做社会调查，爱妻王同惠殉职，费受伤。

1936年夏天，回老家江苏吴江开弦弓村养伤，开始《江村经济》的调查。

1936—1938年，赴伦敦政治经济学院攻读博士学位，导师是功能学派人类学家马林诺夫斯基。他的博士论文《江村经济》1939年在英国出版，并成为人类学的经典著作。

1938—1943年，在云南大学任教，主持魁阁田野调查。

1943—1944年，赴美国访问观察一年。

1944—1946年，继续在云南大学任教，为生计所迫，向多家报刊投稿，成为专栏作家。

1945年，参加中国民主同盟，投身于民主爱国运动。

1947年，因参与民主运动，险遭国民党特务暗杀，赴伦敦避难。

1947—1948年，任教于清华大学。

1949年9月，参加中国人民政治协商会议第一届全体会议。

1952—1957年，任中央民族学院副院长。

1957年3月24日，撰写的《知识分子的早春天气》发表在《人民日报》，被划为“右派”，中断学术道路。

1979年，任中国社会学会会长，着手重建中国社会学。

1988年，当选第七届全国人大常委会副委员长。

2005年4月24日22时38分在北京逝世，享年95岁。

注：本年谱由大卫·阿古什《费孝通传》、张冠生《为文化找出路：费孝通传》、百度百科相关信息整理而成。

点评
从人到文，激发学生阅读兴趣

徐鹏，东北师范大学文学院教授，博士生导师，语文教学论教研室主任。教育学博士，中国高等教育学会语文教育专业委员会副秘书长，中国英汉语比较研究会中外阅读学研究专业委员会常务理事，中国语文报刊协会写作教学专业委员会学术委员会副主任，教育部义务教育语文课程标准修订组核心成员、教育部“高中语文核心素养评价项目”特聘专家，国家教材建设重点研究基地主要成员。参与、主持国家社科基金项目、教育部人文社科基金项目、中国基础教育质量监测协同创新中心项目 13 项，编撰专著、教材 7 部，发表专业论文 30 余篇。

自 2019 年秋季学期统编高中语文教科书投入使用以来，有关《乡土中国》教学的学理探究成果和课堂实践案例不断涌现，为我们在整本书阅读经验建构、阅读方法指引、阅读能力提升等方面带来诸多启示。程载国、姜宁宁两位老师分享的课例既有对当前整本书阅读教学实践的深入反思，又有对未来整本书阅读教学发展动向的自觉追问和创新探索。他们运用生动的课堂教学图景勾勒了《乡土中国》教学的关键问题，充分挖掘了《乡土中国》的育人价值，有很多创新之处值得我们细致品鉴。

首先，体现了整本书阅读教学起始课应有的导读功能。两位老师定位的课型是学术著作《乡土中国》阅读教学的起始课。起始课对整本书阅读尤其是学术著作阅读具有重要的导读意义，但是具体应该往什么方向导读需要教师慎重考虑。两位老师跳出密集呈现作家作品相关信息、匆忙梳理整本书框架结构等教学窠臼，侧重引导学生体会作家和作品的“同构性”，依托文本和活动搭建阅读主体（学生）与创作主体（费孝通）的对话平台，激发学生对《乡土中国》的阅读兴趣，提升学生对费孝通的认知层级水平。这些教学实效主要源于两位老师对学习目标的准确定位，他们将学生真正作为阅读主体来尊重和看待，在起始课中着力引导学生感受费孝通的家国情怀、理解费孝通的学术贡献、体悟费孝通的精神品格，从而实现主体间性的对话交流，很自然地就消除了学生与经典、与作者的情感隔膜。

其次，证实了大概念在整本书阅读教学中的独特价值。从两位老师定位的学习目标中，我们可以提炼出“家国情怀”“学术贡献”“精神品质”等关键词，这些关键词可以认定为《乡土中国》包含的大概念，它们与“礼俗社会”“差序格局”“无为政治”等大概念相比同样重要。前者倾向于作者中心视角的提炼，后者体现了文本中心视角的归纳，无论是哪种视角的萃取，它们都具有指引性和标定性价值。基于“学术著作里的‘有我之境’”这一学习主题，两位老师主要设置了导入、初识、熟读、涵泳、居敬等板块，板块内部嵌入了多项阅读活动，这些板块和活动实际都紧紧围绕“家国情怀”“学术贡献”“精神品质”等大概念展开。这些大概念指引了学习目标定位、学习过程走向，标定了学习内容疆域、学习主题分支，成为特定学习主题之下整本书阅读教学中的锚点和抓手。

最后，表征了整本书阅读教学中关键要素的互动关系。“整本书阅读与研讨”学习任务群具有情境性、实践性和综合性等基本特性，其中必然就包含多种关键阅读学习要素，比如阅读活动、阅读情境、阅读方法、阅读资源、阅读评价等等。在上述学习主题之下，这些板块和阅读活动围绕三个大概念有序展开，体现了学生参与活动过程中对费孝通及《乡土中国》

在能力、认知、情感等方面的学习进阶。同时，通过圈点勾画序言和后记、观摩纪录片、参照年谱、绘制朋友圈、梳理表格等系列化的具体活动，建构真实的文本阅读情境、合作探究情境、交流研讨情境，学生沉浸其中，自由研读和思考，自然获得对《乡土中国》典型、深刻的阅读体验。除了阅读活动设计精巧、阅读情境建构多样之外，两位老师也非常注重阅读方法的示范。比如，基于《乡土中国》序言的梳理式阅读，围绕序言和后记的联结式阅读，融合文本、图表和纪录片等多种文本的混合式阅读。这些阅读方法合理嵌入各项阅读活动，体现了“授之以渔”的旨趣。此外，两位老师对《乡土中国》序言和后记的有效联结，以及对相关的文本、图片、视频等资源的综合运用，也有效助力了阅读情境建构和阅读方法示范。在阅读表现评价方面，两位老师也将梳理文本信息、完成学习任务单、绘制图表、现场研讨分享等学习活动与学业评价深度融合，将阅读表现评价融入全程、贯串始终，践行了“促进学习的评价”“评价即学习”等学业评价理念，体现了教—学—评的一致性。整体而言，五个阅读学习要素深度融合、相辅相成，交叉渗透在整本书阅读的全程。

整体而言，这节起始课回归了整本书阅读教学在阅读主体“健康人格养成”和“精神世界建构”等方面的育人功能，通过课堂教学实践来探究学生、教师、整本书、作者之间多向度的对话路径，突出了人与自我、人与他人、人与文本的协同互动关系，运用原创性的教学课例尝试回答《乡土中国》教学“教什么”“怎么教”等本质追问，促进我们重新审视《乡土中国》乃至“整本书阅读与研讨”学习任务群的教学理路。

课例2　从社会现象到学术表达

屈伟忠，浙江省台州中学高级教师，出版《〈乡土中国〉详细注析版》（人民文学出版社），发表《读通〈乡土中国〉的三个层级：理解、思辨、应用》《〈乡土中国〉前三章教学设计》《争论是最好的致敬——论有关〈乡土中国〉三个论争》等论文。

设计意图

本节课是学生自行浏览《乡土中国》全书后的起始课。

概念是学术表达的基础。学术研究始于对现象的观察，概念则是对认知现象的抽象化概括，从而将认知从日常生活层面提升到形而上层面。可以说，概念凝聚了学者的洞察力与表现力。抓概念，明观点，理思路，谈应用，都是学术类文本阅读的基本技能。《乡土中国》的概念是其突出特点，书中14章的标题大都包含了概念，抓概念是学习本书的重中之重。

本节课围绕“概念”探讨三个问题：概念是怎么来的？概念是怎么表述的？我们该以何种态度接受概念？

首先，解决本书“怎么写成的”这一问题，亦即“概念是怎么来的”。作为优秀的社会学家，费孝通先生具有丰富的社会学田野调查经历，并且在国外游学考察多年，视野开阔，这对本书的形成具有重要意义。让学生了解本书的形成过程，有利于学生理解从生活到理论的认识过程以及“中西比较”的文化背景。

其次，解决“写了什么”的问题，关键在于“概念是怎么表述的”。概念是学术类文本的基础，“差序格局”等富有中国特色的系列概念是本书的核心。本书对关键性概念很少直接下定义，往往用比喻、举例、对比等方式来诠释。帮助学生挖掘概念的内涵与外延，这是教学的难点。本部分教学，第一步是根据教材“学习提示”梳理全书概念，第二步是以“差序格局”为例示范给概念下定义的方法。

最后，解决“如何接受”的问题，亦即“以何种态度接受概念”。阅读学术著作，质疑与思辨是很重要的。只有经过质疑的观点才更加清晰，或者说，通过争论我们才能对这个话题有深入的把握。质疑并不是为了否定，而是寻求更深层次的合理。70 多年前的学术著作，其理论是否保持生命力，我们需要批判性地接受，这可以增强学生的主体意识。

由此设定了以下学习目标：

1. 初步领会事例丰富、中西对比、中国特色概念、随笔式行文风格等《乡土中国》的基本行文特色。

2. 通过概念分析，初步了解《乡土中国》所揭示的中国传统乡土社会的基本特点。

3. 在阅读中学会质疑与思辨。

为此，课前须做如下准备：

1. 学生通读全书，特别是《差序格局》一章。

2. 用圈画等方式将自己的疑点与问题标记出来。

3. 填写“概念对比表”。

教学扫描

环节一　导入

师:《乡土中国》的最大价值是什么呢？答案可能是丰富多彩的。而美国人类学家斯蒂文·郝瑞的评价会给我们带来启发。他说："在《乡土中国》中，他试图以最佳可能的方式使人类学本土化——从欧美话语中输入似乎适当的词语，然后针对欧美词汇不能准确表达或完全未涉及的事物发明更适当的新词语。我认为，仅凭这一点就足以承认费孝通成就的辉煌。"人类学不是中国传统学科，是西方学科。费孝通先生为何要将"人类学本土化"？

生 1: 人类学作为西方学科，其理论不一定适用于中国。

师:"新词语"就是我们常说的？

生 2: 概念。

师: 郝瑞认为《乡土中国》的最大价值是费孝通先生提炼出一系列富有中国特色的概念。那么提炼这些概念难吗？当然很难。费孝通先生曾说："要认清一个东西，提高到概念，很费劲，不是查书、查字典就可以解决的。"提炼概念不是从书中来，那是从哪里来？考察费孝通先生的学术历程，我们就会明白概念来自他对社会现象的观察与对异域文化的比较。

环节二　田野调查与广泛阅历奠定了学术研究的基础

师:《乡土中国》仅有 7 万字，但是凝聚了费孝通先生 18 年的社会学从业心血，其中社会学的田野调查和国外游历对本书的形成有重要意义。在 1948 年完成这本书之前，作者进行了广西瑶山瑶族调查、江苏江村调查和云南昆明禄村调查，完成了《花篮瑶社会组织》《江村经济》《禄村农田》等著作。

（PPT展示）

1935年夏天，费孝通与新婚妻子王同惠到广西瑶山研究当地瑶民生活。1935年12月16日，费孝通在调查途中误入虎阱，王同惠求援途中被冲下山涧而亡，费孝通脚骨错节。后来费孝通将调查资料整理成《花篮瑶社会组织》。

1936年7月至8月，费孝通从北平转到苏州老家养伤，他姐姐费达生在吴江县开弦弓村进行蚕丝业改革活动，邀请费孝通到开弦弓村看看，经过社会学、人类学专业训练的费孝通立刻意识到可以用人类学的研究方法研究这个小村庄，“用研究花篮瑶时所用的方法去研究一个本国的乡村”，或许，这个新探索会创造出新价值。他在天津《益世报·社会研究》撰写系列《江村通讯》，开弦弓村的调查后来成了其博士论文《江村经济》的基础。

费孝通从英国留学归国，任职于燕京大学和云南大学合作成立的“实地调查工作站”，在1938年11月到1939年8月陆续完成调查。调查的目的是了解土地集中和不在地地主（不住在农村里自己负责经营农业的地主）的情况。调查成果定名为《禄村农田》，后与张之毅的调查成果《易村手工业》《玉村农业和商业》，汇编成《云南三村》。

师：这些调查，在本书中体现在哪里？

生3：《文字下乡》里提道：“在广西的瑶山里，部落有急，就派了人送一枚铜钱到别的部落里去，对方接到了这记号，立刻派人来救。”

生4：《差序格局》开头提到苏州城里的水道成了公厕，“苏州人家后门常通一条河……”，对应着江苏江村一带。

生5：《礼治秩序》里提到昆明乡下口耳相传的治“假牙”的方法，“我自己在抗战时，疏散在昆明乡下……”。《血缘和地缘》里提道：“云南乡下有一种称上赍的钱会……”

师： 对的，这里提到了昆明，但没有指出一定是禄村。而禄村在昆明附近，我们姑且认为接近吧。同学们找得比较准确。那么乡土调查对《乡土中国》的意义仅仅在于提供了一些生动的例子吗？

生 6： 不仅如此，调查中国农村可以了解农村的生活习惯、人情世故、经济状况、文化传统。

生 7： 农村调查可以了解农村的表象和深层的东西，农村调查是《乡土中国》的现实依据。

师： 下面看一段资料，继续深入思考。

（PPT 展示）

> 广西瑶山瑶族是比较原始的农村，江村是人多地少、工农相辅的苏南农村，云南昆明禄村的生产和收入主要是耕田。费孝通先生团队也考察过其他类型的农村，比如云南滇池附近易村种了很多竹子，用来编织和造纸，是手工业较发达的农村；云南滇池南边马帮云集的玉村是受到商业中心影响较深的农村。

师： 费孝通的这些调查经历对于"追究中国乡村社会的特点"有什么帮助？

生 8： 各地的乡村各有特点，有利于提炼中国乡村共同的特点。

师： 你的看法贴近作者的想法。费孝通先生说："我想去发现中国各地不同类型的农村，用比较方法逐步从局部走向整体，逐步接近我想了解的'中国社会'的全貌。"我们再追问一个问题：作者主要调查了西南和华东地区的农村，因为抗战等因素，作者没有调查华北、东北、华南、西北的农村，这是否意味着《乡土中国》的理论有局限性？

生 9： 可能有局限性，理论上，农村的类型越丰富，理论越有普适性；但作者深厚的学养弥补了调查数量少的缺憾，不然这本书也不会成为经典。

师： 我认同你的看法。作为优秀的学者，必然拥有非凡的学术洞察力，这种洞察力可以让学者克服外在环境的局限。但是我们也要明白《乡土中国》不一定适用于中国所有地区，比如，明清到民国时期，山东等地百姓迁徙到东北，形成的“移民社会”与一般意义上的“乡土社会”就有较大的差异。

除了在中国实地调查之外，作者三次游历英美，1936 年到 1938 年在伦敦求学两年，1943 年到 1944 年在美国访学考察一年，1946 年 11 月到 1947 年 2 月的英国之旅；出版了《旅美寄言》《初访美国》《美国人的性格》《重访英伦》等作品。在美期间，他以社会学家的眼睛观察美国社会，他说：“我的三本访外杂写，实际上是把英、美的社会分别作为各具个性的实体所谓民族性格来描述的。尽管其中我常用具体看到的人和事作为资料，我心目中一直在和中国社会做比较。”

下面我们看《初访美国》中的一个片段：

（PPT 展示）

称呼固然是社交的细节，可是这细节却反映了东西文化基本差异的一点。让我们在这类细节上再细细想想：

我们见了人总有几句客套，其中之一是“贵庚多少？”这本是所谓寒暄，无关宏旨。可是这些不经意的口头禅岂是偶然的呢？不是的。在我们的社会里各人相对的行为时常是依着长幼之序来安排的。以我自己的经验来说：有比我年长的人在旁，他若不坐，我坐着就不安心，很自然地会站起来。走路时，也是长者在前，幼者在后。我们要恭维人家必然是说这人很老成。长长的胡子是一种德高望重的标记。在我们的社会结构中总是分有尊卑的，年龄是尊卑的标准……中国社会中敬老是一项基本道德，用来维持长老统治的方式。

师：在《乡土中国 · 长老统治》中也有类似的表述。看看大家能否找出来。

生 10：“在我们客套中互问年龄并不是偶然的，这礼貌正反映出我们这个社会里相互对待的态度是根据长幼之序。长幼之序也点出了教化权力所发生的效力。在我们亲属称谓中，长幼是一个极重要的原则，我们分出兄和弟、姊和妹、伯和叔，在许多别的民族并不这样分法。我记得老师史禄国先生曾提示过我：这种长幼分划是中国亲属制度中最基本的原则，有时可以掩盖世代原则。亲属原则是在社会生活中形成的，长幼原则的重要也表示了教化权力的重要。”

师： 从上述例子中，我们看出作者在《乡土中国》之前已经提出“长幼之序”“长老统治”等概念。我们再举一例，在作者《重访英伦》里一篇题为《漫谈桑梓情谊》的文章中，有和《乡土中国》相对应的内容，其中一段文字是这样写的：

（PPT展示）

> 我曾问过英国牛津大学某女学院前任院长 M. Fry 女士：“英国人为什么能这样团结一致应付危局，士气这样高？”她为我解释了一个黄昏。她告诉我：英国人最懂得团体生活的，从小就参加各色各样的团体。因之他养成了一种团体精神，群己界限的观念在英国最发达，人权保障这一类事最早是在英国发生，也就说明了团体生活的深入于个人。一面他们讲究团体不应侵犯个人权利，而另一方面，不常说出来的，但是更基本的，就是个人对于团体的感情联系。

师： 在《乡土中国・差序格局》中也有类似的表达，大家能否找出来？

生 11：“我说西洋社会组织像捆柴就是想指明：他们常常由若干人组成一个个的团体。团体是有一定界限的，谁是团体里的人，谁是团体外的人，不能模糊，一定分得清楚。”

师： 费孝通常说“到外国去了，才知道自己真是中国人”，作者的国外经历对本书的写作还有怎样的影响？

生 12： 到了外国发现不一样的生活方式和思考方式，从而反省中国，发现独特之处，经过比较之后才会发现中国的独特性。

生 13： 引进西方术语与“乡土社会”概念对比。

师： 这种对比是局部的还是贯串全书的？

生 14： 贯串全书的。

师： 作者所观察到的是二十世纪三四十年代的欧美，那么现在中国的外在生活状态与那时的欧美有没有一点相似性？

生 15： 有一点。比如当代中国家庭以两代人一起生活为主，这与书中描述的西方家庭类似。

师： 在认识上，作者通过比较，认识了中国；在写作上，“中西对比”的形式是本书一大特色。

环节三　学术研究的关键：从现象到概念

师： 费孝通先生基于生活现象，提炼出一系列概念。《乡土中国》每一篇章的标题往往是概念。大家根据标题和阅读印象，完成下面表格。

（PPT 展示）

篇章	指称乡土社会的概念	指称其他社会的概念
乡土本色	礼俗社会	
文字下乡		借助文字的社会
差序格局	差序格局	
系维着私人的道德	系维着私人的道德	
家族		家庭
男女有别	男女有别	
礼治秩序		法治秩序
无讼		司法诉讼体系
无为政治		有为政治
长老统治		同意、横暴权力

续 表

篇章	指称乡土社会的概念	指称其他社会的概念
血缘和地缘	血缘社会	
名实的分离	名实一致	名实分离
从欲望到需要		需要

（学生讨论后填空）

篇章	指称乡土社会的概念	指称其他社会的概念
乡土本色	礼俗社会	法理社会
文字下乡	面对面的社群（文盲的社会）	借助文字的社会
差序格局	差序格局	团体格局
系维着私人的道德	系维着私人的道德	团体道德
家族	小家族	家庭
男女有别	男女有别	两性恋爱
礼治秩序	礼治秩序	法治秩序
无讼	无讼	司法诉讼体系
无为政治	无为政治	有为政治
长老统治	教化权力	同意、横暴权力
血缘和地缘	血缘社会	地缘社会
名实的分离	名实一致	名实分离
从欲望到需要	欲望	需要

师：这里我们明确一下，概念是名词，但不是所有的名词都是概念，有些名词是常用术语，比如“语言”“文字”“感情”“社会冲突”“社会合作”之类的。

同学们的课前预习作业中，填写了几处有争议的内容。我们逐个讨论。一是将“面对面的社群”填写成“借助语言的社会”，二是将“团体道德”填写成“不分差序的兼爱”，三是将“无讼”填写成“德治”。大家认为这些答案是否可以?

生 16: 不可以，这些概念没有采用原文表达，不忠于原文。

生 17:“面对面的社群”贴近原文所讨论的空间问题。

师: 我们填写概念，首先要用原文出现的词语，其次要符合原文主旨。“不分差序的兼爱”没有呼应“差序格局”；“德治”更适用于统治者如何治理百姓，不适合《无讼》篇所讨论的乡土社会民间争端的主题。

这两组概念是并列关系还是主次关系?

生 18: 因为本书的目的是写中国的乡土社会，其他概念是用来对比，为了更加凸显中国特点，所以是主次关系。

师: 我赞同你的观点，写其他概念是为了让我们更好地理解乡土社会的概念，两者有主次之分。

《乡土中国》提出不少原创性概念，但是不少概念没有直接下定义，而是采用比喻、举例、对比等方式诠释概念，比如解释“差序格局”就用了比喻的方式:“我们的格局不是一捆一捆扎清楚的柴，而是好像把一块石头丢在水面上所发生的一圈圈推出去的波纹。每个人都是他社会影响所推出去的圈子的中心。”这个比喻形象生动，读者容易懂，但是也给我们读者设置了一个障碍。因为定义是从内涵方面明确概念的逻辑方法，从交流角度来说，界定概念也有助于更精确地表达，更好地与人沟通，所以我们有必要给每个核心概念下个定义。那么如何下定义呢?

下定义的基本格式:×××（被定义项）是×××（内涵）的×××（属概念）。比如柏拉图给“人”下了一个定义：人就是没有羽毛、两条腿直立的动物。这个定义好不好呢?

生 19: 挺好的。

师：这个定义有问题。当时他的一个学生就把一只公鸡扒光了毛，摆在大家面前问：这是不是人？这个定义为何出问题了？

生 20："没有羽毛、两条腿直立"是外在特点，不是内涵。

师：那么"人"的内涵是什么呢？我们看《现代汉语词典》（第 7 版）的定义：人是能制造工具并使用工具进行劳动的高等动物。

下面大家阅读《差序格局》第 9 段，完成一个任务：根据"差序格局是×××的人际关系"找出"差序格局"的两个内涵特点。

（PPT 展示）

在传统结构中，每一家以自己的地位作为中心，周围划出一个圈子，这个圈子是"街坊"。有喜事要请酒，生了孩子要送红蛋，有丧事要出来助殓、抬棺材，是生活上的互助机构。可是这不是一个固定的团体，而是一个范围。范围的大小也要依着中心的势力厚薄而定。有势力的人家的街坊可以遍及全村，穷苦人家的街坊只是比邻的两三家。这和我们的亲属圈子是一般的。像贾家的大观园里，可以住着姑表林黛玉，姨表薛宝钗，后来更多了，什么宝琴、岫烟，凡是拉得上亲戚的，都包容得下。可是势力一变，树倒猢狲散，缩成一小团。到极端时，可以像苏秦潦倒归来，"妻不以为夫，嫂不以为叔"。中国传统结构中的差序格局具有这种伸缩能力。在乡下，家庭可以很小，而一到有钱的地主和官僚阶层，可以大到像个小国。中国人也特别对世态炎凉有感触，正因为这富于伸缩的社会圈子会因中心势力的变化而大小。

（学生阅读讨论 5 分钟）

生 21：一是“以己为中心”，二是“伸缩”。

师：非常好。这两点非常符合波纹图。“以己为中心”就是中间点，伸缩性就是由中间向外扩散的波纹。那么决定波纹扩散的力量强劲与否的因素是什么？

生（齐）：势力。

师：一般而言有德行、学识、权势、财富，世俗而言一般指后面两者。有句俗语说：“贫居闹市无人问，富在深山有远亲。”那么我们可以这样定义“差序格局”：差序格局是以己为中心、具有伸缩的人际关系。注意一点，这是我们从一个语段得出的结论，其他语段还有其他特点等着同学们去概括。

环节四　思辨概念，学会质疑

师：《乡土中国》是一部伟大的学术著作，我们读完原著之后，只有将其中的概念运用到现实案例中，才可以说读懂了这本书。运用概念时，我们既需要辨析概念的使用范围，还需要思辨概念的当代性，毕竟《乡土中国》诞生于 70 多年前。

有同学提出这样的问题：今天我们的城镇化在不断推进，作为学生的我们未来大概率不会再回到乡村，那么今天我们读这本关于“乡土”的著作，还有意义吗？这是一个非常现实的问题。对此，大家如何看？

生 22：乡土社会确实发生了变化，但是《乡土中国》的理论还是有用的，因为能够解释古代社会。

师：除了解释古代社会之外，能不能解释当下社会呢？我们举一个例子来讨论。

香港作家倪匡认为金庸作品很难翻译成外文，他举了“师兄”的例子，认为这个词语无论翻译成 brother 还是 an elder（male） fellow student under the same master or tutor，都不合适。大家知道为什么吗?

生 23: 若翻译成 brother，但师兄弟之间没有血缘关系；若翻译成 an elder（male） fellow student under the same master or tutor，没有中国“师兄”的味道。

师: 我们讨论一下“师兄”这个词语在中文中的特殊含义。首先，学艺时间比其他人早；其次，师兄在同门师兄弟中地位尊贵，有时师父安排师兄向师弟传艺，有长兄如父的意味；再次，称师兄师弟，表示大家都是围绕着师父而构成的共同体，简称圈内人。这三层意思，可以用《乡土中国》的三个概念表示，请找出来。

生 24: 学艺早对应“长幼之别”，地位尊对应“教化权力”，圈内人对应“差序格局”。

师: 找得非常准确。我们再探讨一个问题，“师兄”存在于古代的江湖社会，现在也有，比如将来大家考上研究生了，同一个导师门下的男弟子会相互称师兄弟。大家还能找出其他例子吗？必修上册的课本中有例子吗?

生 25:《百合花》里涉及了“男女有别”。

师: 正确。除此之外，还有不少文艺作品和现实生活的例子都可以用《乡土中国》中的理论来阐释，比如《白鹿原》涉及“长老统治”。

《乡土中国》作为学术著作，提出具有原创性的理论。这些理论是否就是无可争辩的呢？事实上，《乡土中国》中的篇章在 20 世纪 40 年代《世纪评论》杂志发表时，相关争论即已展开，这些辩论的痕迹仍在书中保留，比如《家族》章开头部分提道:“譬如有一位朋友看过我那一章的分析之后，曾摇头说，他不能同意我说中国乡土社会里没有团体。”

质疑思辨在学术上是正常之事。从学习的角度而言，质疑是深层次思考的结果；质疑并不是为了否定，而是寻求更深层次的合理。

学术界有没有人质疑《乡土中国》的理论呢？有的，比如“信任”问题，《乡土中国 · 乡土本色》认为，“乡土社会里从熟悉得到信任”；而马克斯·韦伯、美籍日裔学者福山都认为，传统中国属于低信任社会，人们彼此间的信任程度很低，在有血缘关系的家族之外很难建立信任关系。又如“文字是否有必要下乡”问题，《乡土中国》认为乡土社会不需要文字，而当代学者陈心想认为“他仅从熟悉社会只需要语言、不需要文字来解释为何乡土社会缺乏文字，不免过于片面简单了”，认为乡土社会识字有提升身份、生活实用、增加精神乐趣的需求。对于这些争论，我们可以在以后的学习中继续探究。

点评

质疑与思辨，抓住学术文阅读的“牛鼻子”

黄华伟，浙江省教育厅教研室高中语文教研员，语文特级教师。在高中一线教学26年，在课堂教学、考试评价、教师专业发展、课程建设等方面有研究。专著有《读出这一篇语文》《听出这一堂语文》，目前开设有“黄华伟网络名师工作室”、个人微信公众号“黄华伟的语文”。

一、由概念入手，教学内容举重若轻

作为一节《乡土中国》整本书阅读的起始课而言，绝大多数执教者或从背景故事入手，激发学生阅读兴趣；或从全书框架入手，强化学生整体阅读意识；或从书中第一章单刀直入，引导学生迅速进入主题。

而本节课的教学切入点独具匠心，围绕“概念”这一核心，着重探讨三个问题：概念的生成、表述，以及读者对概念的接受态度。这一教学策略的选择，旨在强调在教授“学术类文本”阅读时，应区别于“文学类文本”阅读的感性与主观，而需着重培养学生在梳理逻辑、理性认知方面的能力。这也为师生进入《乡土中国》整本书阅读学习定下了良好的基调。正如屈伟忠老师在“设计意图”中所述：“概念凝聚了学者的洞察力与表现力。抓概念，明观点，理思路，谈应用，都是学术类文本阅读的基本技能。”

二、以例证关联，教学形式生动有趣

“概念”这一教学内容本身较为抽象且乏味，如何使之生动有趣并引人入胜，需要教师的精心设计。屈伟忠老师在教学时关联诸多课内外例证，使抽象变得具体，让乏味变得有趣。

如在解释“下定义的基本格式”时，他以“被扒毛之鸡”为例，阐述“内涵”与“外在特点”的区别，使学生一听便明；在讲解《乡土中国》的现实意义时，他以金庸武侠小说中“师兄”的翻译为例，紧扣书中三个关键概念，体现学以致用。同时，屈老师在授课过程中，联系费孝通所著的《初访美国》《重访英伦》等作品，旁征博引，内容充实，可见其在背后的阅读广度和深度。

三、重质疑思辨，教学落点富有高度

质疑与思辨，作为学生在研究学术著作时的基础认知，不仅是对现有观点的审慎审视，而且是对学术真理的持续探索。只有经过反复质疑和深度剖析，观点才能逐步明朗化，理解才能更加深刻。

本节课的教学落点在于培养学生的质疑思辨能力，并在课堂结尾分享了诸多名家对《乡土中国》中一些理论的合理质疑。这对学生来说，无疑是一次思想观念上的洗礼和冲击。教师引导学生既不要盲目顺从作者的权威，也不要让学生被动接受教师的讲解，更不要随意听从他人的声音；而是认真思索书中所提出的理论和观点，在经过时间的沉淀和考验之后，是否仍然保持其学术生命力。这不仅能够增强学生的主体意识，激发他们独立思考和创新探索的精神，也能为学术研究注入新的活力和动力。而这也正是作为一节“起始课”的重大意义所在。

本节课虽然只有短短的40分钟，但从背景到概念，从概念到思辨，无疑是抓住了学术文阅读的“牛鼻子”，这对初读学术类文本的高中生而言，其指导意义是不言而喻的。

课例3　从“乡土”到《乡土中国》

罗俊，四川师范大学附属中学语文教师，成都市易晓名师工作室成员，四川师范大学文学院微格教学特聘指导教师，四川省整本书阅读教学种子教师研训活动导师。

设计意图

《乡土中国》是一部蕴含深邃生命力的作品：它客观地描绘着曾经的乡村生活的图景，却触动了如今的城市人心中那抹对乡土的温柔眷恋；它细腻地勾勒了中国文化的脉络，悄然间激发了人们对自身文明的深刻理解和反思；它专注于社会学领域的研究，却如投入湖面的石子，激起了各行各业智慧碰撞的涟漪；它仿佛定格于往昔中国的瞬间，却如同时间的灯塔，持续诠释着当代社会的诸多现象；它在对传统文化的深情回望中，也为现代文化的建设铺设了不可或缺的基石，影响深远而持久。

《乡土中国》入选统编高中语文教材“整本书阅读”单元，为我们认识和理解中国传统社会提供了一个新的门径。费孝通先生以简洁而生动的笔触，剖析了中国传统乡土社会的基本特征。我们从那个乡土社会中走出，迄今不过两三代人的时间。事实上，时至今日，我们依然在接受它的滋养，同时也受到它的羁绊。

虽然《乡土中国》是一本易读浅显的学术专著，但是必须正视的是：对于高一的学生而言，这是一本较为难懂的书；对乡土社会生活没有真实体验的当代学生，理解起来也有一定的难度。所以我认为起始课的目的就在于减轻学生的畏难情绪和真正激发学生的阅读兴趣，让“读”成为一个真实的主观意愿而不是被迫行为，让“真实的阅读”贯串整本书阅读的始终。

学术著作关注研究过程，注重从现象中提炼概念，重视科学分析与理论阐释。阅读此类著作需要比较、分析、综合、评价、质疑等多种思维活动的参与，要求读者有较强的理性思维能力，导读课也需要将这样的思考渗透其中。

《乡土中国》深入浅出，有事实有根据，有陈述更有论述。它的文字中充满着“变”与“不变”的思考，充满着家国情怀，充满着经世济民的情感。起始课如果能引导学生尝试挖掘这部书的内核价值，有可能更好地激发学生的阅读兴趣。

从入学之初，我便让学生自由阅读《乡土中国》，并要求他们在初读的过程中，寻找自己感兴趣的内容并批注，对书中比较深奥的内容或者暂时读不懂的内容做好标注，暂不深究。从阅读的反馈来看，学生对书中的一些现象有一些共鸣，但缺乏更持久的阅读兴趣。我在设计这堂导读课的时候有一个非常重要的目的，即真正激发学生的阅读兴趣，从猎奇式兴趣转向探究式兴趣，从体会阅读的快乐升级为体会思维的快乐。当学生通过阅读感受到了思维的快乐、逻辑的玄妙，我想这会给阅读注入最有力量的动力。

基于以上对文本的思考及对学情的掌握，我确定了以下教学目标：

1. 激发阅读兴趣，确定阅读顺序，明确阅读要点。

2. 抓取“核心概念”，梳理全书框架结构，总结阅读方法。

3. 理解成书背景，探究写作价值和成书的时代意义。

教学扫描

环节一　读《重刊序言》，明确本书主要内容和重要特点

师：同学们，开学之初我们便收到了一本与以往都不一样的教材，那就是社会学著作《乡土中国》。前期老师说先自主阅读，遇到有困惑的地方可以先跳过，不必纠结，争取能通览一遍，我看同学们都在努力尝试，有部分同学觉得读起来有难度，但是也在尽力去读，老师为你们这种勇于尝试的精神点赞。在前期的自读中，有同学和我交流说，不太明白为什么在高一的语文学习中就要读这么难懂的社会学专著，也有同学说在阅读的时候找不到高效的阅读路径，阅读效率不高，我非常感谢大家认真的执行、用心的反馈。今天，我们就一起来尝试解决这些问题。

首先我想请同学们阅读《重刊序言》部分，其中哪些内容可以帮助你阅读这本书呢？请在文中勾画。

生 1：我发现序言部分提到了这本书的写作目的。这本书在尝试回答作者自己提出的一个社会学问题：作为中国基层社会的乡土社会究竟是个什么样的社会？

师：非常好，这句话其实也明确了本书的写作内容。（板书：写作内容）现在请同学们一起来朗读这句话，你读出了费先生的什么心态？

（PPT 展示）

《乡土中国》研究的核心问题：尝试回答我自己提出的“作为中国基层社会的乡土社会究竟是个什么样的社会”这个问题。

生 2：我读出了一种好奇，对“乡土社会是一个什么样的社会”这个问题，作者有强烈的好奇心，他非常想要去研究透彻这个问题。

师：为了研究作为中国基层社会的乡土社会的特点，作者做了些什么呢？

生 2：他进行了大量的实地考察。

师： 对，这里我们需要补充《乡土中国》的创作前提及费孝通先生的研究方法：田野调查法。从本书后记相关内容，我们可以了解到费孝通先生作为一个社会学家，并不仅仅是在关门做研究，他还做了大量真实的实地考察的工作。

（PPT 展示）

> 以全盘社会结构的格式作为研究对象，这对象并不能是概然性的，必须是具体的社区，因为联系着各个社会制度的是人们的生活，人们的生活有时空的坐落，这就是社区。每一个社区有它的一套社会结构，各制度配合的方式。因之，现代社会学的一个趋势就是社区研究，也称作社区分析。

师： 还有其他心态吗？

生 3： 我读出一种质疑，“究竟”一词说明可能在当下有人已经提出了一些认识，但费孝通先生对这些认识可能存在一些怀疑，他有自己的理解和认识。

师： 很好，那我们来看看，对于这个乡土社会，各界有什么样的认识？作者对这些认知持什么态度？

（PPT 展示）

> 乡下人是土气的，被称为土头土脑
>
> 乡下人在城里人眼睛里是“愚”的
>
> 在乡村工作者看来，中国乡下佬最大的毛病是“私”……

师： 同学们可以关注作者在行文中对这些认知的辨析、澄清，作者试图建立起与当时社会上已有认知的对话，大家判断一下。

生 4： 我有补充，这句话里提到了“尝试”二字，作者在序言部分也提到他是在探索一些自己觉得有意义的课题，他还说本书内容所提出的论点，以他现有的水平来说，还是值得有人深入研究的，又说这是一项“探索”，一再说是初步的尝试，所以，我想我们阅读中可以用生活经验加以验证，找到一些对应点，甚至还可能会发现一些内容是不大准确的，可以完善的。

师： 他说这本书的内容并不是非常成熟的思考，还是一种“尝试”，这其实也是在鼓励我们要继续他的探索，在学习中要有更多的思辨。

还有其他信息有助于我们的阅读吗？

生 5： 我发现序言中还提到了这本书的一个特点，这本书里有很多概念。

师： 概念多，是这本书的重要特点，序言明确提到。读懂这些概念的内涵和外延，尤为重要。（板书：重要特点）

（PPT 展示，生齐读）

> 它不是一个具体社会的描写，而是从具体社会里提炼出的一些概念。这里讲的乡土中国，并不是具体的中国社会的素描，而是包含在具体的中国基层传统社会里的一种特具的体系，支配着社会生活的各个方面。它并不排斥其他体系同样影响着中国的社会，那些影响同样可以在中国的基层社会里发生作用。搞清楚我所谓乡土社会这个概念，就可以帮助我们去理解具体的中国社会。概念在这个意义上，是我们认识事物的工具。

师： 阅读《重刊序言》，可以了解《乡土中国》的主要内容和重要特点。大家在后面的阅读中要有意识地关注这些概念。

环节二　读目录，梳理全书基本结构

师： 接下来让我们聚焦本书的目录，看看这 14 篇文章的题目，你有什么发现呢？

（PPT 展示）

乡土本色	礼治秩序
文字下乡	无讼
再论文字下乡	无为政治

差序格局	长老统治
系维着私人的道德	血缘和地缘
家族	名实的分离
男女有别	从欲望到需要

生 6: 目录里有很多概念。

师: 对，这也验证了《重刊序言》对概念的强调。这本书由独立的 14 篇文章组成，我们是否可以按自己的兴趣随意选择阅读顺序呢?

生 7: 我觉得不可以。

师: 为什么?

生 7: 这里面应该有它的逻辑关系，比如比较明显可以看出第二篇《文字下乡》与第三篇《再论文字下乡》，顺序就不能颠倒。

师: 好，大家继续观察，能不能再找一些理由来证明这名同学的观点?

生 8:《礼治秩序》《无讼》《无为政治》《长老统治》都是讲在乡土社会中的政治治理方式，它们之间有一种潜在的递进关系。

生 9:《乡土本色》这一篇和后面的篇目构成总分关系。《乡土本色》是整体上说乡土社会的生产方式，后面的内容是从其他角度来说的。

师: 哪些角度呢?

生 9: 比如社会格局、治理方式、人际关系等。

师: 那生产方式和这几个内容构成总分关系吗?

生 9: 不是总分关系，应该是说由生产方式决定社会格局，社会格局形成治理方式和人际关系的特点。

师: 对，这个说法比较准确。还有补充的吗?

生 10: 我觉得《文字下乡》和《再论文字下乡》虽然在讲文字与乡土生活的渊源，但是本质上依然是在介绍乡土社会的生产方式的特点，也就是农耕社会的特点。

师: 这也解释了这两篇为什么要紧跟在《乡土本色》之后了。同学们非常敏锐地从目录中看到了篇章之间内在的逻辑关系，现在请同学们分小组，尝试画一张思维导图来建构本书的基本框架。

（学生作品展示）

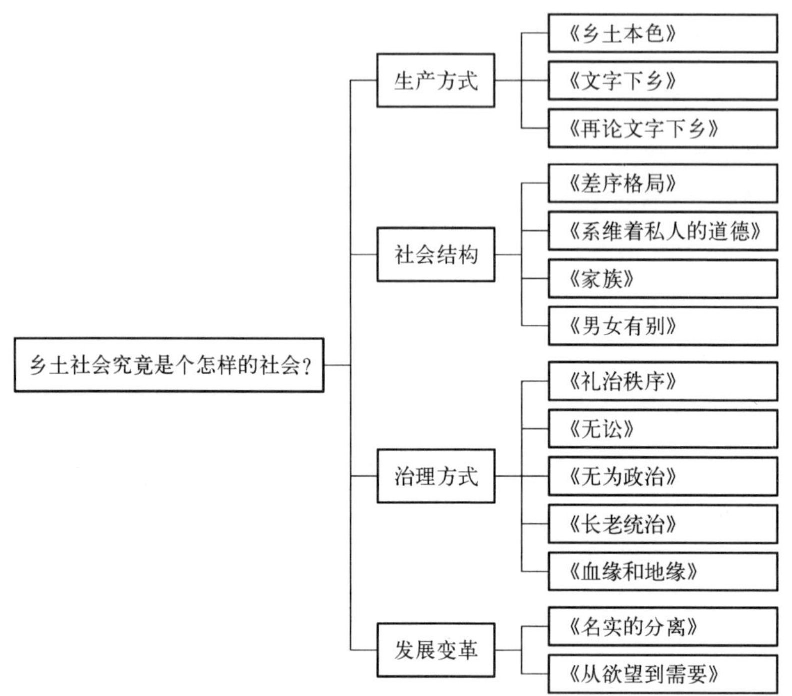

师：我们通过梳理篇章结构，绘制思维导图，发现了《乡土中国》14 篇文章虽然独立成篇，但它们是一个有机的整体，我们需要按顺序依次阅读，在阅读时可以建立专题阅读的意识，从不同维度走进《乡土中国》。

环节三　溯源时代，探究写作价值和时代意义

师：我们研读了本书的序言和目录部分，现在大家继续讨论，读这本书有什么价值与意义呢?

生 11：可以提高我们的阅读能力，尤其是阅读论述类文本的能力。

生 12：可以借鉴作者的写作方法，学习怎样把一个道理讲清楚，或者分析一个现象产生的原因。

师： 你把它当议论文读当然可以，但我还想特别强调“学术”二字，这是本学术性的书，不是一般的议论文。学术就是专门的研究，不能停留在事实与现象上。学术一定要上升到理论，甚至通过激励建构一套体系。我希望大家通过这本书得到学术的启蒙，也许未来的大学者就在我们这里哩。阅读这本书时，我们不仅仅应该抱着一种接受新知的心态，还应该具有质疑和思考的意识。我们读它不仅是为了获得新知，而且应该收获一种思维方式。同学们再想一想，《乡土中国》中描述的“乡土社会”，似乎距离我们有一些遥远，在当下现代化进程如此之快的时代，还有必要去阅读这本已经问世几十年的书籍吗？（板书：写作价值　时代意义）

生 13： 有必要，这本书让我们认识我们自己的文化传统。（板书：认识）

师： 那认识的目的又是什么呢？让我们看看《乡土本色》的最后一段，看看能不能发现费老写这些的目的。

（PPT 展示）

> 这种办法在一个陌生人面前是无法应用的。在我们社会的激速变迁中，从乡土社会进入现代社会的过程中，我们在乡土社会中所养成的生活方式处处产生了流弊。陌生人所组成的现代社会是无法用乡土社会的风俗来应付的。于是“土气”成了骂人的词汇，“乡”也不再是衣锦荣归的去处了。

师： 这里的流弊是指相沿而成的弊端，同学们在现实生活中体会过这种弊端吗？

生 14： 我们在生活中遇到事情总喜欢找关系开后门，我觉得这是一个不太好的习惯。

师： 这正是熟人社会中形成的生活习惯，这种习惯会影响法治社会建设。认识我们自己的文化传统，还有一个目的在于思辨地继承，既要传承优秀传统文化，也要反思传统里存在的一些问题，从而让我们的文化更好

地发展。（板书：反思　发展）

《乡土中国》不仅回答了“何处来”这个问题，还间接地回答了“何处去”这个命题。社会要如何发展，这个问题在中国历史上多次被问起。20世纪20年代，鲁迅回答过这个问题，他写了《阿Q正传》，揭示人性的丑恶，他说他的目的是揭示丑陋，以引起疗救的注意。20世纪30年代，沈从文回答过这个问题，他写了《边城》，他说他的目的是勾勒理想，呼吁美好。20世纪40年代，费孝通先生作为一个社会学家也想尝试回答这个问题，所以就有了《乡土中国》这本社会学专著。在西方文化的强烈冲击下，现代中国人究竟是继续保持文化认同，还是向西方文化认同？费老认为：在多元文化的世界里，既不应该“全盘西化”，也不应该“坚持传统”，而应该正确认识自己的文化，理解所接触到的多种文化，然后取长补短，建立一套共同认可的基本秩序和与各种文化和平共处、各抒所长、联手发展的守则。了解自己，才能发展自己。

生15：阅读过程有点像是一个寻根的过程，我们可以在阅读中感受到一种文化自信。

师：文化自信这个概念非常好，但老师觉得和《乡土中国》整个文本的气质不太符合。我们能不能更加准确一点呢？费老在这本书里传达出怎样的对待文化的态度？

生16：比较客观、理性。不是单纯的自信，也有对文化的反思和追问。

师：概括得非常好，老师给大家提供一个词语，“文化自觉”。（板书：文化自觉）“文化自觉”这个概念是费孝通先生在1997年北京大学举办的第二届社会学人类学高级研讨班上首次提出的，是应对全球一体化的发展趋势，而提出的解决人与人关系的方法。这个概念主要有三层内蕴，一是建立在对“根”的找寻与继承上，二是建立在对“真”的批判与发展上，三是对发展趋向的规律把握与持续指引。（PPT展示）

让我们一起来朗读费孝通先生提出的处理不同文化之间关系的十六字

箴言：各美其美，美人之美，美美与共，天下大同！

环节四　布置任务，问题引导，精读文本

师：接下来的三周，让我们一起再次走进《乡土中国》，希望这次阅读更加深入，带来更多思考。我给大家提供了一些思考内容，请大家在阅读中寻找这些问题的答案。

（PPT 展示）

时间	阅读内容	问题聚焦
第一周	《重刊序言》 《乡土本色》 《文字下乡》 《再论文字下乡》 《差序格局》 《系维着私人的道德》	（1）为什么要用“土气”形容乡下人？ （2）我们应该如何衡量“聪明”和“愚笨”？ （3）《文字下乡》和《再论文字下乡》分别是从哪两个维度探讨文字下乡的？ （4）很多人都认为中国人很自私，《差序格局》一章里，作者是怎么阐释的？
第二周	《家族》 《男女有别》 《礼治秩序》 《无讼》 《无为政治》	（1）“春运”是中国特有的现象，请在《家族》一章中找出产生这种现象的文化原因。 （2）“礼治”和“法治”的区别是什么？ （3）当我们在生活中与他人有纠纷时，一般会通过什么方式来解决？《无讼》中，作者是怎么讲的？ （4）“权力之所以诱人，最主要是经济利益。”你是否同意？
第三周	《长老统治》 《血缘和地缘》 《名实的分离》 《从欲望到需要》 《后记》	（1）你是否困惑过，在英语中 sister、brother 是分不出年龄大小的，《长老统治》一章是如何分析这种中英文差异的文化原因的？ （2）《血缘和地缘》一章中说，村里开店面的，除了穷苦的老年人摆个摊子，等于乞丐性质外，大多是外边来的“新客”，商业是在血缘之外发展的。你有没有观察到这种现象？本章是如何解释这一现象的？ （3）试用《名实的分离》一章的观点审视唐宋古文运动、“五四新文化运动”，看看有什么新的启发。 （4）你在选择食物时，是因为好吃而选择，还是因为营养健康而选择？《从欲望到需要》告诉你这个看似不起眼的选择，与整个社会秩序还存在着关系。

课后作业

精读文本，尝试给每章绘制思维导图，提炼梳理文本内容和行文逻辑。

板书设计

写作内容

重要特点

写作价值　认识—反思—发展

时代意义　文化自觉

点评

聚焦核心素养，引领策略建构

陈坪，广东省广州市教育研究院副院长，正高级教师，广州市人民政府督学，广州市中语会副会长，教育部义务教育阶段学生语文学习质量监测工作小组成员，华南师范大学院教育硕士校外导师。从事中学语文教育教学研究30年，参与和主持多项国家、省、市重点规划课题研究，获省、市教学成果一等奖。

《普通高中语文课程标准（2017年版2020年修订）》明确指出，“整本书阅读与研讨”任务群“旨在引导学生通过阅读整本书，拓展阅读视野，建构阅读整本书的经验，形成适合自己的读书方法，提升阅读鉴赏能力，养成良好的阅读习惯，促进学生对中华优秀传统文化、革命文化、社会主义先进文化的深入学习和思考，形成正确的世界观、人生观和价值观”。这是对整本书阅读教学目标和策略的高度概括、明确指引。整本书阅读教学在阅读内容、阅读数量、过程管理、目标达成、成效评价等方面，均与传统的单篇教学差异较大。教师在教学目标的确定、教学形式的选择、教学过程的推进、教学任务的达成等方面，均面临着较大挑战。这一系列问题，都是推进整本书阅读教学需要积极面对和着力解决的。

罗俊老师设计的《从“乡土”到〈乡土中国〉》课例，展现的是整本书阅读教学模块的一节起始课的构思，其教学目标就是激发兴趣、引领方法、建构策略。罗老师始终坚持“让‘读’成为一个真实的主观意愿而不是被迫行为；让‘真实的阅读’贯串整本书阅读的始终”，特别注重学生理性思维的激发、训练和培养。本节导读课主要涉及《乡土中国》的写作内容、主要特点、写作价值、时代意义等四个学习要点，教学设计体现了以下几个特色和亮点。

一、关注学生学习的真实问题

起始课一般侧重在学习的整体规划和入门引导。整本书的有效教学应将最有价值的内核挖掘出来，指明研读方向，真正激发学生阅读的内驱力。本节课基于学情分析及学习要求，确定教学目标为激发阅读兴趣、梳理全书框架结构、探究写作价值等几个方面，可以说是科学谋划，有的放矢。

教师在指导学生正式学习之前，应充分了解学生已有的阅读经验和水平，有针对性地引导、帮助学生积累、建构自己的阅读经验。罗老师通过问卷调查，开展学习前期调研，了解学生的阅读状况（尤其是学术类著作的阅读困难等），以及高阶思维、批判性思维的能力和水平等。罗老师通过组织学生正式学习前的自由式阅读，总结了学生具体学习《乡土中国》时存在的关键问题。了解学生学习前的学习状况、认知水平，确定“最近发展区”，有助于针对性提升学习质量和学习效率。

二、注重整体教学的设计思路

不断引导学生整体了解《乡土中国》的写作目的、写作态度、写作特点和研究方法等，有助于为整本书深入阅读准备钥匙。整个导读课堂教学设计分四个环节，分别为激趣导入、聚焦寻法、溯源探究、细读文本，思路清晰，逻辑性强。

本节课在激趣导入教学环节，首先是激发学习自信，鼓励学生要勇敢地尝试挑战经典阅读，因势利导鼓励学生保持求知欲和独立思考。这一点看似“闲笔”，却正是重要的学习支持，充分体现了教师的教学经验和智慧。

在聚焦寻法教学环节，抓住学习的关键，突出重点和难点，科学引导学生利用序言、目录和后记等内容，建立整体学习支架，使学生初步了解这本书的写作目的、主要内容、写作特色和写作思路等；学会利用阅读策略，有效搭建助力整本书阅读的脚手架，为后续有序学习、深入研读打下良好的基础。特别是在方法学习指导过程中，教师耐心引领，精准点拨，善于在关键处将学生零散的思维火花凝聚、总结、提升，帮助学生找到更多的有效助读信息，起到了金线穿针的作用。

在梳理全书框架教学环节，引导学生关注目录内在的逻辑关系，给整本书绘制思维导图。让学生在基本了解内容的基础上，自主构建起全书的大致框架，建立起整本书阅读“整”的意识。这是一种很好的阅读方法指引，欲读解全书，科学有效的方法首先是整体把握，建立全局观，了解各部分的相互关系，形成结构化思维认知。

三、聚焦核心学习的策略引领

教师在指导学生整本书阅读学习时，要根据阅读内容提出探究问题，精心设计问题情境，充分调动学生的学习自主性，推进整本阅读教学的实施。以问题探究为抓手，让学生在解决问题的过程中，把握整本书的内容、结构，并体会书中的价值，从而提升学生对内容的鉴赏能力，形成自己独特的阅读体验。问题探究式阅读，重在以问题引导阅读，深入文本，追本溯源；以问题探究促思维，深入阅读，提炼学术性文本的内在逻辑与联系；以问题探究觅新知，深入探讨，大胆质疑。在完成这一系列阅读的过程中，促进学生语文素养的锻炼与养成。

“通过阅读整本书，建构阅读整本书的经验”，这是课标指引的学习建构策略。本节课教师指导的整本书阅读策略和方法主要有：激发学习兴趣、树立学习自信、培养理性思维、建构统观策略、探究阅读路径、规划精细阅读等几种。

在聚焦寻法教学环节，聚焦《重刊序言》引学，明确《乡土中国》主要内容和重要特点。这是一个比较科学的指导，也是教给学生阅读整本书的正确方法，建立阅读支架，引领建构策略。由序言到目录阅读学习，这都是一种整本书阅读的整体建构策略。形成整体框架和结构认知，就如盖房子一样，先有一个整体蓝图。这样更便于学生后续对文本的深度学习。

在溯源探究教学环节，教师带领学生共同探索《乡土中国》的阅读途径，引导学生思考阅读本书的目的和意义。“不仅仅应该抱着一种接受新知的心态，还应该具有质疑和思考的意识。我们读它不仅是为了获得新知，而且应该收获一种思维方式”，这是超越具体阅读方法的对写作价值的探究和阅读价值观的引领。文化自觉和文化自信的高位思考引导也就逐渐水到渠成了。本节课引导学生逐渐明晰了阅读的基本要素：读什么、怎么读、为什么读，帮助学生建立良好的阅读观，促进学生能够“在阅读过程中，探索阅读整本书的门径，形成和积累自己阅读整本书的经验”，促进整本书阅读的拓宽和拓深。这样就将“整本书阅读与研讨”学习任务群的本质要求和阅读素养的培养潜移默化地落实到日常教学中了。

在细读文本教学环节，教师部署阅读规划，详细地规划了后续三周的阅读计划和安排，依然是聚焦关键问题，引导学生关注核心思考研读。在指导学生学习时，教师采用“整体规划，问题优先，主动探究”的学习策略，充分调动学生的学习自主性，推进整本书阅读教学的实施。突出学生的学习自主性，有利于学生在整本书阅读中构建自己的阅读经验和精神世界，更有利于学生在整本书阅读中优化思维品质。

整本书阅读学习需要兴趣、方法、效果，需要教师不断搭设学习脚手架，促进学生思考和研究。这种阅读策略和方法的教授不是教师直接拿出答案要学生记背，而是学生在教师的有效引导下完成学习策略和方法的建构。

高中语文教材中将《乡土中国》《红楼梦》作为整本书阅读的具体教学内容，并不意味着只是教会学生读这两本书，而是通过实实在在的课堂教学引导，落实整本书阅读教学理念，让学生举一反三，学会不同类型书籍的阅读方法。因此，整本书阅读教学必须找到一个切入点，在教学策略上下功夫，综合运用有效的教学策略，指导整本书阅读的全过程，培养学生的语文核心素养，实现语文教学的最终目标。

课例4 从“乡土中国”到“走出乡土”

肖杨，湖南省长沙市长郡中学高级教师，湖南师范大学硕士生导师，湖南省“双名计划”卓越教师，长沙市名师工作室名师，长沙市首批卓越教师，长沙市信息技术与语文学科教育教学融合团队核心专家，湖南省中小学教师信息技术发展测评评审专家，湖南省新课程优质课评课专家，湖南省文学艺术优秀指导老师，“国培计划”培训专家。

设计意图

对于高一学生而言，读学术专著《乡土中国》有一定的理论分析难度；学生对20世纪中国农村社会基层格局了解不多，在联系生活方面也有距离感；该著作成书时，中国社会学研究尚未成体系，本书部分概念的表述，章节之间的逻辑关系在严谨性方面也有待商榷。因此，确保学生通读整本书，梳理核心理论框架，帮助学生越过“理论分析”和“实践阐释”的障碍，是指导阅读《乡土中国》的关键。

为了达到“通读整本”“关联章节”和“质疑思辨”之效，我特地为学生设计了通读计划和学习任务群。具体操作是：用10个周末，让学生完成3次《乡土中国》的阅读。第一次（2章/周，共7周）要求学生快速阅读，梳理概念，每章节解答一个“中心问题”，做好阅读批注；第二次（共2

周）要求学生完成整本书思维导图，进行章节关联，提出质疑问题并整理成班级“阅读问题单”；第三次（共1周）要求学生分组探讨并完成“前测作业单”，包括定义重要概念、尝试互答同学的提问（借助“阅读问题单”进行组内交流）、比较阅读。

本节课是学生第三次阅读后的“前测作业反馈式课堂探究课”，使用智慧教室授课。本节课的学习目标如下：

1. 根据文本内容，定义重要概念；厘清概念含义，提升理解能力和概括能力。

2. 通过绘制“概念思维简图”，关联各章节重要概念，形成概念间的逻辑架构，提升思辨力、逻辑力。

3. 结合本书和生活现实，分组探究典型问题的思辨点，学习学术类文化专著的阅读方法，提升思维素养。

4. 通过比较阅读，探究对《乡土中国》进行现代性思辨阅读的意义，重新认识传统文化的发展出路，更好地理解传统文化、反思传统文化，从而传承和发展中华优秀传统文化，增强文化自信。

教学扫描

环节一　导入

师：同学们对《乡土中国》这本书做了批注式阅读，请看大家批注的成果。

（播放“学生阅读批注”微视频）

师：通过观察同学们批注的侧重点，你觉得阅读《乡土中国》这类学术专著，关键是抓住什么呢？

生1：抓学术观点，了解关于“乡土中国”的关键词。

师：这些学术观点一般会通过怎样的语言形式呈现出来？请看《乡土

中国》的目录，每个章节的标题都是概念。可见，“理解概念”是阅读学术专著的基本维度。

环节二　理解概念

师：课前，同学们对每章的重要概念做了解析。我从中挑选了 4 个重要概念并对其下定义，还列举了一些社会现象，请大家在平板电脑上匹配连线。

（教师推送希沃白板课件。学生在希沃“易课堂”学生端完成“配对连线”）

（PPT 展示）

【理解概念】

请把下面的概念、定义、社会现象配对。

概念	定义	现象
差序格局	农耕文明衍生出的中国传统社会的基层特质	攀关系讲人情
乡土本色	以己为中心向外扩推、有亲属或地缘差等的社会关系	安土重迁
礼治秩序	亲子关系为基，单（父）系扩推的事业性社群	服从成规
家　　族	依靠传统(教化)维护的社会秩序	父子主轴

（教师抽选学生屏幕展示）

师：你是怎么理解这些概念的定义以及它们所对应的社会现象的?

生 2:“乡土本色”是第一章的内容，是对这本书总的概括，这本书讲的是“乡土社会的基层特质”，所以“乡土本色”匹配的定义为“农耕文明衍生出的中国传统社会的基层特质”。

“差序格局”是一种社会关系，我把它匹配第二个定义。这个定义的定语“以己为中心向外扩推”，符合“差序格局”的特点。

另外两个概念，“家族”和“礼治秩序”。“家族”定性为“事业性社群”，“礼治秩序”则属于“社会秩序”，通过定义中的“上位概念”可以直接把它们区分开来。

相关的社会现象，可以根据概念的本质特点来反推。比如“差序格局”是“以己为中心向外扩推”，“攀关系、讲人情”就有人际关系的“扩推”性质。“家族”体现为“父子主轴”，在《乡土中国·家族》这一章里有对应的说法。“礼治秩序”依靠传统规矩，就是“成规”，所以把“服从成规”匹配“礼治秩序”。

师：你的阐述很有条理。我补充一点：实际上，“攀关系、讲人情”也可以同时和“礼治秩序”配对，因为一种社会现象中可能综合反映多个概念的特征。另外，在前测作业中，并非所有同学对概念的定义都一致。比如，这名同学认为“家族”是“生育社群”，而不是“事业性社群”，请说说你的看法。

生 3：我之前觉得，“生育社群”强调父母生子，“生育”是“父、母、子”三者的关系。但现在我要纠正自己的看法：“家族”的特性应是“父子主轴”，因为在中国传统社会里，男性是家族传承的载体。

师：很好，你修正了自己之前的理解。你是从家族的“传承性”维度来讲的。而如果从“社群属性”的角度来说，“生育社群”的属性不是针对“家族”这个概念来说的，而应该是针对——（学生齐答）“家庭”。“家庭”这个概念主要以“夫妻关系”为主轴呈现，而“家族”是“父子主轴”。可见，我们对“类同的”概念要做比较区分。

环节三　关联概念

师：除了理解单一的概念外，我们还要对整本书“整合梳理”，要对相关概念做逻辑关联。《乡土中国》有 14 章，请从目录的章节标题中，选出全书的“核心概念”。

（学生在希沃“易课堂”学生端“发表观点”）

（PPT 展示）

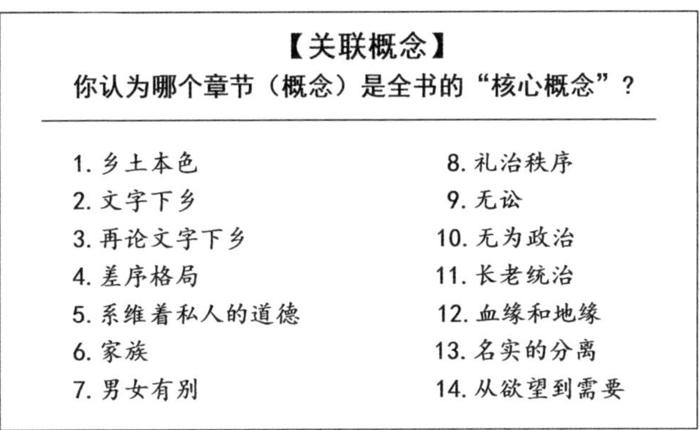

师：请看同学们选择的“核心概念”。

（屏幕展示观点列表）

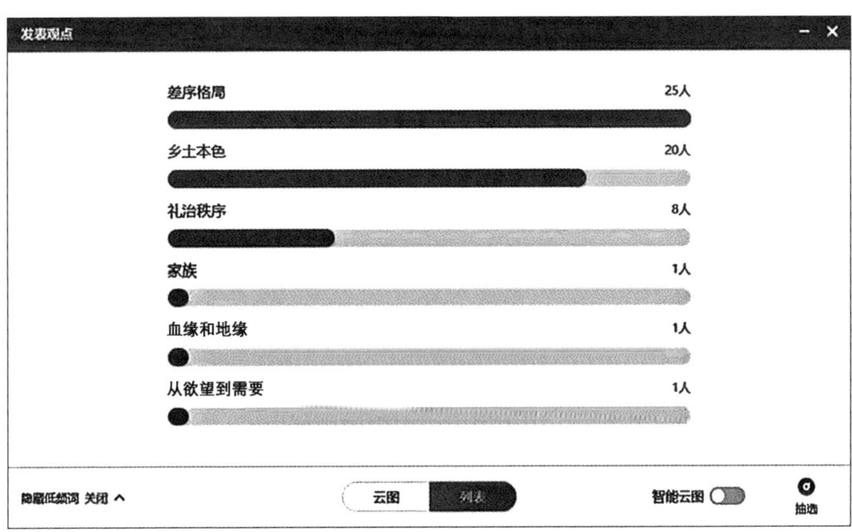

师：排序第一的是“差序格局”，第二的是“乡土本色”。我们聚焦这两个概念，结合前测作业中“以其中一个核心概念为中心，和另外三个概

念做逻辑关联，绘制概念关联简图”的任务，以四人为小组讨论如何确定全书的核心概念，把你们认为较合理的一张概念关联简图拍照上传。

（学生分组讨论，拍照上传）

师： 先看上传速度最快的小组。你们把“差序格局”作为核心概念，请派小组代表解读你们的概念关联简图。

（“易课堂”平台进行多组比较展示，屏幕如下图）

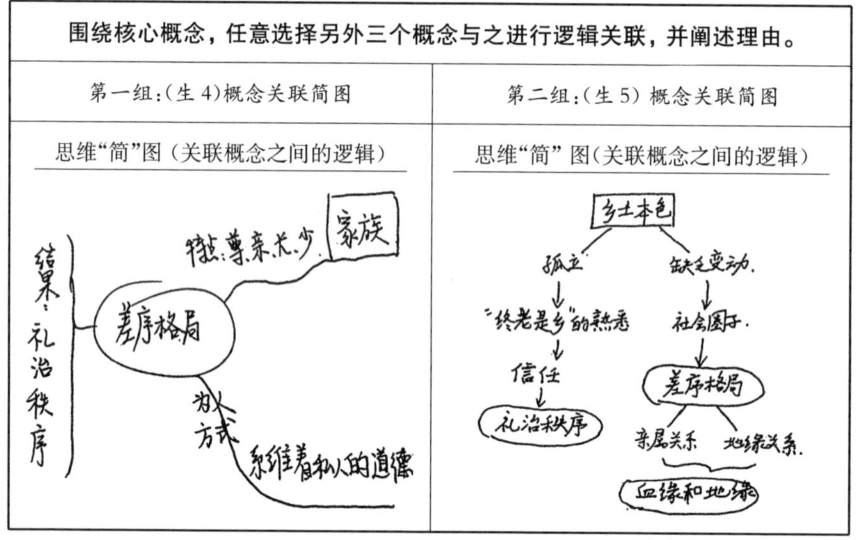

生 4: “差序格局”讲求亲疏和尊卑，这是维持“家族”中人伦关系的重要原则。《礼记 · 大传》中说“亲亲也，尊尊也，长长也，男女有别”，表现的是人伦关系中的亲疏远近；“尊尊”就是“尊其所尊”，“亲亲”就是“亲其所亲”，表现的是人伦关系中的尊卑上下，我国传统的丧服制度就鲜明地体现了这两个原则。由家族中“尊、亲、长、少”的“差等”次序产生了“礼”，结果就有了“礼治秩序”。而从“为人处世方式”的角度看，为了维持和谐，人与人之间就需要“系维着私人的道德”。所以，我把差序格局作为核心，和家族、礼治秩序、系维着私人的道德这三个概念关联。

师：你的表述清晰，例证恰当。接下来，用“乡土本色”作为核心概念的小组又会怎么解读呢？

生 5：“乡土本色”主要突出两种本色，一是“孤立”，二是“缺乏变动”。根据“村落孤立”这一特点，同一个村子的村民不离开故土，就产生了村民“终老是乡”的“熟人社会”；因为这种“熟悉”，人和人之间会产生信任；由于信任，人们会习惯于服从成规，因此形成“礼治秩序”。从另一个特点“缺乏变动”看，可推出乡土中国具有它独特的社会圈子——社会圈子之间的关系是以“差序格局”来维持的。而在“差序格局”中，人与人之间的联系一般通过两种关系来达成：亲属关系和地缘关系，从中可以推出“血缘和地缘”的统一性。

师：两组同学找的核心概念不同，阐述的概念关联似乎都有道理。那么，“差序格局”和“乡土本色”，哪个更具备成为这本书核心概念的特点呢？

（生答案不一，无法统一）

师：我们回到概念的本质属性来看吧：“差序格局”实质上是讲人际关系；“乡土本色”讲的不只是人际关系。所以，如果以“人”作为重点来考虑，就会以“差序格局”作为核心概念；如果将整个中国乡土社会，包括人和环境之间的关系综合起来考虑的话，要考虑的核心就是“乡土本色”。可见，我们从不同的维度来解读概念，探讨的侧重点是不一样的。但是费孝通先生在写作《乡土中国》这本学术专著时，到底要解答什么问题呢？我们翻到教材第 80 页，齐读“导读”第二段，本书要解答的核心问题是？

生（齐）：尝试回答“作为中国基层社会的乡土社会究竟是个什么样的社会”这个问题。

师：对应这个问题的核心概念，应该是哪一个？

生（齐）：差序格局。

师：“差序格局”这个概念回答了这本书的核心问题，从这个角度来看，费孝通先生的这一原创性概念——差序格局——可以作为理解教材“导读”第一段所说的“中国基层传统社会——农村”的核心概念。

环节四　思辨概念

师： 理解重要概念，理清了它们的逻辑关系，我们对费孝通先生的观点有了一个“框架式”的整体感知。而费孝通先生对这些概念的阐述，是否还有值得商榷的地方呢？同学们在初读时对本书一共提出了 87 个质疑问题，我挑选了其中两个典型问题，请大家讨论解决。

（PPT 展示，学生分组讨论）

【思辨概念】

1.《家族》一章中说：“中国的家是一个事业组织”，因事业需“排斥私情”。《孔雀东南飞》《梁祝》中生死不离的爱情以及中国古代歌颂美好爱情的作品，是否与本书所说的“排斥私情”矛盾？

2. 西洋社会没有“差序格局”吗？乡土社会没有“团体格局”吗？（《差序格局》《系维着私人的道德》：乡土社会“差序格局”，界限不明；西洋社会“团体格局”，有明显界限。）

师：《乡土中国》中提到“家”这个事业组织“排斥私情”。中国古代产生了赞颂美好爱情的作品，而爱情是一种“私情”。两者是否矛盾？

生 6： 不矛盾。《孔雀东南飞》是不圆满的结局，造成这个悲剧的主要原因就是男女主人公被“家族”这一事业组织中的家长强行干预，家族“排斥私情”，爱情不得善终。作品本来就表现出家族“排斥私情”的特点。

师： 你觉得这个作品里的“家长制”，实际上表现了《乡土中国》里“事业组织”的特性，家族是“排斥私情”的。

生 7： 不矛盾。但需要分情况来看：在事业和爱情冲突的情况下，才会排斥私情，如果二者没有冲突，就不会排斥。举个例子：朱元璋与马皇后互相倾慕，拥有爱情的同时，还带领军队打天下，创立明朝——这是他的“事业”。在朱元璋治国时，马皇后也多次纠正朱元璋的错误。马皇后去世，朱元璋很哀伤。可见，事业和爱情在没有冲突的时候不矛盾，并非在任何情况下“家族”都“排斥私情”。

师：提问者本人，你觉得这个回答怎么样？他是以“是否有冲突”来确定它们是否会矛盾。

生 8：我部分地认同他的观点。他的陈述逻辑很清楚，但我认为他的举例不当。我们看古代那些歌颂美好爱情的作品，男女双方大多处于自由恋爱状态，他们并没有组成“家”这个“事业组织”。如果男女双方约定了婚姻关系，产生了事业组织，“私情”就会被排斥。

师：同学们的讨论里涉及了两个概念：婚姻和爱情。从“传统社会组织”的主流看，因婚姻关系而组成的“家”是“排斥私情”的。但从“人性”角度看，“爱情”属于人的正常情感需求，事实上，哪怕组成的“家族”并没有以爱情为基础，夫妻之间也不可能“毫无私情”。《乡土中国》显然是从“社会组织构成”的角度来谈“排斥私情”的。同学们能在阅读中发现中国传统社会结构中存在的问题，从“人性”角度提出疑问，进行反思，获得启示，值得表扬！

可见，阅读时要辨析观点、思辨概念，不能不假思索地全盘接受；同时，我们也从中获得了启示：“传统”需要批判地继承，“文化”更需创造性发展。

师：下面探讨第二个问题，乡土社会的“差序格局”和西洋社会的“团体格局”一定是壁垒分明的吗？

生 9：作者是从中西方社会的“主要”格局来分析的，乡土社会并非没有团体格局，西洋社会也并非没有差序格局，往往两种格局是以“主次关系”并存的。我还在原文中找到了证据，《家族》一章写道：“我在这个分析中只想从主要的格局说，在中国乡土社会中，差序格局和社会圈子的组织是比较的重要。同样地，在西洋现代社会中差序格局同样存在的，但比较上不重要罢了。这两种格局本是社会结构的基本形式，在概念上可以分得清，在事实上常常可以并存的，可以看得到的不过各有偏胜罢了。”

师：原文说“各有偏胜”，可见两种格局在两个社会并不是壁垒分明的。而社会学家陈心想是这样解释的，请同学们齐读课件内容。

（PPT展示）

《乡土中国》本身在某些方面也是参照韦伯所说的“理想类型”概念来写的。比如，“差序格局”就是一个典型的例子，与西方的团体格局概念一样，都是为了分析的方便而设立的概念，事实上，在一个社会里，二者都存在，只是两者各自的成分多少不同罢了。——陈心想《走出乡土——对话费孝通〈乡土中国〉》

师：通过对这两个问题的探讨，我们发现：“尽信书不如无书”，要具备批判性思维；另外，做深度阅读时，要细化文本，找出更多实例。我们小结一下，思辨概念的维度有哪些呢？

第一，看文本观点是否恰当。第二，看例证是否完全匹配。第三，还要考虑概念或例证的适用范围是否有条件限制。

（师生共同小结，课件逐层展开“思维导图”，教师同步板书）

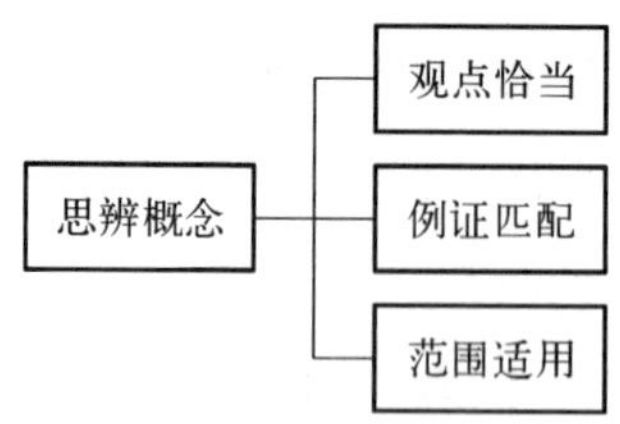

师：请看前测作业“比较阅读”板块：两段材料分别来自费孝通的《乡土中国》和陈心想的《走出乡土——对话费孝通〈乡土中国〉》。陈先生反驳了费先生的说法，对“阻碍文字下乡”的原因提出了哪些不同

看法？

生 10： 陈先生说：第一个原因，太穷；第二个原因，缺少教授文字的人才。

师： 这跟费孝通先生讲的“熟人社会阻碍了文字下乡”不同。你会反驳费先生，还是陈先生？

生 11： 我反驳费先生的“乡土社会是熟人社会，所以阻碍了文字下乡”这个观点。熟人社会对文字下乡的影响不大。举个例子吧，一个卧病在床的人，他有事要别人转达给村长，这个转述者是熟人，但他不一定能仅仅通过语言就准确地把信息转达给村长。

师： 没有文字，信息传递的准确性可能会发生偏移。

生 12： 就算是熟人转述，从消除转述带来的信息传播误差来看，文字也是必要的，可见熟人社会并非阻碍文字下乡的原因。

生 13： 我也反驳费先生的观点。熟人社会带来“信任”，这不代表不需要文字，比如《包身工》中写到包身工有卖身契，乡村中也有地契、房契等——这是因为人们需要一个表现“信任”的凭据。如果没有这个凭据，所谓熟人社会的信任很难维持。

师： 因为有了契约，文字就成为证据，具有约束效力。谢谢你补充这个例子。有同学反驳陈先生吗？

生 14： 我反驳陈先生的观点。陈心想先生所处的时代，是社会变革时期，社会开放度提高，乡下人流行进城打工，对文字的需求增强。人一旦有了学习需求，就算贫穷，也会努力学习。可见贫穷不算阻碍文字下乡的主要原因。费孝通先生所阐述的“乡土社会”对应的时代是 20 世纪 40 年代以前，乡下人对文字没有太多需求，也就没有学习文字的动力。

师： 你从时代发展角度来看“乡下人学习文字的需求”，符合历史唯物主义的客观视角。可见，陈先生和费先生的观点，在当下都有值得再探讨之处。由此观之，学术探讨要基于现实，尊重规律，要看到时代变化中产生的新问题。

环节五　走出“乡土”

师：在“阅读问题单”里，有同学提问：在如今城镇化高速发展的时代里，应该怎样看待传统的乡土社会？对此，我们或许没法获得一个结论性答案，但参考《走出乡土——对话费孝通〈乡土中国〉》这本书的目录，你们能从中获得解答这个问题的启示吗？

（PPT 展示）

问题	《走出乡土——对话费孝通〈乡土中国〉》目录
问题 在如今城镇化高速发展的时代里，应该怎样看待传统的乡土社会？	**《走出乡土——对话费孝通〈乡土中国〉》目录** 一 乡土本色：走出乡土 二 文字下乡：乡民进城 三 乡土文化传承：乡村精英流失 四 差序格局：双线运作 五 维系着私人的道德：追寻同等的“爱” 六 聚居家族：独立家庭 七 男女有别：爱情崛起 八 礼治秩序：法治社会 九 无讼：信访 十 无为政治：自治组织 十一 长老统治：文化反哺 十二 血缘和地缘：两个世界 十三 名实的分离：传统与现代的张力 十四 从欲望到需要：从知识到工程

生 15：这本书每个章节名的前半部分，基本对应《乡土中国》的目录。而冒号后面，对应“变化性”概念，比如，“乡土本色”对应“走出乡土”，“文字下乡”对应“乡民进城”。第三章是“乡村精英流失”，说明人在变动，土地不再是制约人流动的决定性因素。给我的启示是：要用发展的眼光看“乡土中国”，要用联系和变化的视角看待社会变迁。

师：联系的、变化的、发展的眼光，这些都是思辨阅读的重要思维角度。而陈柏峰评论《走出乡土》的一段话刚好与之相契合。

（PPT 展示，生齐读）

世纪之交前后，中国乡村发生了一场巨变，《走出乡土》就是返乡的海外游子陈心想表达对此感受的著作。它以《乡土中国》为参照，塑造了一系列丰富的二元对立和参照维度。这种描述“后乡土中国”的方式，对作者和读者都是捷径。然而，《乡土中国》更多是儒家秩序建构的经验化表达，沿其体系可以多大程度上刻画“后乡土中国”多层次、多面向的变迁现实，是存在疑问的。全面理解社会变迁，注定需要更多的视角，区域差异、农民价值、政策执行等都不可或缺。讨论“走出乡土”的“后乡土中国”，需要走出《乡土中国》。——陈柏峰《“走出乡土”的“后乡土中国”——评陈心想著作〈走出乡土〉》

师：阅读《乡土中国》，最终目的并不是沉浸于“乡土”，而应该如陈先生所言“走出乡土”。走入《乡土中国》，是为了回溯我们的文化之根，然后，我们要“走出乡土中国”，这也就是我们思辨性阅读最终的落脚点：要知道如何解决当下的问题。

历史学家许倬云先生说：“‘走出乡土’，乃是 19 世纪以来，中国必须面临的抉择。先是，以城市为基础的西方工商业文化，逼人而来；最近一个世纪，全球又经历加速度的科技发展和经济全球化，中国残余的乡土社会，更难延续……费先生撰写《乡土中国》时，其实乡土中国已在逐渐衰微，因此，他才要努力于第二阶段，如何重建乡土？”我想问问大家：重建的“乡土”还是原来那个“乡土”吗？

生 16：不是。重建的“乡土”，正如刚刚读到的，叫作“后乡土中国”，它是我们在时代变迁中要重建的“精神家园”。

师：世界不断流变，我们也要“与时俱进”（板书），面对具体问题要能具体分析。思辨阅读需要一种能力：具备“比较视野”（板书）。费孝通先生把中国社会和美国社会做比较，写出了《乡土中国》；陈心想先生比较

“后乡土中国”和“乡土中国”，写出了《走出乡土》，他们的研究方法值得我们借鉴。

下面，请用一句话概括：我们为什么要进行思辨性阅读？请用对联形式表述，并和大家分享。

（手机拍照，同屏展示学生的对联）

生 17： 思行为，辨言语；知对错，辨劣优。

师： 你讲的是为人处世，反思言行。

生 18： 思书之疑，辨书之理。就是说：思考书中的疑问处，辨析书中理论与实际运用的关系。

师： 强调理论和实践结合。如果你再琢磨对联的平仄要求，并避免同字重出就更好了。

生 19： 读之阅之，道理显易见；思之辨之，真理在其中。我认为，读一本书如果不去思辨，我们所吸收的就是“这本书告诉我们的”而已；如果进行思辨，我们或许会产生自己独特的见解，就有更大机会发现隐藏在文字背后的真理。

师： 我们阅读一本书，并不全在于知道别人在说什么、写什么，而应该最终知道——我该说什么、写什么，成为怎样的人；我将引领我的时代变得怎样。有人说：“无论何处，社会永远会经历改变，改变以后如何调适，则是我们自己的责任。”希望大家善用思辨思维，作用于阅读，更作用于现实生活，让自己变得更好，让生养我们的“乡土”——当下和未来的中国——变得更好。

课后作业

1. 尝试用《乡土中国》中的概念解释你阅读过的其他书籍（如《平凡的世界》《红楼梦》等）。

2. 选读：陈心想《走出乡土——对话费孝通〈乡土中国〉》。

板书设计

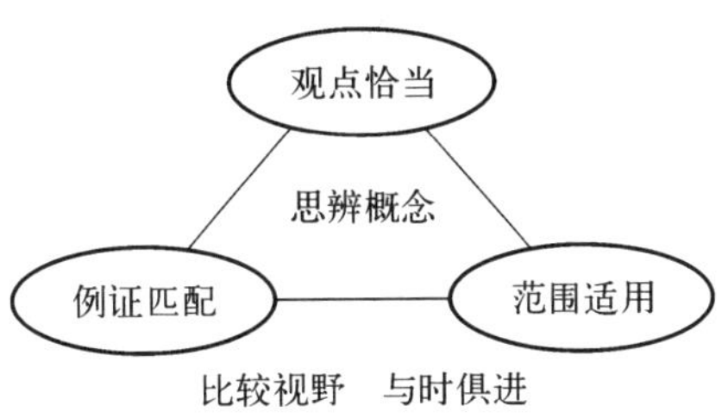

[本课例为课题“教育信息化 2.0 视域下中学语文智慧教学实践探索”（批准号：XJKX21A095）阶段性成果。]

点评

以概念为本：追寻设计的结构化和情境化

刘建琼，湖南省教育科学研究院二级研究员，博士生导师，语文特级教师，国务院政府特殊津贴专家。兼任教育部基础教育语文教学指导委员会委员，教育部普通高校师范专业认证委员会专家委员，湖南省特级教师工作研究会理事长等。出版《语文的境界与追求》《咀嚼语文味道——语文践行中的自我叩问》等专著 19 部，发表论文 200 余篇，获省部级基础教育教学成果特等奖 2 项、一等奖 2 项，其他奖项多项。

肖杨老师的《乡土中国》整本书阅读大单元课程设计以及《从“乡土中国”到“走出乡土”》课堂教学案例，运用“以概念为本”之课程理念大胆践行整本书阅读教学，对新课程语文课堂改革具有一定借鉴意义和研究价值。

“以概念为本”的教学设计，要求教师利用“概念性视角”架构学科领域的事实和技能内容，引导学生聚焦“概念引领”的单元学习情境，并展开事实层面和概念层面的协同思考，从而促进学生达成必备知识“结构化”，关键能力“高迁移”，核心素养“广适应”的目标。追寻“以概念为本”的教学要遵循两大原则。

一、以概念为本，让教学设计“结构化”

“以概念为本”的教学设计，首先要确定学习单元的学科核心概念（大概念）——《乡土中国》作为中国社会学奠基之作，需从“中国基层传统社会”这一概念入手研读。“结构化”，主要是指将课程教学内容通过大概念引领，建构富有结构特征的内容——必修教材在《乡土中国》整本书阅读单元提供了四个学习任务，教师可根据学情将其转换成在“中国基层传统社会”概念引领下的结构化教学内容：抓概念—析框架—解问题—做拓展。顺着这个思路，肖老师做了如下尝试。

一是教学目标结构化。整个单元有明确、具体、可检测的课程目标，这些目标与学生的整体阅读计划相匹配，形成层次化、递进式的目标体系。肖老师以“中国基层传统社会”概念为核心，以本质问题“对传统社会的理解、比较、发展”为主线，设计了三次进阶式阅读，以达成“通读整本”“关联章节”和“质疑思辨”的能力进阶目标。

二是教学内容结构化。对整本书阅读的课程内容进行模块化处理，每个模块聚焦一个或多个核心知识点或技能点，模块之间既有相对独立性，又相互关联，以此为学生架构完整的知识体系。肖老师布置的三次阅读遵循了“章节（单概念＋单问题）—整本（多概念＋质疑）—多本（新概念＋

思辨）”的学习模块迭代逻辑，抓住“概念”这个线头来层层“剥读”《乡土中国》，从而化难为易，为学生提供了“中国基层传统社会”核心概念视角下，从“中国基层传统社会理解”到“跨文化社会比较、思辨社会发展”的思维路径，以及“学术专著阅读”视角下，从“读一本”到“读一类”的方法路径。

三是学习方法结构化。不同“概念”引领的学习要遵循不同“概念性视角”下学习方法的运用原则，教师要根据课程内容和具体学情，提供恰当的学习支架并引导学生灵活选用。在本课例中展示的“通用性”学习方法：批注阅读法、思维导图法、讨论法、探究法等，在合理安排学习活动的前提下，可以确保整本书阅读的连贯性和有效性；而从“中国基层传统社会”核心概念角度来看：文化比较视野、思辨性阅读方法、概念分析法等，则是本课例针对《乡土中国》这本学术专著而提供的“专门性”学习支架。

四是学习评价结构化。如肖老师采用信息技术采集学生观点，引导学生利用“概念性视角”定位学术专著的核心概念（自评＋互评）；又提炼学生提出的典型问题，聚焦概念辨析的重点，如“社会格局是否壁垒分明”“社会格局如何适应社会变迁”等，鼓励学生个性化阐释和争鸣（质疑＋辩论＋自评＋互评）。课堂全程运用“概念性视角”来综合学生提问、学生自评、学生互评、教师点评，依靠结构化评价反馈，促进学生整本书阅读进阶。

当然，在教学设计“结构化”的过程中，还需遵循整体性原则、层次性原则、关联性原则等，以确保整本书阅读推进过程的科学性和有效性。

二、以概念为本，使教学实施“情境化”

“以概念为本”的教学设计还需关注课程实施的可行性和灵活性，以“情境化”的实施策略带动“结构化”学习内容的落实。“情境化”，是指将结构化的课程内容，通过具体适切的情境设置，变得更加易于教和学。

具体操作可以参考以下几点。

导入环节情境化。导入情境的设计对激发学生的阅读兴趣和探究好奇心有明显影响，肖老师使用微视频导入，回放学生批注阅读的成果（选择了突出“概念”的批注），引出《乡土中国》的阅读抓手——“辨析核心概念”，帮助学生自然进入“概念性视角”的研读情境。

教学内容情境化。一方面，可以由教师设置特定情境突破难点。如学生对《乡土中国》的“核心概念”认定无法形成共识时，肖老师设置了“导图阐释”“辩论争鸣”等特定情境活动，推动学生理解全书的本质问题。另一方面，教师可灵活采用“生成性”教学资源，临时设置延展性情境以落实深度学习的效果。肖老师在学生谈到“费孝通和陈心想研究的时代背景差异”时，顺势补充陈心想《走出乡土》这本书的对照式研究成果，提出“后乡土时代”的重塑使命，设计了“从读《乡土中国》到读《走出乡土》”的思辨阅读情境，由读“费孝通”到读“陈心想”，拓展了学生思辨的维度，促使学生跨时间、跨文化、跨情境、跨学科迁移知识、学以致用，可谓“得法于课内，得益于课外”。

另外，学习活动情境化，可以增强学生的参与感和体验感，如作业设计中要求学生尝试用《乡土中国》中的概念解释其阅读过的其他书籍。

还有课程评价情境化，通过设计一些情境化的测试题或通过观察学生在实践活动中的表现，评估他们对《乡土中国》内容的理解和应用能力。

总之，学术专著的阅读和研讨重要但很不易，本是难中取难，此案例“以概念为本”追寻教学设计的结构化和情境化，聚焦“中国基层传统社会”核心概念和“学术专著”文体阅读，利用概念性、事实性、思辨性、激发性的典型问题，层层剥茧，深入浅出，在引导通读、梳理方法、发展思维方面做出有益尝试，提供了促进学生知识“结构化”，能力“高迁移”，素养“广适应”的实例借鉴。

课例5 学术著作里的“无我之境”

程载国，浙江省余姚中学语文组组长，正高级教师，曾获浙江省春蚕奖、宁波市名师等称号，在各类报刊发表文章数百篇，出版个人著作 4 本，参编书籍 10 余本。

丁雨萌，浙江省余姚中学语文教师，曾获长三角马拉松阅读竞赛一等奖、余姚市优质课一等奖等荣誉。

设计意图

《乡土中国》是高中生学术类著作阅读的启蒙读物，教师教学要着力引导学生由积累这一本书的读书经验上升为掌握这一类书的读书方法。温儒敏教授在导读《乡土中国》时强调：“（《乡土中国》）能做到科学、严谨而又好读，这种文体风格背后，需要学科整合的开阔视野，也需要深厚的文化底蕴……这是学术论文的一种境界。”在《乡土中国》整本书阅读的收官阶段，我们有必要引导学生去发现和总结其作为学术著作的风格特点，并且让他们归纳出阅读此类书籍的基本方法。

就成书经过而言，《乡土中国》有其特殊性。费孝通的这本书不像他的博士论文《江村经济》，并非一开始就当成学术著作来写的。该书的成书可分为三个阶段：书里的文章起初是作者给云南大学学生讲课的讲稿；而后应《世纪评论》杂志约稿，作者将讲课稿改成适应杂志读者品位的专栏文章；最后应出版社要求，作者又对这些专栏文章加以修改，结集出版。成熟的读者可以看得出这本书前后章节在遣词造句和材料论证上都存在风格不统一的瑕疵。

可我们决不能据此断定《乡土中国》是急就章。根据相关传记材料，我们了解到，早在费孝通在英国留学期间，当《江村经济》交付出版时，马林诺夫斯基就鼓励他再去调查，再去写书，并提议将下一本书的书名定为《乡土中国》。因为学术准备期更长，作者所做的社会调查更为丰富扎实，《乡土中国》完成了由社会调查向社区研究的转变，对于中国乡土社会特点做出了富有创造性的解说，学术水准甚至要高于《江村经济》。

正因为作为学术著作的《乡土中国》学术水准与学术风格相悖，引导学生考察与评估《乡土中国》的学术风格就更有必要。

本节课的学习目标如下：

1. 比较杂志专栏发表顺序与《乡土中国》全书目录，理解学术著作在体例上的体系化追求。

2. 学会区分“事实判断”和“价值判断”，能分析全书在下判断方面的学术特色。

3. 通过对全书不同章节语言材料的分析，提炼概括《乡土中国》的论证语言风格。

4. 在考察与评估全书学术风格的过程中培养学生的科学精神与科学态度。

正式上课前，我们要求学生完成以下两项学习任务：

1. 课前阅读材料，区分“事实判断”和“价值判断”两种判断类型。

2. 重读《乡土中国》各篇章，圈画并整合所选章节的主要论断，形成简易逻辑推理图。

教学扫描

环节一　导入

师： 人和人接触，只有性情相投，才会日久生情，性情不投的话则会日久生厌。我们和书的接触也是如此。大家与《乡土中国》这本书亲密接触已有两周之久，请问你跟它是日久生情了，还是日久生厌了？

生 1： 刚开始时，我对这本书是有些抵触的，现在好像越来越喜欢它了。

师： 最喜欢这本书的哪一方面？

生 1： 它不像其他学术著作那么艰涩，语言挺浅显的，但揭示的道理又能给我们以启迪。

生 2： 读这本书时，我感觉好像是一位温和的长者在同我们聊天，作者没有摆出高高在上的说教姿态。

师： 通过刚才两名同学的回答，我感觉大家的表达风格已经受到费孝通先生的影响了。两名同学都没有站在家国情怀和学术影响的高度去阐发，只是描述自己的阅读感受。看似微观，其实很有见地。

（PPT 展示费孝通的学术荣誉）

1980 年，费孝通在美国丹佛获国际应用人类学会马林诺夫斯基名誉奖。

1981 年，费孝通获得英国皇家人类学会授予的人类学界的最高奖——赫胥黎奖。

1994 年，费孝通获得菲律宾拉蒙·麦格赛赛“社会领袖奖”。

1998 年，费孝通获得“霍英东杰出奖”。

师： 如果不是因为中国社会学中断了 27 年之久，费孝通应该能获得更高的学术地位。即便如此，费孝通也是中国社会学、人类学领域标志性的存在。费孝通能获得如此多的学术荣誉，既是因为他的学术成果具有创新性和实用性，也是因为他的学术风格特别吸引读者。今天这节课，我们就一起来考察并评估《乡土中国》一书的学术风格。

对于费孝通先生的学术风格，他的弟子赵旭东讲过两段看似矛盾的话语。

（PPT 展示）

（1）为什么费孝通的那些书能够产生如此重大的影响呢？因为他的研究工作与以往学者是不太一样的，他是通过人类学的田野调查，把老百姓的实际想法与真实感受用文字的形式呈现出来，引起更多人的关注。——赵旭东《费孝通学术思想研究》

（2）西方的人文学者在科学主义的支配下，往往会步入到这样一种困境中：为了保证一种科学研究的客观性而失去了真实的自我；而为保全可贵的自我真实，又会以牺牲科学研究的客观性为代价。——赵旭东《费孝通学术思想研究》

师：在读《乡土中国》的时候，大家有没有感觉到费孝通的写作也存在这种困境？

生 3：我在读《乡土中国》时，经常感受到作者既想保持学术客观性，又想将自己的经历与感受融入其中的挣扎。好像作者始终在“有我之境”与“无我之境”间徘徊。

师：你的感受很有代表性。我们今天对《乡土中国》学术风格的考察与评估就以“无我之境”为话题，依次推进。

环节二　篇目调整背后的学术考量

师：在书的序言和后记里，费孝通较为详尽地介绍了《乡土中国》一书的出书经过。哪个同学能复述一下这一历程？

生 4：书里的文章最初是作者给云南大学学生讲授“乡村社会学”时的讲课稿，后来这些文章被刊发到《世纪评论》杂志上，到 1948 年才结集成书。

师：讲课稿、杂志文章和学术著作这三者写作风格一样吗?

生 4：当然不同。讲课稿可能更简约，更加口语化。而专栏文章则要注意字数限制，还要迎合读者群体的喜好。学术著作则要更加体系化，更强调学术成果的创新性。

师：这样说来，将讲课稿改成一本学术著作是一件费心费力的事。

现在请大家根据 PPT，比较杂志专栏篇名与《乡土中国》全书目录，说说作者对哪些篇目进行了增删、调整。

（PPT 展示）

序号	《世纪评论》专栏	《乡土中国》目录
1	熟人里长大的	乡土本色
2	文字下乡	文字下乡
3	再论文字下乡	再论文字下乡
4	所谓家庭中心说	差序格局
5	差序的格局	系维着私人的道德
6	论私	家族
7	道德在私人间	男女有别
8	礼治秩序	礼治秩序
9	无讼	无讼
10	无为政治	无为政治
11	长老统治	长老统治
12	“大家庭”还是“小家族”	血缘和地缘
13	男女有别	名实的分离
14	血缘和地缘	从欲望到需要
15		后记

生 5: 他对专栏文章的标题做了修改，让标题变得更凝练，然后形成了一个新的概念。

师: 举例子说说，哪几个本来形象化的标题被他改得专业化了?

生 5: 第一篇“熟人里长大的”改成了“乡土本色”。

师: 对，修改前是一个散文化的描述，修改后变成了一个学术概念，继续说。

生 5:“所谓家庭中心说”改成了“差序格局”。

师: 这个地方好像不是标题修改，大家看，下面还有一篇“差序的格局”。这里应该是将两篇合并成了一篇，而且应该是“所谓家庭中心说”的内容被大大缩减。其原因可能是为了避免与作者另一专著《生育制度》内容上的重复。

“差序的格局”和“差序格局”，看起来少了一个字，但差异很大。明显后者是个学术概念，而前者是个轻松的话题，是不是? 除了这种把标题改得严肃一点的，还有吗?

生 6:“‘大家庭’还是‘小家族’”，这个标题带有疑问性质，作者将它改成了“家族”，既简洁又明确了。

师: 有哪些删掉了?

生 7:“论私”删掉了。

师: 增加的篇幅发现了没有?

生 8:“名实的分离”好像是增加的，“从欲望到需要”也是增加的。

师: 我们可以用一张 PPT 来总结大家刚才的发现。

（PPT 展示）

变化	《世纪评论》专栏	《乡土中国》目录
更名	熟人里长大的	乡土本色
	道德在私人间	系维着私人的道德

续　表

变化	《世纪评论》专栏	《乡土中国》目录
合并	“大家庭”还是“小家族”	家族
	所谓家庭中心说	
	差序的格局	差序格局
	论私	
增添		名实的分离
		从欲望到需要
		后记

师： 对于更名和合并带来的表述变化，刚才大家已经做了解说。有谁能说说作者为什么要添加上《名实的分离》《从欲望到需要》这两篇文章？

生 9： 乡土社会虽然是一个比较稳定的社会，但实际上这个社会也在缓慢变迁。为了更好地描画乡土中国之全貌，体现社会的变化，全书就有必要增加《名实的分离》和《从欲望到需要》这两篇。

师： 也就是说如果不增加这两篇文章，学术著作的体系性就不够。那么，作者在成书之前对文章篇目体例的调整，为全书面貌带来了怎样的改变？

生 10： 改之前，整体比较散文化，更适合称之为学术随笔。

师： 改之后它变成了什么？

生 10： 变成了学术著作。

师： 作者对篇目体例进行调整，体现了学术著作对“无我之境”的追求。

环节三　事实判断与价值判断的艰难抉择

师： 对于学术著作来说，论断往往是全书的灵魂所在。读学术文章如果能学会抓住论断，就不仅能准确理解文章的观点，也能较容易地梳理出文章的论证思路。课前，大家已选择了书中的 1—2 篇，完成了论证框架图，现在先请一位小组代表来展示解说。

（PPT 展示）

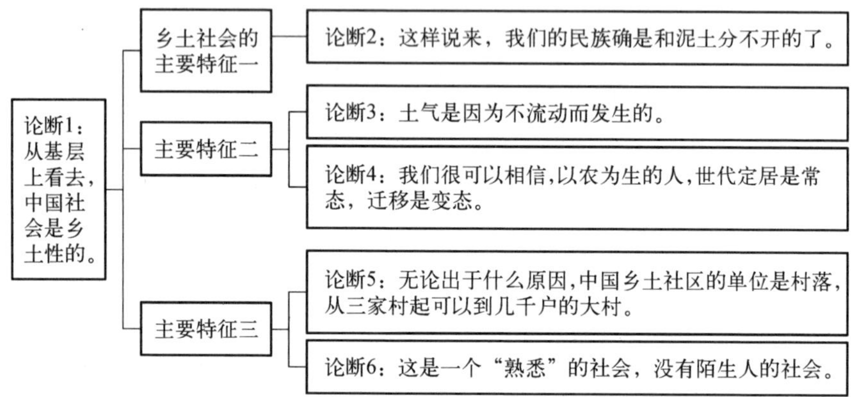

生 11： 我们小组提炼出《乡土本色》中的 6 条主要论断，并且简要梳理了文章的论证思路。作者开门见山提出核心论点，即中国的基层是个乡土社会，立足于此，谈了乡土社会的 3 个主要特征：土气、不流动性、熟人社会，可以说提纲挈领，为整书的论述奠定了基础。这 6 个论断构成总分关系。

师： 为了考察文章的学术风格，我们还要进一步探究文章中的事实判断和价值判断。利用学习任务单，大家已经提前了解事实判断和价值判断的基本内涵。现在请一名同学说说对两者异同的理解。

生 12： 事实判断是人对世界，主体对客体的认知和把握。价值判断是指人们对社会现象或问题做出优劣与否的评判。

师： 今天是个晴天，这是什么判断？

生 13： 事实判断。

师： 为什么？

生 13: 因为是不是晴天，人们可以根据日照时长加以证实或者证伪。明明没出过太阳，说成晴天就是错的；明明在下雪，说成晴天也是错的。

师: 今天是个好天气，这是事实判断还是价值判断?

生 13: 这明显是价值判断，因为每个人对好天气的标准不一样。我认为太阳这么猛，天气这么暖和是好天气；有的女同学认为这个天气要跑操不是好天气，雨天才是好天气，不用跑操。这种判断难以证实或证伪，主观性很强。

师: 现在请各组同学就 1—2 篇中的两条论断展开讨论，区分哪些是事实判断，哪些是价值判断。

（PPT 展示）

（1）从基层上看去，中国社会是乡土性的。

（2）这样说来，我们的民族确是和泥土分不开的了。

（3）从土里长出过光荣的历史，自然也会受到土的束缚，现在很有些飞不上天的样子。

（4）土气是因为不流动而发生的。

（5）我们很可以相信，以农为生的人，世代定居是常态，迁移是变态。

（6）无论出于什么原因，中国乡土社会的单位是村落，从三家村起可以到几千户的大村。

（7）这是一个“熟悉”的社会，没有陌生人的社会。

（8）于是“土气”成了骂人的词汇，“乡”也不再是衣锦荣归的去处了。

生 14: 我们小组经过讨论，确认（3）（8）这两条是价值判断，其余 6 条是事实判断。根据学习任务单里的定义，“对事物本身事实的描述和指称判断称为事实判断”，那么“中国社会是乡土性的”这样的判断肯定是事实判断。另外，“对主客体之间价值关系的肯定或否定性判断称为价值判断”，我们可以发现“于是‘土气’成了骂人的词汇，‘乡’也不再是衣锦荣归的去处了”这句话明显在做否定性判断，所以只能是价值判断。

师：看来你们小组已经基本理解了事实判断与价值判断的差异，并且学会了迁移运用。能不能再派一名代表来阐发你们找到的两句价值判断的内涵，说明它们在哪一方面做出了积极的价值判断？

生15：“从土里长出过光荣的历史，自然也会受到土的束缚，现在很有些飞不上天的样子”，这一句在讨论“乡土本色”的利弊。作者既看到了农耕文明给我们中华民族发展带来的种种益处，又清楚地发现我们在走向现代化的进程中，正在受其弊病影响。另外一句，“于是‘土气’成了骂人的词汇，‘乡’也不再是衣锦荣归的去处了”，这项论断阐明了乡土社会与现代社会的矛盾，从中我们可以体会到作者的复杂情感：一方面对乡土社会有眷恋之情，另一方面又深刻地意识到乡土社会终究要被现代社会所取代的事实。

师：你的分析有深度。简而言之，在做事实判断的时候，作者显得很冷血，总是一副不露声色的样子；而在做价值判断的时候，作者就会流露出他对这片土地、对这里的文化既爱又恨的复杂情感，是吗？

生15：是的。

师：老师刚才察看了各小组对不同章节所做的事实判断与价值判断的区分，经对比，咱们可以得出结论：全书的事实判断要远远多于价值判断。也就是说，在做判断时，《乡土中国》一书较好地体现了“无我之境”的学术追求。

现在老师想让大家尝试改写书中的判断，将作者笔下的事实判断做进一步延伸，改写成价值判断，然后再比较这两种判断的不同表达效果。各小组可以分别挑选某一条论断加以改写。

（PPT 展示）

论断一：

这隔离非但是有形的，所谓男女授受不亲，而且是在心理上的，男女只在行为上按着一定的规则经营分工合作的经济和生育的事业，他们不向对方希望心理上的契洽。——《男女有别》

论断二：

孔子的道德系统里绝不肯离开差序格局的中心，“君子求诸己，小人求诸人”。——《差序格局》

生 16: 我们在论断一后面加了一句话以形成价值判断：“如此看来，阿波罗式的人物因极少受到情感上的波折和影响，在创造与经营社会事业时，更易获得结果上的成功。”

师: 原判断只描述男女有别的客观状态，你们加上这句话之后，就做出了优劣与否的判断。从这点来看，你们的改写是成功的。其他小组可以帮着看看，加上这样的价值判断之后，文章的表达效果有优化吗?

生 17: 我们觉得加入价值判断之后，文章容易引起争议，难以服众。

生 18: 我们在论断二后面加了一句话：“君子对自我修养几近严苛的要求，使千百年来儒家道德和伦理观念一以贯之的差序格局，在道德体系上更趋于完善。”

师: 你们改写之后，整个论断更倾向于表彰儒家伦理对于修身的显著效果。这样改符合作者的观点以及当时的主流观点吗?

生 19: 在反对传统浪潮汹涌的民国时期，这样的改写可能会遭到改革派的猛烈抨击。

师: 经过这样的讨论，大家能不能提炼概括作者在行文中更多地选择事实判断的原因?

生 20: 费孝通之所以要追求“无我之境”，既是出于他对学术主流“价值中立”原则的维护，也与他本人功能学派的学术主张有关。

环节四　语言风格的“灵动”与“端庄”

师： 接下来，我们来讨论《乡土中国》的语言风格。请一名同学朗读下面两个文段。

（PPT 展示）

朗读以下几段文字，分别概括这些文字的语言风格。

（1）说到这里我记起了疏散在乡下时的事来了。同事中有些孩子送进了乡间的小学，在课程上这些孩子样样比乡下孩子学得快、成绩好。教员们见面时总在家长面前夸奖这些孩子们有种、聪明。这等于说教授们的孩子智力高。我对于这些恭维自然是私心窃喜。穷教授别的已经全被剥夺，但是我们还有别种人所望尘莫及的遗传。——《文字下乡》第 3 段

（2）我记得在小学里读书时，老师逼着我记日记，我执笔苦思，结果只写下“同上”两字。那是真情，天天是“晨起，上课，游戏，睡觉”，有何可记的呢？老师下令不准“同上”，小学生们只有扯谎了。——《再论文字下乡》第 11 段

生 21： 这两段文字在内容和句式上都有点像鲁迅的《朝花夕拾》，内容上是在回忆个人的经历，句式上多用短句，显得很灵动。

师： 你用《朝花夕拾》来做类比，可能是因为你特别熟悉《朝花夕拾》。老师要肯定的是你的感觉很精准，这两段文字在语言风格上的确更接近《朝花夕拾》之类的散文，而不是《中国哲学简史》之类的学术著作。

那下面这两段文字在语言风格上又呈现怎样的特点？

（PPT 展示）

（3）从社会合作一方面着眼的，却看到权力的另一性质。社会分

工的结果每个人都不能“不求人”而生活。分工对于每个人都是有利的，因为这是经济的基础，人可以较少劳力得到较多收获；劳力是成本，是痛苦的；人靠了分工，减轻了生活担子，增加了享受。享受固然是人所乐从的，但贪了这种便宜，每个人都不能自足了，不能独善其身，不能不管“闲事”，因为如果别人不好好地安于其位地做他所分的工作，就会影响自己的生活。这时，为了自己，不能不干涉人家了。同样地，自己如果不尽其分，也会影响人家，受着人家的干涉。——《无为政治》第 3 段

（4）但是人究竟不是植物，还是要流动的。乡土社会中无法避免的是“细胞分裂”的过程，一个人口在繁殖中的血缘社群，繁殖到一定程度，他们不能在一定地域上集居了，那是因为这社群所需的土地面积，因人口繁殖，也得不断地扩大。扩大到一个程度，住的地和工作的地距离太远，阻碍着效率时，这社群不能不在区位上分裂。——这还是以土地可以无限扩张时说的。——《血缘和地缘》第 6 段

生 22: 与前面的文段相比，这两个段落明显学术化了。一是关联词在增多，二是句子变长了许多，三是少了个人经验而多了学术名词，四是句与句之间的逻辑关系更紧密了。

师: 这种语言风格的变化似乎与刚才讨论的论证材料变化有一定的相关性，大家发现了吗?

生 23: 在我看来，好像都是前半部分更加散文化，而后半部分更加学术化。

师: 新批评派在进行文学批评时提出了一种理论，叫“意图谬误”。也就是说，在写作时，作者的主观愿望与他落笔之后的实际效果之间存在背离。在《乡土中国》的写作过程中，费孝通是希望能留下一部更加客观、更具“无我之境”风格的学术作品的，但从实际效果来看，《乡土中国》又时时留下“有我之境”的痕迹。

环节五 总结

师：今天这节课，我们从全书编排体例、事实判断与价值判断、论证语言变化这三个维度考察了《乡土中国》的学术风格，现在请大家用自己的话来评估《乡土中国》的学术风格。

生 24：我们各个小组都为《乡土中国》绘制了思维导图。从大家的思维导图可以看出，《乡土中国》全书的板块性很强，板块与板块之间的逻辑也很紧密。因此，在我看来《乡土中国》是一部非常严谨的学术著作。

生 25：刚开始接触这本书时，我对费孝通过于冷静的笔调是有些不满的，对于“差序格局”“无为政治”这样的重大话题，作者只做客观描述，而不去评判它们的历史功过，我觉得作者是在推卸责任。经过大家的讨论，我似乎能理解作者的个中委曲了。

生 26：就全书论证来看，费孝通始终坚持事实判断为主的客观冷静写法，很少有价值判断的流露。他对中国农村地区怀有那么强烈的情感，却又能做到如此理智客观，这是值得我们学习的。

生 27：我对书中论证材料的“有我”与“无我”也很有兴趣。与其他学术著作不一样，这部著作用了许多很有说服力的“有我”材料。当然，书的后半部分，“无我”的论证材料还是占据主流，但我并不认为全书论证材料选取存在风格不统一的问题。因为“有我之境”的材料和“无我之境”的材料各有其不同用处。社会学家项飙就有一本访谈录，叫《把自己作为方法》。我认为作者能在材料运用上兼容“有我”与“无我”，恰恰体现了这部作品的包容性和趣味性。

师：说得太妙了！

生 28：这部作品在论断方面总体显得较为克制，体现了学术的客观性，偶尔真情流露，也是因为他对中国的现状与发展倾注了太多心血。

生 29：《乡土中国》前后章节由于写作时间、写作目的、预设读者对象不同，而造成前后风格不统一，这的确是这本学术著作的遗憾。但从总体来看，作者的学术素养是很深厚的。他对中国社会结构的分析能见人之所未见，能言人之所不能言，都体现了这部学术著作的创新性。个别瑕疵不影响作品的伟大。

师：老师已经将自己对这本书的学术评价写到黑板上了。

板书设计

心仪学术改篇章，
论断谨严不荒唐。
真佛只说家常话，
语兼灵动与端庄。

点评

用学术的态度去读好学术著作

褚树荣，浙江省特级教师，二级正高，宁波市有特殊贡献专家。早年曾获得浙江省教坛新秀、浙江省课堂教学大赛一等奖、全国新课程创新教学大赛特等奖等荣誉。参与教育部统编高中语文教材编写工作，发表文章300余篇，出版教学书籍10余种，散文集2本。

整本书阅读成为教学难点和痛点，甚至有人大代表建议把《红楼梦》改为选修课程，都不是什么虚妄之举或故作惊人之语。程载国老师领衔余姚中学语文组在阅读《乡土中国》上的探索，已经在网易公开课、浙江省教育厅教研室和一些学术机构的研训平台上示范，这对于纾解教师在整本书阅读教学上的痛点和难点，起到很好的作用。

《红楼梦》和《乡土中国》作为文学和学术领域里的不朽之经典，应该教什么？如何教？因文体的不同，相信大家自有答案。作为整本书阅读的收束之课，程、丁两位的《学术著作里的“无我之境”》，堪称模范课。我们根据这堂课，来讨论几个问题。

一、整本书阅读的平视眼光

选来作为整本书阅读的读物都是经典之作，因之，教师、学生都倾向于用膜拜的姿态来阅读这样的作品。这样的阅读既不利于主体意识的培养，也不利于读者客观理解作品的内涵与手法。这堂课的选题很好地体现了执教者的平视眼光，执教者没有将费孝通视为偶像，也没有将《乡土中国》视作不刊之论。在这堂课中，教师带领学生沿着全书体例、论证判断、语体风格这三个维度对《乡土中国》的学术风格展开考察与评估。肯定作品在学术独创性方面的价值，也敢于指出作品在学术风格方面存在的遗憾与不足，这是一种值得鼓励的、难能可贵的学术态度。

二、整本书阅读的探究意识

从依体而读的原则来说，读学术著作最好能用学术的态度去读，要肯于围绕具体的、小巧的专题去做深入的探究，要有自己的独立思考，要善于援引各种学术资源来论证自己的观点。在“篇目调整背后的学术考量”这一教学环节中，教师援引民国年间杂志篇目这样的史料，让学生探究杂志专栏与学术著作在体例上的差异。这样的探究意识值得鼓励，为了一堂课，如此肯下功夫搜集史料，值得青年教师学习。

三、整本书阅读的参与意识

在新课程的背景下，整本书阅读要尽可能实现情境化、活动化、项目化。我听过一些整本书阅读的公开课，感觉有些课堂又回到了“我讲你听”的老模式。这堂课的三个探究环节都设计了由学生参与完成的具体活动，在整本书阅读中学生不再是围观者，而是项目的设计者、参与者和评价者。我尤其欣赏让学生参与修改论断这一环节。高一学生对事实判断与价值判断的认识大多停留在概念层面，经过这样的改写，他们才能真正认识到两者在特色与功用上的差异。

四、整本书阅读的学术视野

据我了解，许多教师至今还将《乡土中国》整本书阅读视为畏途。其原因大多在于教师本人对这本书存在读不懂、吃不透的问题。再细究下去，则是教师本人学术著作阅读量过少，没有形成学术阅读的经验。这堂课的成功与程、丁两位老师的阅读视野之开阔有密不可分的联系。据我了解，程载国老师围绕《乡土中国》一书展开过非常系统的专题阅读，他至今读过的人类学、社会学书籍接近百本；而丁雨萌老师平时也非常热爱阅读，是长三角阅读马拉松比赛一等奖获得者。

程载国老师的课我听过多次，作为一名有经验的老教师，他的课已经形成了自己的风格：选题抢眼、挖掘深入、积淀丰厚。可能是因为长期在重点中学创新班任教的缘故，他的课往往也会存在节奏过快、思考空间不足这样的弊病。这堂课对《乡土中国》学术风格的考察与评估也存在类似的问题。依我之见，单是事实判断与价值判断这一个教学点就可以支起一堂扎扎实实的训练课。

另外，在对学术风格进行考察时，不可忽视对学术材料本身的考察。《乡土中国》一书的前后篇章在学术材料援引方面也有很大的不同，值得比较与评估。这一点在他们最初的设计之中是有涉及的，后来因为容量过大一节课难以完成而砍掉了，也算是本堂课的一点遗憾。

梳理与探究

梳理看起来烦琐和寻常，却是走进专题研究与深度思考的必由之路，目前看来也是语文探究性学习的入门之道。文学阅读如此，学术阅读亦如此。

梳理，即根据认知需求，对文本的相关信息与内容所进行的关联、辨析与整合，它直接指向思维与思辨。就《乡土中国》的学习而言，可梳理相关社会现象，从中窥探费孝通认识社会、提炼概念的思维过程；可梳理概念，以此辨析概念的内涵与外延，理解概念的思想意义与学术价值；可梳理文章的论证框架，以此理解费孝通的研究思路与社会学理念；还可梳理费孝通对传统社会与文化的情感态度与价值取向，以此探究费孝通的文化观念与社会态度。

梳理出专题，专题需梳理。专题学习是课标关于整本书阅读的“规定动作”。引导学生梳理相关现象、事件、线索、背景等，发现专题，优化专题，这是专题学习的基本路径。梳理要有“整本书”意识，围绕专题，做“竭泽而渔式”（詹丹用语）的信息筛选与审视，方可保障梳理的学术可靠性。

梳理即探究。由此及彼，由表及里，由浅入深，从现象到本质，这是一个理性反思的过程，是一个思辨与批判的过程，也是一个对话与建构的过程。

课例6 家族：乡土社会的根基

何为，温州私立第一实验学校教研组长。在《中学语文教学》等核心期刊发表教育教学论文多篇，主导或参与编著教育教学书籍10余部，在省内外开设讲座、公开课等数十次，多次主导或参与区域性命题。

设计意图

《乡土中国》整本书的论述逻辑是“从稳固走向变动”，乡土社会能相对千年不变的根本原因是家族具有强大的凝聚力。即使王朝更替，社会动荡，家族也能以血缘的亲疏远近为基础、以宗谱和祠堂等具体象征物来团结族人，从血缘、精神和物质上使族众很快又聚拢在一起。这也是宗族组织作为乡土基层社会自然组织机构的强大作用的具体表现。

梁启超说“中国古代的政治是家族本位的政治”。《红楼梦》中“一荣俱荣，一损俱损”的贾史王薛四大家族，《白鹿原》中厚重沉稳、庄严肃穆的白鹿家族的祠堂，无不体现了这一点。从全书逻辑看，我们会发现，如果族权不式微，家族的社会结构也就不会解体，人们的思想观念依旧封闭，乡土性的基层不可能发生变化。于是，“系维着私人的道德”的礼教仍然会“杀人”会“吃人”，思想永远处于固化状态，文字根本无须“下乡”；男女不可能平等，也不可能自由恋爱，只能继续“有别”，女子没有机会接受学校教育，更不要说抛头露面去工作；人们继续在这片土地上浑浑噩噩迷迷瞪瞪，一出生就基本上决定了乡土本色的未来——“生于斯，长于斯”，最终“死于斯”；在狭窄的生存环境中按照“差序格局”遵守上下尊卑的“礼治秩序”，也就永远无法催生城市文明，难以产生“团体格局”和法理社会；一切都是基于血缘组成的一个个群体，所有成员都必须无条件服从“长老统治”，绝对的人治导致法治无处容身——情与法永远是一对矛盾的组合体，族长可以私设公堂凌驾于国法之上对族中人员实施惩罚，如此也就永远“无讼”了，一切归于“无为政治”。于是，以契约为基础的地缘关系生存艰难，很少出现“名实的分离”，更无法催生“从欲望到需要”。

然而，时代在发展，社会在变动。随着现代文明介入广袤的乡土中国，家族走向了衰败和解体，中国社会的乡土性的基层发生了巨大变化——族权、神权等弱化直至消失，人口大规模流动。文化是乡民出行的必需品，文字下乡成为必然。以家族为核心的社会结构被现代基层组织取代，人们的思想观念不再固守上下尊卑三纲五常，而是趋向于人人平等。

因此，“家族”是读懂全书的密码，对我们深刻理解书中的内容具有重大意义。这就是本节课我们抓住“家族”来统整《乡土中国》全书的根本原因。

在教学过程中，我们抓住“家族”来理解《乡土中国》整本书的逻辑关系。家族是由姓氏血缘等亲缘关系链接而成的人的集合，是社会的基本单位。“家”是中国乡土社会中的基本社群，中国的“家”往往称作“大家庭”。在乡土社会中，家没有严格的团体界限，社群里的分子可以依需要、沿亲属差序向外扩大。家的扩大是单系的（父系），这种根据单系亲属原则组成的社群叫氏族。乡土社会的小家族具有政治、经济、宗教等复杂的功能，是一个长期性的事业组织。

课前建议学生梳理全书的框架体系，整体了解书中出现的主要概念

（关键词）。本课时中前 4 张 PPT 的内容以“学案”形式提前呈现给学生。

本节课以深圳变迁的视频导入，并通过拓展诗歌《三代》、电影《白鹿原》、某地魏氏宗谱图等内容，多角度理解“家族”，让学生通过自主、合作、探究的学习方式，更好地理解教学内容，促进深度学习的发生。

本课时更多的是关注“思维发展与提升”“文化传承与理解”两大核心素养，以“变”和“不变”为讨论线索，用“家族”带动全书主要概念（关键词），以点带面，用“当下”视角来审视“乡土”的诸多现象，进而理解全书主要概念（关键词）。通过讨论关键词“家族”，梳理全书主要内容；在教学过程中，围绕“家族”的物质基础、文化基础、血缘基础、政治基础等四个方面，通过设置一组情境任务，调动学生阅读文本、主动学习的积极性，实现整本书的阅读、研讨和统整。由此设定了以下学习目标：

1. 通过梳理和整合，把语言材料和文本知识结构化，把言语活动经验转化为具体的学习方法和策略，并能在课堂实践中自觉地运用。

2. 能运用书中的关键词或术语，有理有据地表达自己的观点或阐述自己的发现；运用批判性思维审视学术作品，形成自己对社会现象的独立判断；联系现实理解乡土社会结构的深远影响。

3. 提高阅读分析能力，学习积累整本书阅读的方法，纠正阅读偏差。

教学扫描

（播放视频《深圳变迁 40 年》，让学生感受随着社会变迁，小乡村可以变为国际大都市。引出：围绕“家族”话题回望历史并关注当下，讨论乡土中国“从稳固走向变动”的深刻变化。）

环节一　“家族”的物质基础

师：这名同学，请简要说说看了视频的感受。

生 1：太震撼了！深圳特区 40 年高速发展，从一个名不见经传的海边小渔村发展成国际大都市，各行各业迅速崛起，快速迭代。这反映我国近几十年的发展变化实在太大了。

师：确实如此。“当下”与“乡土”相比，真是千差万别。那么“乡土时代”是什么样的情景呢？我们先看这首诗。

（PPT 展示）

孩子
在土里洗澡；
爸爸
在土里流汗；
爷爷
在土里葬埋。
——臧克家《三代》

师：如果用《乡土本色》中的关键词来解析本诗，你觉得哪几个最贴切，为什么？

生 2：孩子、爸爸、爷爷都离不开土地，他们的一生都在土里；我由此想到“乡土”“家庭”“基层”“黏着土地”“不流动”这些关键词。

师：这名同学说得好。还有不同看法吗？最好就关键词展开来具体说一说。

生 3：《三代》中描写的是农民“面朝黄土背朝天”，日出而作、日落而息，在土地上流汗的生活状态，从孩子到爸爸到爷爷，循环往复。这里看起来是一个“家庭”，但实际上是乡土社会所有“家庭”乃至“家族”的缩影。“洗澡—流汗—埋葬”是乡土社会农民的生存方式，由此我想到了“乡土本色”“聚村而居形成村落”“村落与村落形成乡土中国”“乡土社会”“家族”等关键词。

师：好。从同学们的发言中我们可以总结出：“家族”的物质基础是土地，乡土社会的人们离不开土地，乡土社会的性质是不流动、聚村而居、村与村之间孤立隔膜，熟人社会就是这样产生的。

我们还可以这样理解这首诗。作者把“孩子”“爸爸”“爷爷”独立出来，不作正面道破，读者却能从中领会到这正是诗人所要强调的祖孙“三代”！乡土社会的农民牢牢地黏着在巴掌大的土地上，经历了日月穿梭，四季更替，他们世世代代对土地的执着与依赖始终不变。三个排比句就像电影中的一组蒙太奇镜头，它们之间的关系，可以理解为祖孙三代同一空间的并列，也可以理解为时间先后的承续。尤其是时间的先后，这一组镜头无情地揭示了一个事实：今天“在土里洗澡”的“孩子”，到了明天，就该“在土里流汗”了，而那时，“爸爸”也年老力衰，榨尽了身上的血汗，又将“在土里葬埋”。真是年复一年，代复一代，岁月不居，境况不变！诗人感慨无限而又深藏不露，下笔简洁质朴而又内涵深厚，使得《三代》成为反映农民“黏着土地”“不流动”的一首杰作。

那么，这样的情况，在今天发生了哪些变动？

（生讨论激烈）

师：好，时间到了，哪个小组先来分享讨论的结果？

（几乎每一组都有人举了手）

生 4：我们今天的“家庭”“家族”已经不再是以土地为物质基础了。我们可以自由生活在某一个城市里，不再面朝黄土背朝天。我家很多亲戚就在城里做生意当小老板，农忙的时候也不回家，说靠那点土地养不活家里人了。乡下“空心化”很明显，居住的基本上是留守老人和儿童。

师：这名同学很有观察力，注意到了农村“空心化”现象。到 2020 年年底，我国常住人口城镇化率已经超过 60%，涌现了许许多多像深圳那样的大都市。但无论怎么变化，我国仍然还有一部分人完全依赖土地生存，没有改变“乡土本色”这一物质基础的本质特点。

环节二 “家族”的文化基础

师：事实上，直到今天，尽管人类的触角已经延伸至外太空，但土地也就是地球，仍然是我们全人类赖以生存的物质基础。下面仍然以“家族”为话题，探讨精神层面的内容。先看“朱元璋祖上五代的人名”。

（PPT展示）

天祖朱仲八，生三子：朱六二、朱十二、朱百六

高祖朱百六，生二子：朱四五、朱四九

曾祖朱四九，生四子：朱初一、朱初二、朱初五、朱初十

祖父朱初一，生二子：朱五一、朱五四

父亲朱五四，生四子：朱重四、朱重五、朱重六、朱重七、朱重八

朱重八就是朱元璋

关键词：面对面社群、熟人社会、文字、需要、村落、空间、传承、时间、文化、经验

师：根据“朱元璋祖上五代的人名”，你能使用上面的关键词解释朱家的家谱信息吗？这些人名很“古怪”，请同学们选用关键词组合成句段，解释“古怪”的原因。

生5：据我了解，用数字起名的习惯由来已久，《水浒传》中就有，比如阮氏三雄的阮小二、阮小五、阮小七。从前的穷苦人家大多不识字，孩子也生得多，起名字最简单的办法就是根据孩子的出生日期或者体重。过去只有上得起学的孩子，私塾先生才会正儿八经地给孩子起个名字，这是人们觉得“古怪”的原因，而且这种习惯一直持续到20世纪初期。当然，

从“朱元璋祖上五代的人名”可以看出，他们世代生活在同一个村庄，生活在熟人的社会，他们凭借以往的经验，使用数字给孩子起名字，所以会让我们这些现代人觉得“古怪”。

师：好，大家注意了，这名同学选用了“熟人社会”“经验”等关键词，强调了现代人觉得“古怪”。同学们接着说。

生 6：在面对面社群的熟人社会中，没有使用文字的需要，因为大家在同一个村落或同一片村落中生存，空间狭窄，交流无碍，凭着脚步声就能判断是谁，即使是一头牛或一只狗的叫声，很多时候也能听出是谁家的；有的经验需要世代传承，看似时间阻隔，但在乡土社会中完全可以口耳相传。因此，乡土社会的人们没有文化，也不需要文化。

师：这名同学讲得真好，把这些关键词都串联了起来——在阅读过程中，我们务必勾圈点画提取关键词，并且充分地理解、分析和运用关键词，这是整本书阅读的基础。但我们讨论问题一定要有“边界”意识，“朝为田舍郎，暮登天子堂”“范进中举”等说明，乡土社会相对来说也需要文字，不然要私塾干吗呢？只是普通人不需要文字罢了。那么这样的情况，在今天的社会又有哪些变化呢？

生 7：现在农民已经走出了自己的村落，文字已经普遍存在。我国在新中国成立初期就开展了大规模的“扫盲运动”，现在早已实现了“普及九年义务教育”。

生 8：没有文字寸步难行，很多老人都会使用智能手机，有的比我玩得还要熟练。

生 9：文字是人们交流的重要工具，不同地域和不同文化背景的人是借助文字来交流的。

师：大家注意到了吗？这名同学点出了文字的本质意义，是“交流工具”。但总体上说，乡土社会“家族”的文化基础是文字无须下乡。费孝通认为文字难以下乡的理由是什么？

多名学生： 中国社会乡土性的基层没有变化，只有发生变化后文字才能下乡。

师： 这个“乡土性的基层”到底是指什么？

生 10： 就是不流动，聚村而居，熟人社会。

师： 回答得真好。我们接着讨论“家族”的下一个话题。

环节三　“家族”的血缘基础

师： 我们讨论了家族的物质基础和文化基础，再来看家族的血缘基础。

（PPT 展示某地魏氏宗谱图）

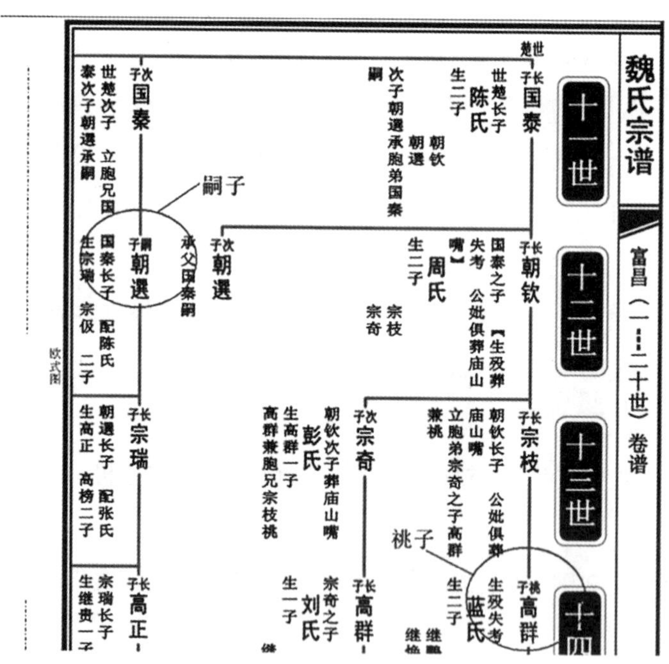

嗣子：无子者以近支兄弟或他人之子为后嗣。

祧子：亲兄弟一人无子，一人独子，无子者别无可继者（在五服内没有合适人选），经双方同意，并经官方备案允许承继两房宗祧，俗称“一子两祧”，是唯一可以合法同时娶两房正妻（俗称“两头大”）的特例。

关键词：家庭、家族、绵续、事业组织、差序格局、男女有别

师：选用有关“家族”的关键词，简要叙述你对这张宗谱图片的理解。

生 11：从图上可以看出，一个个小“家庭”构成了整个魏氏大“家族”。男女之间不仅感情定向有差别，而且在宗族延续的宗谱上也有本质区别——女人连名字都没有。

师：这名同学看到了“男女有别”，这种情况不仅表现在宗谱中，现实的乡土社会里男女之间交流也很少，古话说“男女授受不亲”，男人跟男人扎堆，女人只跟女人聊天。今天如果重修宗谱，女人怎么办？

生 12（多个女学生很激愤）：当然要写进去，现代社会男女平等，要改变父系单线传递的形态，女子同样拥有继承权。

师：我赞同你们。可是，乡土社会不让女子拥有继承权的根源是什么？或者说与哪个关键词密切相关？

生 13：与“家族”密切相关。家族是按父系不断扩大的氏族社群，有政治、经济、宗教、教育等复杂的功能，是长期性的事业组织。这种现象的根源是按照“父系”来延续宗谱。

师：刚才你说乡土社会的家族是个“长期性的事业组织”，这一点跟“团体格局”有什么区别？

生 13：“团体格局”背景下的家族或家庭，他们的社群功能以生育为主，而不是长期性的事业组织，他们的孩子长大了就离开家庭，分化出去。而乡土社会的家族尽量代代相传，分家是一件“耻辱”的事情，意味着家族败落。

师：你说得很形象，此处应有掌声。刚才他谈到了“团体格局”，哪名

同学解释一下“差序格局”的概念？

生 14： 差序格局是乡土社会中以个人为中心，依据宗法、血缘关系向外延伸而形成的伸缩自如的具有差等次序的人际关系格局。

师： 很好，你解释得非常精准。个人是中心，“宗法、血缘关系”是依据。血缘，就是亲疏远近之分；宗法，就是嫡庶、大小、长幼之别。宗法建立在血缘基础上。图中所谓的“嗣子”“祧子”就是依据宗法关系产生的。“家族”的血缘是身份社会的基础，意味着“你是谁”。

开个玩笑，假如宗枝和宗瑞发生矛盾，你们认为宗奇会下意识地帮谁？为什么？

生（齐）： 当然是宗枝啊，无论是血缘关系还是宗法关系，他跟宗枝最近。

师： 接下来我要问，西洋社会就没有“差序格局”，或者说不讲究血缘的亲疏远近吗？

生（齐）： 当然有，比如特朗普家族、布什家族，传说有个罗斯柴尔德家族。

师： 看过《哈利 · 波特》的同学，说一说哈利给自己孩子起的名字与“差序格局”的关系。

生（七嘴八舌）： 他和金妮有三个孩子，两儿一女。三个孩子的名字，就有差序格局的味道：大儿子詹姆 · 小天狼星 · 波特，这个名字来自哈利的父亲詹姆 · 波特和教父小天狼星 · 布莱克。二儿子阿不思 · 西弗勒斯 · 波特，他的名字来自校长阿不思 · 邓布利多和西弗勒斯 · 斯内普教授。女儿莉莉 · 卢娜 · 波特，名字来自哈利的母亲莉莉 · 波特以及好友卢娜 · 洛夫古德。

师： 我还是有点不明白。

生（七嘴八舌）： 西方人的姓在后，名在前。“波特”是姓，尽管哈利 · 波特的父母死的时候，他才一岁零三个月，但仍然把小天狼星的名字排在亲生父亲詹姆的后面。虽然教父是为救哈利而死，而且哈利跟教父在一起相处的时间比跟亲生父亲在一起的时间要长久得多，理论上感情更加深厚，但血缘的亲疏远近还是让哈利·波特这么起名了，二儿子和女儿的名字也是这样。我认为这就是西洋社会也有差序格局的明证。

师：你们这么说，我就秒懂了。我们常说“孤证不立”，同学们能够使用多个例证来证明，很棒。那么这里涉及的关键词，在今天发生了哪些变动？

生（齐）：家庭没变，但家族关系不紧密了，“嗣子”“祧子”现象从没听说过，女孩子也是父母生的，女性有赡养老人的义务也有继承权……

师：是的，所有这些变化的原因是，差序格局明显弱化，宗法关系几乎不复存在。刚才我们讨论的是乡土社会“家族”的血缘基础。那么，“家族”的政治基础又是怎样的呢？

环节四　“家族”的政治基础

（PPT 展示四种权力）

（1）横暴权力是发生在社会冲突中的以自己的意志去驱使被支配者而带有压迫性质的权力。——第 10 章《无为政治》

（2）同意权力是为了保证分工合作顺利进行的基于社会契约的相互同意相互监督的权力。——第 10 章《无为政治》

（3）教化权力是在社会继替的过程（相对稳定的文化环境）中长辈为文化传承而强制教导晚辈的一种权力。——第 11 章《长老统治》

（4）时势权力是当社会结构发生变迁不能应付新环境的时候一些有能力、有办法改变社会结构并能获得群众的信任从而拥有支配他人的权力。——第 13 章《名实的分离》

（观看视频《白鹿原》片段“祠堂惩罚”：在白鹿家族祠堂，年轻的族长白孝文因与田小娥发生私情，族长职位被废，老族长白嘉轩带领白鹿全族213名成年人，惩罚白孝文。新任族长白孝武宣读白鹿原《乡约》：一曰酗酒斗讼；二曰行止逾违；三曰行不恭逊；四曰言不忠信；五曰造谣诬毁；六曰营私太甚……白嘉轩按照本族祖祖辈辈流传下来的“安族之道、治家之本”对违反族规的长子白孝文行刑。）

师：视频中涉及了哪几种权力？

生15：我觉得有横暴权力、同意权力和教化权力。

师：你提到了三种权力，为什么没有时势权力呢？

生15：里面看不出名实分离的时势权力，因为白鹿原的社会结构没有发生变迁，也就是没有产生新的社会环境。

师：其他同学，他的回答正确吗？

生16：没有时势权力的判断是对的，但我认为也没有横暴权力，视频中的矛盾冲突来自家族内部，不属于社会冲突。同意权力不能确定；教化权力肯定是有的，体现的是爸爸式的、教化性的权力……

师（打断）：你确定一下有没有同意权力吧，大家经常做选择题，总得有个判断。

生17（旁边插话）：只有一种权力，教化权力。没有同意权力，因为视频里没有“社会契约”，也没有“相互同意相互监督”。我读过小说《白鹿原》，修建祠堂的时候，白嘉轩与鹿子霖的分工合作才算同意权力。老师是故意在“坑”我们，问“哪几种权力”是“挖坑”，其实就只有一种权力。

师：这名同学真棒，此处应该有掌声。不同的提问方式就会有不同的思维驱动。假如我问“哪一种权力”，大家对概念中的关键词就可能不会细致辨析了——理解、分析和运用关键词，是整本书阅读非常重要的方法。你阅读过小说《白鹿原》，对《乡土中国》肯定会有更加深刻的理解，因为两本书一者形象生动，一者理性深刻，二者互为表里。其实，族人参与了惩罚，是基于全族人“相互同意相互监督”并共同遵守的“社会契约”——

《乡约》。因此，这里可以认为有同意权力。

我们继续讨论：私设公堂合法吗？

（生激烈争论）

生 18：在今天私设公堂不合法，不符合现代法律精神。但在乡土社会，族长私设公堂合法。

师：为什么合法？

生 18：族长基于血缘和宗法关系，维护宗族集体利益，稳定宗族内部秩序，开启祠堂，主持祭祀大典。

师：你抓住了血缘关系和宗法关系来说，这是凝聚家族的核心力量。

（PPT 展示：旧时逃婚私奔的女子被抓回后“浸猪笼”的图片，体现族长对族人子女婚姻的支配权）

师：罗密欧与朱丽叶的故事，如果发生在中国乡土社会，他们的结局是什么？

生 19：反抗的机会都没有，直接被“浸猪笼”，而不是喝毒药和用剑自杀。

师：可是牛郎织女的故事也发生在乡土社会，为什么会成功？

生（七嘴八舌）：那是传说，不能当真……

师：神话传说等文学作品也有一定的生活事实依据，也要逻辑自洽。牛郎因为没有爸爸，不受制于“强制教导晚辈”的教化权力，所以他会去偷看仙女洗澡并拿走人家的衣服；但织女有王母娘娘，所以二人最终还是失败。很多文学故事，就是有意 “没有爸爸出场”。“爸爸”的缺失，就是教化权力的缺失。（生哄堂大笑）

接着讨论：族长为什么这么牛？

（生激烈讨论）

生 20：族长要维护宗族集体利益，稳定宗族内部的秩序。

生 21：族长负责开启祠堂，主持祭祀大典。

师：乡土社会一般以血缘为纽带聚族而居，家族内部等级森严，男女有别，强调长幼有序、尊长爱幼、团结互助、和睦相处；族长管理一切事务，是最高权力的主宰，拥有财产支配权、惩戒权等；强调慎终追远，通过祭祀共同祖先来增强家族或家庭凝聚力；大家族是一个小社会，实行家法治理，具有地方组织功能。中国古代国家政权以宗法制度作为政府行政制度的重要补充，重视家庭秩序和稳定，并以此作为国家秩序和稳定的基石，鼓励大家庭聚族而居。

时代在发展，社会在剧烈变迁，人们在流动，远在天涯海角的游子偶然相遇，同一个姓氏的人们，是怎么认祖归宗的?

生 22：通过宗谱、祠堂。

师：对。过去是以宗谱、祠堂等方式敦亲睦族、敬宗收族，用血缘关系来团结族人使宗族避免溃散。宗谱、祠堂从精神和物质上起到了聚拢族众的作用，增强了宗族的凝聚力。这也是宗族制度作为基层社会自然组织机构的强大作用的具体表现。

环节五　归纳总结，抛出新问题

（PPT 展示）

沉潜于乡土社会每个家族的宗法制度，其实有着深厚的王权底蕴：一个家族就是一个微型的“家国天下”，若干个家族构成了一个王朝。

“个人—家庭—家族—国家”这种结构层次的“家国天下”是“乡土中国”社会形态稳定发展的核心力量。

随着皇权瓦解王纲解纽，“反传统、反孔教、反文言”的思想文化革新运动从根子上破除封建文化和礼教思想，为广袤无垠的乡土社会中大大小小的族长们敲响了丧钟。

师：今天是变动的社会，常常有人说“我的朋友比我亲兄弟还要好”，说这种话的人，与人交往的基础是什么？

生 23： 是约定俗成而共同遵守的“社会契约”，还有人生观、价值观和世界观等“三观”。人们因为“陌生”又因为“三观趋同”，一起制定共同遵守或自我约束的“游戏规则”，能分清“游戏规则”的“边界”而互不相扰。即使是夫妻之间、儿女之间也是这样，各有各的“圈子”，互相之间的“边界意识”很明晰。

师： 是的。改革开放 40 多年来，乡民纷纷涌入城市务工，随着经济水平的提高，平等意识、法治意识和权利意识等已然深入乡民的内心，乡土社会的生活秩序早已发生巨大变化，中国社会的差序格局和团体格局的界限早已模糊。

同学们，我们这节课讨论了家族的物质基础、文化基础、血缘基础和政治基础。以“家族”为抓手，讨论“从稳固走向变动”这一过去到现在的变化过程，辨析了“家族”“男女有别”“差序格局”“四种权力”等关键词。

有人才会使用土地，有人才会有家进而产生家族，人与人之间交流才会形成包括“乡土性”在内的各种各样的社会关系。全书除了第一章《乡土本色》是叙述中国乡土社会的物质基础外，其他各章是叙述各类社会现象，而这些社会现象大多又是从“家族”生发的。

在大历史的周期中，王朝的更替是大概率事件，而家族的离散是小概率现象。也就是说，“家族”是乡土中国非常稳固的社会现象，即使遭遇战乱动荡，人们很快又会借助宗谱、祠堂等家族象征物聚拢在一起。

随着现代政治权力介入广袤的乡土，家族走向衰败和解体，乡土社会也走向没落。“五四新文化运动”的“新”，其中的着力点就是破除“家族”的各种“旧”：鲁迅的《狂人日记》《祝福》等作品批判封建礼教“吃人”的本质，“意在暴露家族制度和礼教的弊害”；李大钊说“中国现在的社会，万恶之原，都在家族制度”；巴金的《家》、曹禺的《雷雨》等作品主要是揭露和批判家族的罪恶。

“家族”是读懂全书的密码，对我们深刻理解书中的内容具有重大意义。这就是本节课我们抓住“家族”来统整《乡土中国》全书的根本原因。

课后作业

以下作业三选一：

1. 阅读《学术文章的论证魅力》，选取其中的篇目（如郭沫若《甲申三百年祭》），运用本课时习得的方法，勾勒、思考文章的思路和观点。

2. 以自己为参照点，画一张家族谱系图并详细说明家族迁徙的历程。（上至祖宗十代，下至三代）

3. 如果自己家族史上有名人，请为他（她）写一篇传记。如果没有，分析原因。

点评

关注概念及其逻辑关系，彰显学术专著体式特点

管然荣，北京教育学院丰台分院语文教研员，北京市特级教师，首批正高级教师，教育部“国培计划”中学语文专家库成员，中国教育学会中学语文教学专业委员会学术委员。先后参与人教版、北京版以及统编语文教材和教师用书的编写，出版学科专著3部，发表长篇论文百余篇，应邀主编或编写各类图书数百万字。

本课例围绕《乡土中国》中“家族”这一重要内容，引导学生深入剖析中国传统社会家族的本质，从家族的物质基础、文化基础、血缘基础、政治基础四方面展开，带领学生进一步理解中国传统社会中的家族。按照“个人—家庭—家族—国家”的结构层次，由小及大，层次清楚，逻辑清晰，归纳总结非常精当，非常适合作为经典社会学著作《乡土中国》的研究思路与教学路径。

一、着眼于“整”字，体现了整本书阅读的宗旨

整本书阅读的目的之一是对单篇阅读的补充，培养学生的关联思维、系统思维，有效提升学生的阅读整合能力。该课例着眼于“整体”，选点切入，以“家族”这一基本概念为原点向全书辐射，把与“家族”相关的分布在全书各处的信息串联起来。这种以点连线、多线交会的阅读策略不失为整本书阅读的有效策略。

二、关注系列概念及其逻辑关系，彰显学术专著体式特点

从阅读的切入点来说，文学作品比如小说侧重于抓情节，而学术专著侧重于抓概念。概念是学术专著的逻辑起点，阅读与教学《乡土中国》的价值与意义不应只是简单地让学生知道几个核心概念那么简单，而是让学生有阅读学术著作的姿态，形成解读学术著作的基本技能和阅读经验，从而让学生由“这一本”走向“这一类”。该课例在教学过程中，抓住“家族”来理解《乡土中国》整本书的逻辑关系，着力探究“作为中国基层社会的乡土社会究竟是个什么样的社会”这个核心问题。《乡土中国》的 14 个章节分别从不同角度对乡土社会进行了剖析，每个章节围绕一个主要概念或问题展开，很多章节中的概念都存在逻辑关系。明确基本概念的内涵，梳理不同章节的概念的内在逻辑关系，有助于从整体上把握乡土社会的特点。本课例着眼《家族》一章，引导学生探寻该章与《乡土本色》《差序格局》《男女有别》等相关章节，发掘事物间的关联性，形成阅读作品的整体观。

三、设置认知情境，凸显传统文化的当代价值

《乡土中国》是一本分析中国乡土社会的书，成书于20世纪40年代。而现在很多学生既没有乡村生活的真实体验，也对书中调研的乡村现状存在一定的年代距离，所以无论是时间还是空间上，学生和书之间都是存在一定隔膜的。该课例设置多个认知情境，以深圳变迁的视频导入，并通过拓展诗歌《三代》、电影《白鹿原》、某地魏氏宗谱图等内容，用“当下”视角多角度理解“家族”，真切审视“乡土”的诸多“变”与“不变”现象。这种围绕“任务”创设“情境”，在“情境”中完成“任务”的教学样态有利于学生语文核心素养的提升。

四、游离“语言”，“思维”“文化”缺失了“根”

该课例在落实语文课程目标方面还有些改进之处。正如课例“设计意图”里所说：本课时更多的是关注“思维发展与提升”“文化传承与理解”两大核心素养。然而，《乡土中国》整本书阅读是语文课程范畴里的阅读，不是其他社会学课程的阅读。语文教育的本质在于语言教育与言语教育，课标所言语文核心素养的四个方面应以“语言建构与运用”为基础和途径。整本书阅读需要关注整本书的表达形式，至少应“选段”或“选句”精读，点面结合、“形式”与“内容”结合，尽量避免在字面上“滑行”甚至游离文字“飞行”，实现真正意义上的“工具性”与“人文性”的统一。

另外，在最后结语部分，有这样一句总结：“五四新文化运动”的“新”，其中的着力点就是破除“家族”的各种“旧”。这个观点也值得商榷。腐朽反动的封建礼教是文化层面或者民族心理意识层面的糟粕，它所造成的是对封建社会整个社会结构和全体国民长期的影响，并不限于“家族”，不只在家族层面起作用，影响也远不止于家族层面。且“五四新文化运动”，主要是从文学和文化层面解放思想，破旧立新，若论着力点就是破除家族之旧，难免有窄化之嫌。

课例7 贵族家族的乡土基因

朱华华，广东东莞中学松山湖学校正高级教师，市学科带头人，名师工作室主持人。多次参加优质课竞赛，获全国二等奖、省二等奖、市一等奖，发表文章100余篇，出版专著2部。

设计意图

作为学术著作，《乡土中国》中陌生的概念和观点非常多，学生很容易不求甚解，止步于浮光掠影的浅读；再加上农耕文明向工业文明的加速转型，现代社会带来的新观念的冲击，学生对“乡土中国”容易产生隔膜感，比如第6章《家族》，当下的高中生大多是独生子女，他们大多生活在与父母三人构成的类似于西洋社会的结构简单的小家庭中，对于多世同堂、父系族居的大家族式的生活体验不多。

但《乡土中国》所反映的乡土社会却是中华文化的土壤，即古代文学作品的共同底色；也是现代社会转型的基础，很多现当代文学作品都有“乡土中国”的影子。读懂《乡土中国》，了解中国基层社会的结构，有利于理解各类文学作品；同样，借助各类文学作品也有利于深入理解《乡土中国》。

就第6章《家族》而言，《红楼梦》无疑是一部很好的参照作品，贾府是典型的多代同堂的事业组织，而且贾史王薛四大家族因为血亲或姻亲而盘根错节，是乡土大家族的缩影。统编高中语文必修教材安排了《乡土中国》和《红楼梦》两个单元，《乡土中国》是研究中国乡村社会特点的学术著作，《红楼梦》是描摹中国古代社会世事百态的长篇小说，但两部作品都反映了中国传统社会的基本特征。从传承中华文化和观照社会现实的角度看，它们是相通的。将两本书参照互读，不仅能激发学生的阅读兴趣，而且能在互证互释中加深对文本的理解。

本节课的教学目标如下：

1. 读进去：理解《家族》中的重要概念和观点，比较中国的“家”与西洋的“家”的区别。

2. 读出来：以《红楼梦》印证“家族”特点，借贾家内在矛盾及毁灭原因反思乡土家族。

教学扫描

师：费孝通先生在大学开设“乡村社会学”的课程是为了探究一个问题，即“作为中国基层社会的乡土社会究竟是个什么样的社会”。为了深入浅出地讲清楚这一问题，费老请了不少经典作品来协助。为费老做过十多年助手的张冠生就曾说：“知人善任的费先生，请来《红楼梦》中人，演出了‘差序格局’的典型场景。”费老在《乡土中国》第4章中，为了更形象地阐释“差序格局”的“伸缩能力”，就举了《红楼梦》的例子：“像贾家的大观园里，可以住着姑表林黛玉，姨表薛宝钗，后来更多了，什么宝琴、岫烟，凡是拉得上亲戚的，都包容得下。可是势力一变，树倒猢狲散，缩成一小团。”可见，《乡土中国》与《红楼梦》两部书之间的确存在着相互参照、互证互释的可能。当然不止于《差序格局》这一章，在今天我们将学习的《家族》章节，我们同样可以请来《红楼梦》中人，来帮助我们更深入地了解“乡土中国”中“家族”的特征。

今天的课，我们将分为两大环节，一是“读进去”环节，理解《家族》中的重要概念和观点，比较中国的“家”与西洋的“家”的区别；二是“读出来”环节，转化运用，以《红楼梦》印证“家族”特点，分析贾家内在矛盾及毁灭原因。

环节一　读进去，梳理文本

师：请从文本中提炼乡土社会“家”的特征，并绘制思维导图，小组代表在课堂上展示解读。

生 1：乡土社会的“家”在性质上是族，是单系的，亲疏有别，有差等，有伸缩性；以纵向的父子、婆媳为主轴，以横向的夫妇为配轴；夫妻感情淡漠，两性间的感情是矜持而保留的，在同性和同年龄人群中则表现得有情有义。

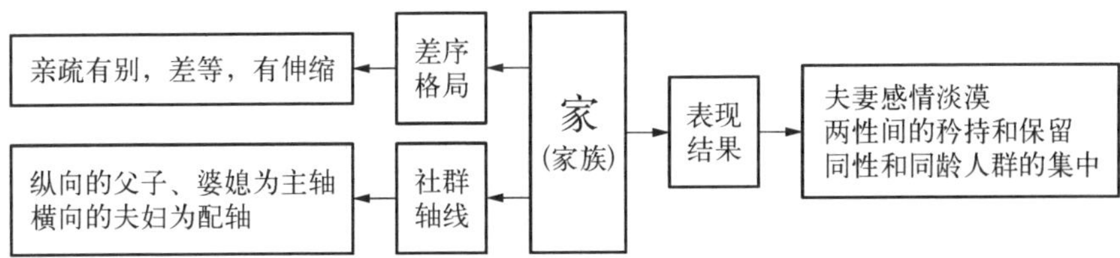

师：很好，概括了乡土社会“家”三个方面的特征，思维导图也很清晰，还有同学补充吗？[板书：家（家族），差序格局，父系纵轴，夫妻情淡]

生 2：乡土社会的“家”还是一个事业组织，政治、经济、宗教等功能都可以由“家”来担负，不限于生育功能，这里的“家”相当于小家族。

生 3：乡土社会的家族还是长期绵续性的，不因个人的长成而分裂，不因个人的死亡而结束。

师：很棒，经过群策群力，我们基本上概括出了乡土社会“家”的主要特征。（板书：事业组织，性质是族，长期绵续）

接下来请下一个小组为我们展示。比较乡土社会的“家”与西洋社会的“家”的特征区别，并以表格的方式呈现，小组代表在课堂上展示解读。

生4: 西洋社会的“家庭”是指以夫妇为主轴、由夫妻亲子所构成的临时的生育社群，是团体格局。乡土社会的“家族”则是指以父系单系为主线，沿亲属差序向外扩大而形成的具有政治、经济、宗教等功能的事业社群。

比较维度	西洋社会的“家”	乡土社会的“家”
社会结构	团体格局	差序格局
功能	生育功能	生育、政治、经济、宗教等
性质	情感组织	事业组织
成员	夫妻、亲子	父系扩展
成员关系	简单，夫妇（横向）	复杂，父子/婆媳（纵向）
维系方式	讲感情	讲纪律
时间	临时	长期、绵续性
夫妇感情	亲密	矜持、淡漠

师: 一具体，就深刻，你们小组比较点找得很细致。

环节二　读出来，学以致用

（一）寻找《红楼梦》中的乡土家族特性

师:《乡土中国》所反映的乡土社会是中华文化的共同土壤，是古代文学作品的共同底色，曹雪芹的旷世经典《红楼梦》中即随处可以见到“乡土中国”的影子。接下来我们就以《红楼梦》为例，以小组为单位分析其中“家族”的特征。

1. 是长期绵续的家族

生 5: 乡土社会中的“家”在性质上是“家族”，这一点在贾府中体现得非常明显。比如贾政和贾赦在我们现在看来是两个家庭的人，但在贾府则是一家人，每次吃饭，王夫人、邢夫人都得先到贾母处，侍奉贾母吃完饭后自己才吃。

生 6: 荣宁两府的聚集是家常便饭，比如聚餐、过节、庆生、娱乐等，从族长贾珍开始，包括位于贾府金字塔塔尖的贾母，最小的贾兰、巧姐等，都聚集在一起，充分证明了《乡土中国》所说的“家的性质是族”。贾母听书听曲，阖家子孙、儿媳都陪着。我们现在则只有在春节的时候才会合族聚集，但这在贾府却是家庭日常生活。

师: 你能结合当下生活，进行今昔比较，这种意识很好。从贾府的日常生活中，我们不难看出贾府家大口阔，如此开销可真不小。同学们还有补充吗?

生 7: 乡土社会的“家”还是绵延的、长期的，不因个人的长成分裂，不因个人的死亡结束，不像西洋社会的家庭是临时的，子女长成了就离开。比如贾珠去世了，李纨和贾兰继续在家族中领着自己的份子钱，探春、李纨起诗社时，王熙凤曾替李纨算过账，月例加年终庄上的分红，李纨一年差不多有四五百两银子的收入！这够刘姥姥一家花上二三十年的！整个家族的吃穿用度都是统一管理，比如黑山庄的乌进孝庄头进献年货后，族长贾珍会负责分配给家族中的人，一族人聚居在一处，不但同吃同住，也共享资源。

师: 大家认同这种家族管理吗?

生 8: 不认同，我觉得这种吃大锅饭式的管理表面上显得团结和谐，但很容易滋生懒惰和腐败，不利于激励个人奋斗，更不利于家族发展，甚至会白养懒汉，这也为贾府的入不敷出埋下隐患。比如负责管理家庙里和尚道士的贾芹，领着工资还想来揩油，被贾珍痛骂。

师： 你很有思辨意识。所以后来探春理家，要开源节流，要大刀阔斧地改革了。

2. 以父系为纵轴

生 9： 乡土社会的“家”没有严格界限，可依需要沿父系单系向外扩大，也以父系为主轴来判别亲疏远近。比如在《红楼梦》第二十回里，听说宝玉从宝钗处来，黛玉又生醋意，抽噎不止，宝玉则劝解：“你这么个明白人，难道连‘亲不间疏，先不僭后’也不知道？我虽糊涂，却明白这两句话。头一件，咱们是姑舅姊妹，宝姐姐是两姨姊妹，论亲戚，他比你疏。第二件，你先来，咱们两个一桌吃，一床睡，长的这么大了，他是才来的，岂有个为他疏你的？”父系纵轴才是自家人，所以姑表亲过姨表。

生 10： 还有王熙凤初见黛玉时的夸赞：“天下真有这样标致的人物，我今儿才算见了！况且这通身的气派，竟不像老祖宗的外孙女儿，竟是个嫡亲的孙女。”在以父系为主轴的家族中，外孙女儿即使在感情上再亲近，也终归只是外姓人，在亲戚的远近关系上，是难以和嫡亲孙女儿相匹敌的。但是经凤姐这么一说，就在无形中拉近了黛玉和贾母之间的距离。可见王熙凤夸赞人很到位。

师： 这句赞语在现在听来有点无厘头，但以乡土社会的“家”的眼光来看，外孙女和嫡孙女的亲疏远近是有很大差别的。

3. 富有伸缩性的差序格局

生 11： 乡土社会的“家”界限是模糊的，是富有伸缩性的差序格局，好像把一块石头丢在水面上所产生的一圈圈推出去的波纹。比如贾府在鼎盛时期，三亲六眷都聚集在贾府，甚至扯不上亲戚关系的也来倚靠贾府。比如刘姥姥因女婿的祖上与王家连了宗，就到贾府来“打秋风”；而在贾家被抄后，连贾雨村这些曾深得贾府庇佑的人也避之唯恐不及。

生 12： 在贾府繁盛时期，仅家塾中，就容纳了金荣、秦钟、薛蟠等一大帮外姓子弟，而一旦大厦将倾，就树倒猢狲散了，其伸缩性可见一斑。

师： 在《乡土中国 · 差序格局》中就曾举过《红楼梦》中的这个例子，前面我也提到过。我们继续分析贾府这个家族的其他特征。

4. 是事业组织

生 13： 贾府充分体现了乡土社会的家族是个事业组织的特点，兼具生育、政治、经济、宗教等复杂功能。比如秦可卿曾在临终时托梦给王熙凤：在祖茔附近多置田庄房舍地亩，以备祭祀供给之费；将家塾也设在祖茔附近。这样既能保证祭祀永继，也能使将来家族败落后子孙能有个读书务农的退路。

生 14： 这在安排宝玉的婚事上也体现得很明显。黛玉很早就来到贾府，与贾宝玉同吃同住，可谓青梅竹马、两小无猜，感情非常笃厚，这一点贾母、王夫人都看在眼里，但为什么不成全宝玉与黛玉的感情，却一定选宝钗作为宝玉的配偶呢？因为从家族这个事业组织的角度考虑，必然家族利益至上，贾史王薛四大家族，一荣俱荣，一损俱损，薛宝钗所在的薛家作为皇商，虽然权势上不及贾家，但财力雄厚，贾家入不敷出，也需要薛家相助，显然让贾宝玉娶薛宝钗更有利于贾家在事业上的发展。而林黛玉则父母双亡，孤苦伶仃，连嫁妆都得贾府置办，不可能给贾府带来任何事业上的帮助。

师： 的确，薛家作为皇商，能从经济上极大地助力贾府的事业发展。但我记得在《红楼梦》第二十九回，贾母一行人在初一到清虚观打醮时，面对张道士为宝玉提亲，贾母的回答却是："上回有和尚说了，这孩子命里不该早娶，等再大一大儿再定罢。你可如今打听着，不管他根基富贵，只要模样配的上就好，来告诉我。便是那家子穷，不过给他几两银子罢了。只是模样性格儿难得好的。"同学们怎么看呢？

生 15： 我觉得贾母考虑的重点并不是家族经济方面的因素，而是家族在事业方面的持续发展。乡土社会的"家"作为事业组织需要纪律和效率，夫妇间感情淡漠，是阿波罗式的，这样才利于更好地经营事业。薛宝钗不喜形于色，冷静平和，寡言罕语，很符合乡土社会家族作为事业组织追求稳定、纪律和效率的要求。而宝玉和黛玉的相处则是典型的浮士德式的恋爱方式，虽然感情深厚，但三天好了，三天又恼了，常常处于“激动”与“冲突”的状态，这种状态有破坏性，影响关系的稳定，是为事业社群所排斥的，是不被家族认可的。

师：的确，从事业稳定持续发展的角度看，宝玉宝钗结合更符合家族的利益，当然也不排除有经济方面的考虑。

（二）反思《红楼梦》中的乡土家族文化

师：通过刚才的分析，我们感受到《红楼梦》的贾府从多个维度都能充分地印证乡土社会家族的特征。请问同学们，如果可以选择，你是否愿意在乡土社会的家族中生活呢？请结合《家族》的观点和《红楼梦》的实例来分析。

生 16：不愿意，因为阖族聚居容易导致铺张浪费、开销无度，长期绵续的家族财产分配方式则容易滋生懒汉；以父系为主轴来判别亲疏远近，不利于家族的和谐发展；作为事业组织，应该唯才是举，而差序格局的思维方式必然导致任人唯亲，不利于事业组织的持续发展。而且家族作为事业组织，个体很难活出自我，每个人好像都只是家族中的一颗螺丝钉。

师：你能针对家族的具体特征阐述理由，很好。如果能同时结合《红楼梦》的实例来分析则更好。

生 17：我也不愿意生活在旧式家族中，家族以父系为主轴，必然导致重男轻女，男尊女卑，等级森严，女性很难活出自己的价值，连探春如此有才华的女子，生存境遇也很糟糕，更不用说迎春、鸳鸯、金钏儿等薄命女子了。

生 18：我的选择跟前面的同学一样，因为在家族中几代同堂，长老权力主宰一切，陈规陋习太多，什么都得遵父母之命，年轻人生活得太压抑，就像贾宝玉生活得既不自由，也不轻松。甚至还会导致人际交往的虚伪，年轻人面对长辈之命，只是表面上应承，实际却可以经注释而改变，其实是名实分离的。

师： 你还结合了《乡土中国》中《长老统治》等章节的内容，有整本书前后勾连的意识，值得肯定，不过我们这节课尽量聚焦于本章中“家族”的具体特点来阐述理由，还有同学补充吗？

生 19： 在以父子、婆媳为主轴的家族中，夫妻感情淡漠，好像只是生育的工具。像贾宝玉这样连爱情都不能自己做主，感觉特别悲哀。我记得巴金的《家》中觉新的命运也是如此，他本来深爱着梅表妹，却违心地接受了父亲为他选定的李家小姐，像一个傀儡一样结婚，成为家族的工具。

师： 你能结合自己曾经的阅读体验来分析，很好。同学们大多不看好乡土社会的家族式生活。其实早在“五四新文化运动”中，家族及其文化就遭遇到了猛烈的抨击。

（PPT 展示）

（1）《新青年》创刊不久，陈独秀就从倡导民主、反对专制、反对奴从的高度，批判了家族制度和三纲五常学说，在其论文《东西民族根本思想之差异》中指出：“宗法社会，以家族为本位，而个人无权利，一家之人，听命家长。”该文被誉为新文化运动批判家族制度的里程碑。

（2）李大钊在《万恶之原》一文中指出：“中国现在的社会，万恶之原，都在家族制度。”

（3）学者吴虞亦撰文《家族制度为专制主义之根据论》痛斥家族制度之弊：“欧洲脱离宗法社会已久，而吾国终颠顿于宗法社会之中而不能前进。推原其故，实家族制度为之梗也。”

（4）鲁迅的批判则更是深入到了家族制度的内核，在其发表《狂人日记》时即明确表示“意在暴露家族制度和礼教的弊害”，并在《我们现在怎样做父亲》中指出：“历来都竭力表彰‘五世同堂’，便足见实际上同居的为难；拼命的劝孝，也足见事实上孝子的缺少。而其原因，便全在一意提倡虚伪道德，蔑视了真的人情。我们试一翻大族的家谱，便知道始迁祖宗，大抵是单身迁居，成家立业；一到聚族而居，家谱出版，却已在零落的中途了。”

师：胡适曾指出在中国传统的“家”中“我不是我，我是我爹的儿子”，傅斯年也曾痛斥中国传统的“家”是破坏个性的最大势力，是万恶之源。乡土社会中家族的腐朽罪恶及其对个体的钳制戕害可见一斑。正因如此，随着现代社会的发展，传统的家族被现在的小家庭取代也是社会发展的必然。从《红楼梦》中，你从哪里可以看出家族必然衰落的端倪呢?

生 20：贾府内部矛盾重重。

师：一语中的，很好，能具体说说贾府这个家族中都隐藏着哪些矛盾吗?

生 21：主仆矛盾，王夫人曾逼死金钏儿；还有父子矛盾，比如贾政打贾宝玉几乎下死手，贾赦痛揍贾琏时也是毫不手软。

生 22：妻妾矛盾，王夫人提到赵姨娘就来气，赵姨娘在内心深处更是对王夫人恨得牙痒痒；还有母女之间的矛盾，比如赵姨娘和探春。

师：赵姨娘和探春的矛盾很典型，但是否属于母女矛盾，这个归类还值得商榷。这里我们先补充一点知识。

（PPT 展示）

（1）妾在家庭中以夫为家长，以妻为女主，她不是家长的家庭中亲属的一员，她与家长的亲属根本不发生关系，与他们之间没有亲属的称谓，也没有亲属的服制。——李楯《性与法》

（2）我的祖母固然是我们的亲生祖母，不过，她的娘家的人，则仍然是王府的“奴才”，我们当“主人”的是不能和“奴才”分庭抗礼的。——溥杰《醇王府内的生活》

师：也就是说，从血缘上看，赵姨娘是探春的生母，但从家族的视角看，赵姨娘与探春却不是母女，探春得称王夫人为母亲。这种家族嫡庶制度给人带来的伤害在探春身上体现得特别明显，哪名同学能帮我们分析一下?

生 23：在探春初上任理家时体现得很明显，面对生母赵姨娘之弟赵国基的去世，探春按照对待家生奴才的定例给了 20 两银子，拒绝多给丧葬费，赵姨娘生气大闹议事厅。第五十五回，赵姨娘气得问道："如今你舅舅死了，你多给了二三十两银子，难道太太就不依你? ……明儿等出了阁，我还想你额外照看赵家呢。如今没有长羽毛，就忘了根本，只拣高枝儿飞去了！"探春没听完，已气得脸白气噎，抽抽咽咽地一面哭，一面问道："谁是我舅舅? 我舅舅年下才升了九省检点，那里又跑出一个舅舅来? ……何苦来，谁不知道我是姨娘养的，必要过两三个月寻出由头来，彻底来翻腾一阵，生怕人不知道，故意的表白表白。也不知谁给谁没脸? 幸亏我还明白，但凡糊涂不知理的，早急了。"凤姐儿也曾对平儿说到探春："你那里知道，虽然庶出一样，女儿却比不得男人，将来攀亲时，如今有一种轻狂人，先要打听姑娘是正出庶出，多有为庶出不要的。"不平等的嫡庶制度几乎成了探春痛苦的主要原因。

生 24：探春的痛苦还源于家族中男女有别的制度。探春曾说："我但凡是个男人，可以出得去，我必早走了，立一番事业，那时自有我一番道理。偏我是女孩儿家，一句多话也没有我乱说的。"

师：非常好，你们的分析都能紧扣文本。嫡庶制度、男女有别让"才自精明志自高"的探春深感压抑。嫡庶制度带来的家族隐患在其他人身上还有体现吗?

生 25：还体现在贾环身上，同为贾政的儿子，贾环与贾宝玉的地位却有天渊之别，这种境遇导致贾环对宝玉没有兄弟之情，只有嫉妒和仇恨，第二十五回贾环曾用滚烫的蜡油烫伤宝玉，还有第三十三回贾环向贾政进谗言，诬告宝玉强奸金钏儿未遂导致金钏儿投井自杀，致使宝玉“大承笞挞”。

生 26： 还有赵姨娘，她曾买通马道婆用“五鬼魇魔法”加害贾宝玉和王熙凤。

师： 家族中不平等的嫡庶制度直接造成了赵姨娘、贾环等人内心的扭曲，也造成了探春的痛苦。嫡庶制度只是传统家族制度中的一个侧面，等级森严、阶层固化的差序格局家庭结构不知戕害了多少人。当然还有前面同学提到的妻妾矛盾、主仆矛盾等等，这些都给贾家败亡的宿命埋下了隐患。除了人与人的矛盾，还有哪些因素导致了贾府大厦的倾覆呢?

生 27： 还有贾府奢侈无度、子孙一代不如一代等因素。第二回冷子兴提道：“如今生齿日繁，事务日盛，主仆上下，安富尊荣者尽多，运筹谋画者无一；其日用排场费用，又不能将就省俭，如今外面的架子虽未甚倒，内囊却也尽上来了。这还是小事。更有一件大事：谁知这样钟鸣鼎食之家，翰墨诗书之族，如今的儿孙，竟一代不如一代了！”

师： 家族作为事业组织，还需要担负经济、政治、宗教、后备人才培养等综合职能，但在经济管理和子女教育培养方面，贾府也呈现出江河日下的颓势，具体体现在哪里呢?

生 28： 作为事业组织，贾府在子女教育、后备人才培养方面也问题严重，比如贾珍作为族长荒淫无耻，豪奢享乐，“造衅开端实在宁”，上梁不正下梁歪，未成年的小辈也大多是胡作非为，比如第九回闹学堂的情节中就暴露出贾府子弟放纵顽劣有多么出格。

生 29： 作为事业组织，贾府在经济方面也是每况愈下，主要体现在不知节俭，骄奢无度。比如一顿螃蟹宴要花掉庄稼人一年的生活费，一碟茄鲞得十来只鸡来配，还有秦可卿葬礼、元妃省亲，奢华程度更是超出常人的想象。甚至连不大关心人间烟火的林黛玉也都有所感触，在第六十二回林黛玉感慨：“咱们家里也太花费了。我虽不管事，心里每常闲了，替你们一算计，出的多进的少，如今若不省俭，必致后手不接。”

师：关于贾府经济的入不敷出，我再补充一点，在第五十五回管家人王熙凤曾感慨：“家里出去的多，进来的少。凡百大小事仍是照着老祖宗手里的规矩，却一年进的产业又不及先时。”这与清朝贵族随代递降承爵的特殊制度有关。

（PPT 展示）

> 清代宗室王公除了八位铁帽王是世袭罔替外，其余亲王子孙一律递降承爵，最后变成闲散宗室的身份……王公和闲散宗室的俸饷收入差距相当大。——赖惠敏《清皇族的阶层结构与经济生活》

师：贾家属于非亲王子孙的功臣世爵，更是必须递降承爵。所谓由俭入奢易，由奢入俭难，“排场”还按照老祖宗的规矩，但收入却在随代递减，更何况贾府子孙们还一味地骄奢淫逸，那贾府的坍塌就是必然的了。贾府走向末世除了内部的原因，比如前面分析到的家族中人与人之间的重重矛盾、嫡庶有别等不平等的制度、子女的教育问题、入不敷出的经济问题等都严重影响着这个事业组织的发展。当然也有外在因素，比如贾元春的去世，王子腾的去世，政治斗争中一荣俱荣一损俱损，等等，但家族的组织结构带来的内部因素是不可忽视的，正如探春在抄检大观园时所说：“可知这样大族人家，若从外头杀来，一时是杀不死的，这是古人曾说的‘百足之虫，死而不僵’，必须先从家里自杀自灭起来，才能一败涂地！”

不可否认，在漫长的农耕社会，家族对于促进社会的稳步发展起到过积极的作用，但随着工业文明的推进，以及西方民主思潮的渗透，家族制度的腐朽落后越来越显露出来，在工业文明强势推进的今天，多代同堂的家族必然难逃败亡的宿命。

《乡土中国》作为一本社会学讲义稿，通过 14 个章节帮助我们了解“作为中国基层社会的乡土社会究竟是个什么样的社会”这个问题。可以说，读懂《乡土中国》，了解中国基层社会的结构有利于理解很多经典的文学作品，同样，借助经典的文学作品也有利于深入理解《乡土中国》及其中的概念与观点，《乡土中国》与经典的文学作品之间有着互证互释的关系，这当然不局限于《红楼梦》，在大量的文学经典中都能看到“乡土中国”的影子，借助文学作品阅读《乡土中国》，不失为一种有效的阅读方法。

板书设计

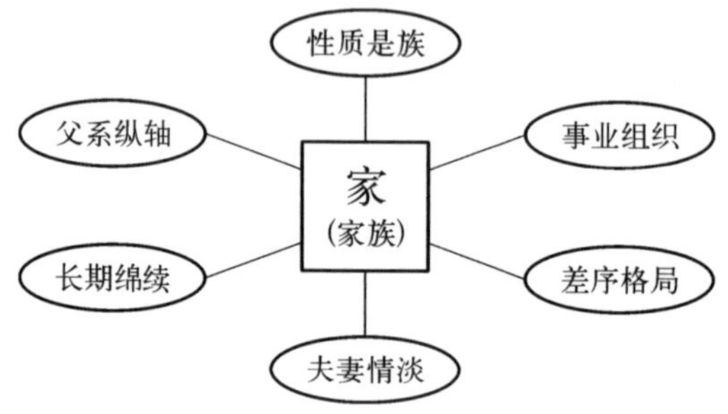

点评

落实课标要求，指引阅读门径

丁亚宏，中学语文特级教师，正高级教师，河南省基础教育课程与教学发展中心教育科研管理部主任、中学语文学科组组长。河南省优秀教师，河南省教学标兵，河南省教师教育专家，全国特色教育优秀教师，中原名师和中原教研名家导师。

一、巧妙选点关联，凸显整合特色

本节课选择“家族”这一关联点，将《乡土中国》与《红楼梦》进行整合阅读，在互证互释中引导学生加深对两部著作的理解，可谓一箭双雕。从教材安排来看，《乡土中国》和《红楼梦》为高一年级必读之整本书，关联整合较为便利。从两本书的风格来看，《乡土中国》为学术著作，理论性强，学生可能会觉得枯燥，而《红楼梦》为长篇小说，文学经典文字鲜活、形象鲜明，学生阅读兴趣较大，二者联读，有助于激发学生深究《乡土中国》的兴趣。从两本书的内容上看，《乡土中国》第4章《差序格局》以《红楼梦》中的贾府为例来说明“差序格局”的“伸缩能力”，第6章《家族》中对“家族”这一概念的辨析也很容易让人联想起《红楼梦》中的四大家族。《红楼梦》中贾府的组织结构、日常生活、社会交往等有助于学生较好地理解《乡土中国》中的很多重要概念和观点，如“差序格局”“家族”“礼治秩序”“亲属关系就是这种丢石头形成同心圆波纹的性质”等；贾府中父子之间、婆媳之间的两条垂直关系线也有助于学生理解“我们的家既是个绵续性的事业社群，它的主轴是在父子之间，在婆媳之间”这一观点。反过来，学生理解了乡土中国的社会结构及其特点，也就更容易理解《红楼梦》中的人物关系、家族关系，理解宝玉、黛玉何以是家族中的“异类”，理解“木石前盟”为何注定不敌“金玉良缘”，从而加深对《红楼梦》主旨的理解。

二、落实课标要求，指引阅读门径

本节课基于课标关于“整本书阅读与研讨”的要求来确定教学目标和内容，围绕《乡土中国》中“家族特征”这一个点，拓展开去，借助《红楼梦》中贾府的人与事，引导学生完整地认识作为乡土中国的基本组织结构的“家”与西方的“家”之不同，“家”与“家族”的关系，以及家族的内涵和特征，进而理解乡土中国的社会结构及其弊端。教学目标涉及三个维度：知识维度——《家族》中的重要概念和观点，方法维度——比较辨析、互证互释，能力维度——在理解的基础上迁移运用。既指向对学术作品重要观点及价值取向的理解与探讨，又能引导学生在问题解决中发展联想想象、分析比较、归纳判断等思维能力，收到了以点带面、以少驭多、有效促进学生语文核心素养发展的效果。课中“读进去”“读出来”两大环节，既让学生在阅读时入乎其中、出乎其外，又有助于学生积累整本书阅读经验。

三、教学逻辑清晰，学生思维活跃

本节课教学环节简明，用意深远。“读进去”重在研讨文本，以画思维导图和列表格的方法，引导学生筛选、整合、提炼信息，理解“家族”特征；“读出来”重在学以致用，引导学生用《乡土中国》中的观点解释《红楼梦》中的家族关系，用《红楼梦》中的人和事来验证《乡土中国》关于家族的论述。两个环节勾连紧密，由浅入深。尤其第二环节，“寻找《红楼梦》中的乡土家族特性”和“反思《红楼梦》中的乡土家族文化”两个任务具有较好的综合性和开放性，有效激活了学生思维，产生了高质量的课堂生成。在师生交流中，教师还通过制造认知冲突启发学生进行思辨阅读。比如，在学生 14 从经济角度分析贾府为宝玉择妻娶宝钗而舍黛玉的原因之后，教师引述《红楼梦》中贾母对张道士说的一番话，与学生 14 的观点形成矛盾，很好地将学生的思考和认识引向了深入。

本节课有些地方需要精减、改进，以达到更好的教学效果。其一，凸显了成果，但淡化过程。整节课以师问生答的方式推进，每个任务都完成得过于流畅，所呈现的学习结果也过于完美，师生之间、生生之间少有质疑研讨和交流碰撞。从阅读的角度，看不出学生是怎样“读进去”的；从指导的角度，也少见教师对学生如何“读进去”进行引领、点拨和指导。其二，用“例”过多，冲淡主体。本节课是《乡土中国》阅读课，《乡土中国》为主，《红楼梦》为辅，而《红楼梦》在高一下期才会正式读到，本课“读出来”环节对《红楼梦》用力过细、过深；第二环节中关于“五四”时期知识分子对家族及家族文化的批判、探讨家族（贾府）衰落的原因、补充嫡庶制度的相关资料等，对于理解《乡土中国》中有关“家族”的观点似乎并不必要。

家族的过去与未来

左书珍，上海市民办尚德实验学校高中部语文教师，高级教师。浦东新区语文学科带头人，曾获浦东新区中青年教师课堂教学大赛一等奖。主持区级课题“基于批判性思维培养的高中阅读与写作教学”。

设计意图

1938年，面对导师马林诺夫斯基提出的问题：“他的伟大祖国，进退维谷，是西方化还是灭亡？”费孝通先生用自己的实际考察和科学态度给出了答案：不是西方化，也不是灭亡，是“文化自觉”。如果想了解中国如何“从传统走向现代”和“从中国走向世界”，就要思考什么是“中国人”，中国文化已存活了五千年，生命力是什么？中国人必须了解自己，找到文化自觉，才能走上适合自己的道路。

《乡土中国》无疑是费孝通“文化自觉”的产物，在中国文化主体本位上，既具备世界性的横向观照，从而鲜明地表现出中国传统社会迥异于西方的属性；同时又提供历时的维度，以考察社会变革中传统社会发展演变甚至式微的过程。《家族》就是其中典型的章节。

以《家族》为切入口开展《乡土中国》整本书阅读教学，出于对此章节三方面价值的考虑。

第一，章节价值:《家族》关联《乡土中国》整本书。“家族”是乡土社会外在结构“差序格局”与内在规则“礼治秩序”的交点，或者说是载体。借由对传统社会家族特点的探究，我们可以关联起《乡土中国》中诸多概念。费孝通在与西洋社会“小家庭”的比较中，逐步介绍传统乡土社会中家族的结构原则、家族成员、家族功能、家族内部人际关系等，而这些属性能从《乡土中国》的诸多章节获得阐释与支撑。在此意义上，学生通读全书后进行全局性的俯瞰，《家族》是一个可行的窗口。

第二，内容价值:《家族》勾连传统与现代。“家族”诞生于中国传统基层社会，是乡土社会外在结构“差序格局”与内在规则“礼治秩序”共同作用下的产物。尽管在 19 世纪末 20 世纪初激烈的社会变革中传统“家族”不断走向没落，然而，它仍然深刻地影响现代社会的家庭结构形式和成员间的相处模式。

就每个人而言，家与亲人是个体生命中不可缺失的部分，却也最容易被忽略。随着城乡的发展，我们与身后的“家”越来越远；而个体和家族的关系，似乎也只剩下基因遗传的血缘勾连。从这个意义上说，《家族》在我们对“家”的感性体验之上，提供了理性思考其现代意义的契机。

第三，研讨价值: 辩证认识传统“家族”。回到教学层面，《普通高中语文课程标准（2017 年版 2020 年修订）》指出:“阅读古今中外论说名篇，把握作者的观点、态度和语言特点，理解作者阐述观点的方法和逻辑。”对于蕴含丰富思辨价值的《家族》章节，准确把握其教学价值，既需要了解费孝通先生的观点与态度，又要关注文本中体现出的家族与个体之间的复杂关系，形成历时性的辩证认识。

中国传统式家族承担着除生育之外的诸多社会功能，相当于一个血缘泛化的互助性社会团体，它对于稳定社会秩序、提高生活效率、整合人际关系起到积极的作用。然而，无法回避的是传统社会家族中存在着自然权力的不平等。男性之于女性的，父辈之于子侄的，家族整体之于个体生命的。这种自然权力的不平等在现代背景下给“家”定下一个基调：“家”意味着对个体的压抑、束缚和禁锢。它与个体日渐强烈的独立呼声之间存在激烈的矛盾，并成为20世纪初中国社会人文革命的重要推动力量之一。

然而我们也看到，思想界、学界包括普罗大众对家族之于个体关系的认识呈现历史性的演进，这些为辩证认识“家族”的价值提供了可能与资源。

正是在这些意义上，我们以《家族》一章为切入口，旨在通读整本书后，引导学生辩证认识传统中国社会中“家族”这一概念。本节课教学目标如下：

1. 明确传统乡土社会中的家族属性，并能结合文史材料阐释其内涵。
2. 从过去与未来两个维度辩证理解家族的价值。

教学扫描

环节一　勾连整本，探求“家族”属性

师： 通过预习作业，大家初步整理了中国传统社会家族的结构原则、家族成员、家族功能、家族内部人际关系四个方面的特点，并从其他章节的内容中寻找了与这些特点相关的阐释性文字。我们以小组为单位认领任务并交流。

（PPT展示）

特点分析	传统乡土社会中的家族属性	其他章节的相关阐释
家族的结构原则		
家族成员		

续　表

特点分析	传统乡土社会中的家族属性	其他章节的相关阐释
家族功能		
家族内部人际关系		

生 1: 我们小组的任务是分析乡土社会中家族成员的特点。《家族》中有一句话:“在中国乡土社会中，家并没有严格的团体界限，这社群里的分子可以依需要，沿亲属差序向外扩大。”从《差序格局》这一章中，我们已经知道差序格局是以自我为中心所构成的人伦差等网络，这个网络大小依中心势力的厚薄而具有伸缩性。《差序格局》中的俗语“一表三千里”不仅能体现差序格局中人际网络的伸缩性，也很恰当地说明了家族中家庭成员范围的伸缩性。

师: 这一小组联系《差序格局》分析了乡土社会家族成员具有伸缩性的特点。

生 2: 我们小组分析传统社会家族的功能。家族是由单系亲属所组成的绵续性的事业社群，具有除生育以外的政治、经济、宗教等功能。在《家族》这一章中，费孝通说“家族虽则包括生育的功能，但不限于生育的功能”，还说“氏族和部落赋有政治、经济、宗教等复杂的功能。我们的家也正是这样”。而在西洋社会中，家庭主要的功能就是生育子女。《家族》这一章写到，在西洋家庭团体中，夫妇共同经营生育事务，他们的子女长成了就离开这个团体。

生 3: 传统社会家族功能与西洋社会家庭功能的差异在《差序格局》中也可以找到印证。第 4 章《差序格局》中谈到，西洋社会的家庭更多地由亲子关系构成，它包含夫妻及他们的儿女，而且还是未成年的儿女。

师: 为什么强调“未成年”?

生 4： 刚刚也说了，子女一旦成年，就离开这个团体。所以西洋社会家庭是一种临时性的社群，这与中国传统家族长期绵续的特点也很不同。

师： 你们不单从功能上比较分析了乡土社会中传统家族与西洋社会家庭的不同之处，还注意到了两者存续时间的不同。看来我们有必要修正一下表格内容。（教师调整表格内容）

生 5： 我们小组将带大家了解组成家族这种社群的结构原则。西洋社会家庭这种社群的组成原则是基于生育的父母与子女的亲子关系，但是中国传统乡土社会中家族的组成原则是基于血缘，其扩大则是由于单系亲属关系。《男女有别》提出"家族是以同性为主、异性为辅的单系组合"，《血缘和地缘》也说"事实上，在单系的家族组织中所注重的亲属确多由于生育而少由于婚姻"，在《家族》这一章中，费孝通更明确"单系"只包括父系这一方面，"它的主轴是在父子之间"。

师： 你们基于这些发言总结一下家族的结构原则。

生 6： 中国传统社会家族是基于血缘而形成的以同性为主、异性为辅的父系组合，其主轴在父子之间。

师： 这样就清晰多了。

生 7： 我们小组的任务是整理家族内部人际关系。其实，基于以上三个方面的分析，家族内部人际关系已经比较清楚了。因为中国式家族绵续或扩大的路线是父系亲属，书中讲"它的主轴是在父子之间"，而"夫妇成了配轴"。而且这两轴因为家族中事业的需要而排斥了普通的感情。第 7 章《男女有别》中有分析："男女只在行为上按着一定的规则经营分工合作的经济和生育的事业，他们不向对方希望心理上的契洽"，在这个基础上形成了男女异性之间的界限。

生 8： 不仅如此，"男女有别"强调了传统家族要维持固定的社会关系，因而讲求纪律，排斥男女之间的私情。这也解释了《家族》中这样的文字，"在中国的家庭里有家法，在夫妇间得相敬，女子有着'三从四德'的标准”，等等。

师： 这是家族内部异性之间的关系。那么在同性或长幼层面，表现出怎样的特点呢?

生 9: 我们小组想试着结合《长老统治》来谈一谈家族内部的同性关系或者说父子关系。我们之前在读《长老统治》这一章时，注意到一个词“爸爸式权力”，费孝通是想借这个词说明传统乡土社会的教化权力，但用这个词，已经表明传统家族的亲子关系，尤其是父子关系的特点，即在家族伦理框架下，父亲对子女具有教化权力以及子女须对这种权力表示顺从。

生 10:《长老统治》中还有一句话:“每一个年长的人都握有强制年幼的人的教化权力:‘出则弟’，逢着年长的人都得恭敬、顺服于这种权力。”由此也形成了传统中国家族中晚辈对长辈尤其是子女对父母的服从，也就是《家族》这一章中所说的“亲子间讲究负责和服从”。

师： 这样家族内部人际关系的特点就全面多了。通过刚才的交流，我们对传统家族的特点应该有了一个相对具体的认识。

（PPT 呈现交流后完善的表格）

特点分析	传统乡土社会中的家族属性	其他章节的相关阐释
家族的结构原则	组成是基于血缘，但其扩大则是由于单系亲属关系，而且只包括父系这一方面	《差序格局》 《血缘和地缘》
家族成员	“自家人”的范围含糊，有伸缩性	《差序格局》
家族功能	由单系亲属所组成的绵续性的事业社群（家族），赋有除生育以外的政治、经济、宗教等功能	《差序格局》 《系维着私人的道德》
家族存续	长期的，绵续性的，不因个人的长成而分裂，不因个人的死亡而结束	《差序格局》 《男女有别》
家族内部人际关系	夫妻间相敬如宾，女子三从四德；亲子间讲究负责和服从	《男女有别》 《礼治秩序》 《长老统治》

环节二　旁征文史，例证“家族”内涵

师： 时序流转，家族逐渐式微。但国人的生活方式、生命样态及感情面貌大多会借由文字保留下来，我们能否举出自己熟悉的文学作品，譬如学习过的课文，来验证传统中国式家族的这些特点呢?

生 11： 我们最近学习《项脊轩志》，说实话，一开始我不理解“诸父异爨”背后到底意味着什么，它为什么能带给归有光那么强烈的悲剧感。

师： 的确！一柄象笏，何至于就“瞻顾遗迹，令人长号不自禁”呢?

生 11： 我现在似乎懂了。这里有很深沉的家族情怀。一方面，建立在父系亲属基础上的家族相较于建立在生育基础上的家庭在中国传统社会更为普遍。另一方面，从理性的角度分析，中国家族成员有伸缩性，而伸缩范围的大小依着中心势力的厚薄而定。“诸父异爨”，家族分崩离析，家族成员紧缩的原因无非就是原生家族地位、势力或财富的衰落。后文中祖母的两句话“儿之成，则可待乎”“他日汝当用之”在这样的背景下才格外具有厚重的力量。

师： 这背后是沉甸甸的光复家族的使命感与责任感。

生 12： 我倒是想起了《祝福》中的祥林嫂。祥林嫂在丈夫死后，来鲁镇鲁四老爷家做用人，但夫家的人后来找过来。小说中写新年才过，她从河边淘米回来，看见几个男人在对岸徘徊，很像夫家的堂伯，就是为了寻她而来的。不久，介绍她来做工的卫老婆子带祥林嫂的婆婆来鲁四老爷家，要叫祥林嫂回去，鲁四老爷说了一句话：“既是她的婆婆要她回去，那有什么话可说呢。”

师： 你这么一说，我想起来了小说中的一个细节。祥林嫂夫家趁她淘米时，两个男人把她拖进停靠在一旁的船里，对这样的行为，奉行“事理通达心气和平”的鲁四老爷说了半截话：“可恶！然而……。”你们觉得鲁四老爷没有说完的那半句话是什么?

生 13： 然而——这也是理所当然的。

生 14: 他们光天化日强抢活人固然可恶！然而祥林嫂毕竟是他们家的媳妇，他们家的人。

师: 她刚才说“理所当然”，你现在又说了一个“毕竟”，这背后是什么逻辑？

生 14: 传统中国式家族的主轴在父子之间，女子既嫁从夫，夫死从子，从这个意义上讲，尽管祥林嫂没有生子，但夫家的确有要求她“从”也就是处置她的权力。放到传统中国式家族的背景下考量，四叔当然只能默许。

生 15: 我想到了《孔雀东南飞》里焦母与刘兰芝的矛盾。刘兰芝长得漂亮，人也勤劳，看她与小姑道别的情形，应该在焦家人缘也不错，怎么焦母就容不下她？我有个大胆的猜测，传统家族要稳定地延续下去，需要排斥男女间的私情。因为一切浮士德式的激情都可能意味着破坏或创造。但在诗中，焦仲卿与刘兰芝之间竟然有爱情。（生笑）男女间的爱情，哪怕他们是夫妇，也不利于维持稳定家族的秩序，因此焦母容不了刘兰芝，势必要拆散他们。

生 16: 有没有可能是刘兰芝没生孩子，家族的香火断了？

师:“家族的香火断了”，怎么觉得这句貌似玩笑的话似乎也触及了传统家族的某些特点。

生 17: 乡土社会男女组合是以生育为目的，而不是以浮士德式的感情追求为目的，对于家族的长期绵续来讲，“男女只在行为上按着一定的规则经营分工合作的经济和生育的事业”。刘兰芝的悲剧就在于她不仅没有生孩子，还妄图打破传统家族中男女之间的隔离与阻碍，渴望浮士德式的感情。

师: 大家关注到了文学作品中传统家族女性命运的书写问题。可以看到，传统家族中，女性往往处在父系家族中的配角地位，某种程度上她们被默认为工具般的存在。

生 18:《红楼梦》就不一样。大观园本来就是一个世外桃源，是一个理想化的王国，所以不能完全用现实的眼光看待小说中的这些女性形象和她们的命运。这样的书写我认为是因为作者曹雪芹认识到了个人生命的本体价值，个人并非家族绵续的附庸。

生 19: 小说中迎春为了抵债嫁给孙绍祖，探春远嫁他乡，包括家族联姻的薛宝钗，她们的命运其实是传统家族中女性角色的延续。所以也没有根本的区别。

师: 我们可以发现一个现象，无论是汉乐府、《项脊轩志》，还是《红楼梦》《祝福》，这些经典作品或让人感受到沉重的家族使命，或让人体会到传统社会以家族之名对个体生存意志的扭曲或抹杀。而在近代的作家作品中，类似的题材就更多了，如鲁迅的《狂人日记》、巴金的《家》、张爱玲的《金锁记》，甚至曹禺的《雷雨》，借由这些作品，知识分子似乎在有意或无意中表达对于传统中国式家族的反思与批评。而在 20 世纪知识分子群体中，的确曾经掀起过轰轰烈烈的家庭革命。

（PPT 展示）

近现代的家庭革命

毁　家

傅斯年：善是一定跟着“个性”来的，可以破坏个性最大的势力就是万恶之原，然则什么是破坏“个性”的最大势力？我答道，中国的家庭。

康有为：凡有小界者，皆最妨害大界者也。

李大钊：像这样的世界、国家、社会、家庭，那一样不是我们的一层一层的牢狱，一扣一扣的铁锁!

废　姓

“盖有姓即有亲，有亲即有私，其与天下为公之理最碍矣，故必当去姓。”

“五四运动”前后，一北大女生被问贵姓，立刻回怼：“我是没有姓的！”

还有一些学生给父亲去信，宣布："从某月某日起，我不再认你是父亲了，大家都是朋友，是平等的。"

师：这些人物何以不约而同地讨伐传统中国社会中最基本的社群单元——家族或曰家庭？我们可以在《乡土中国》或者课外阅读作品中寻求依据吗？

生 20：我们这一组还是从文本出发吧。《长老统治》中提到一个概念"社会继替"，指乡土社会中社会成员自然地新陈代谢的过程。费孝通说，在社会继替过程中，发生"教化性的权力"，或者说"爸爸式的权力"。因为在这样的社会中，文化传统趋向稳定，依靠长幼之序实现生存经验的传递就可以让人在社会生活中"从心所欲而不碰着铁壁"。但是，19 世纪末 20 世纪初的中国社会急剧动荡，变迁迅速，在这样的背景下，家庭革命对青年人有吸引力，或许正因为依靠长幼之序传承的传统经验无法应对现实的复杂性，从而让传统旧式家庭包括长老权力丧失了解释力和追随者。

生 21：我注意到《名实的分离》中的一句话："在中国旧式家庭中生长的人都明白家长的意志怎样在表面的无违下，事实上被歪曲的。"它还说："名实之间的距离跟着社会变迁速率而增加。"任何一个历史时期旧式家庭内部可能都存在对长老权力的注释而产生的歪曲和改变，只不过，加速变动的近代社会，最终促成了位与权、名与实的全然分离。

师：两名同学都是从社会急剧发展变化的时代背景来看这个问题。

生 22：康有为的"小界妨害大界"能否理解成私与公的矛盾？（师点头）相较于更大范围的人群或国家的概念，家族是"私"的。因此，面临公私间的冲突时，个人先要履行私人间的道德，因而缺乏团体道德是中国社会的普遍现象。它带来的必然后果是整体利益的崩塌。

生 23：我想起了前段时间读的曾国藩的传记，后面有一篇跋记。曾国藩大概 30 岁时立志"成圣"，而他在"成圣"路上克制了自己很多正常人的欲望，的确达到了儒家所说的"修身立诚齐家"的顶峰。但是，在那篇跋中，刘瑜评价说，“成圣”是儒家这个盒子里的最高境界，但终究只是一个盒子里的最高境界。西人说：Think outside the box。妨碍曾国藩跳出盒子思考的无疑就有他被私人道德所局限的眼光与视野。

师：这也是传统家庭被人诟病的一个重要原因：旧式家庭中的个体往往只知有家庭而不知有国家，缺乏现代意义的民族国家与国民意识。

生 24：这个材料中男女学生对待家庭或家族的态度挺现代的（生笑）……

师：所以，你会有点不解甚至震惊？你们怎么看当时这种非常真实的声音与诉求？

生 25：可以理解。乡土中国中长老权力在家族或家庭中的体现就是父权，刚刚不是讲过长老权力就是爸爸式的权力嘛，它以家族之名进行教化或训育，要求孝道和无违，就像李大钊说的，这种僵化的父子关系或家庭关系无异于牢狱或铁锁，这在整体上思想趋向自由、个性趋向解放的“五四”时期肯定是要被革命的。

生 26：我读傅斯年的《万恶之原》特别有共鸣，这篇文章不长，傅斯年说：善是从个性发出来的，而家庭阻碍了个性的发展。在某种程度上，我觉得旧式家庭对个体生命价值的抹杀是它在近代被革命的原因。

师：大家刚才从不同方面回应了传统家族或家庭在虚构文学及现实世界中被口诛笔伐的原因。最后一个小组来总结一下。

生 27：传统家族或家庭被诟病应该有三方面的原因。第一，19 世纪末 20 世纪初的社会巨变与革新潮流；第二，人伦差序、私人道德无法生长出现代意义的民族国家与国民意识；第三，旧式家庭内部对个体生命价值的忽视甚至扭曲。我觉得，最后这一点应该是传统社会家族被革命的根本原因。

环节三　创设情境，思辨“家族”价值

师：1930 年 4 月 18 日，国民政府立法院抛给蔡元培、吴稚晖等教育专家三个问题，其中一个是“家庭问题”。“要家庭？不要家庭？如果要家庭，是大家庭好，还是小家庭好？”近一个世纪过去了，你觉得今天探讨家庭问题还有没有现实意义？21 世纪的今天，你会如何回应这个问题？大家可以自由发表意见。

生 28： 传统旧式家庭对个体独立价值的忽视与剥夺放在一个世纪前的中国不被接受，放在现代更是不会被接受。这也是不论是在文学作品中，还是在思想界，都要革命——革家庭之命的原因。一句话，传统旧式家庭肯定是回不去了。

生 29： 诞生于旧时代的中国传统家族肯定会带有过去时代的印记，门户之见带来封闭与保守、男女有别带来性别地位的不平等、父子伦理带来人格的压抑甚至失常。但是，首先我想说，真正的几世同堂的大家族其实并不多见。现代所谓的家族也多是三代或两代同堂的小家庭。

生 30： 我还拿曾国藩来说吧。湖南湘乡曾氏家族人才辈出，与曾氏家族的家风有关系，尤其与曾国藩制定的家规关联很深。家规可以算是“长老统治”在家族内部的表现形式吧。尽管外面的世界在变化，家规可能会表现出与时代的不适应，但是总会有一些共同的价值能够沿袭和继承下来。从这个意义上说，家族有它作用于当下的正面价值。

生 31： 家族是我们情感寄托的载体。现在，大家动不动讲精神内耗、心理抑郁，我觉得与现代人身体上和精神上远离“家”有很大关系。而且，当传统家族从“私”走出来，与更大范围的社群联结，它也有可能产生巨大的精神能量。所以我认为，哪怕是现代社会，传统家庭仍然有精神价值。

生 32： 单单强调“个体”会有很大缺失，单纯讲“亲亲为大”好像问题也很大。《差序格局》这一章引用了《礼记》的一句话：“亲亲也，尊尊也，长长也，男女有别，此其不可得与民变革者也。”这些所谓的纲常伦纪可能是传统家族逐渐走向封闭、保守甚至被革命的本质原因。我认为，现代社会里，既要充分尊重个体价值，又不要丢失传统的人伦之爱。

师：或许我们可以说，个体与“亲亲”是现代社会重构家庭图景不可偏废的两个维度。

这节课我们梳理了《家族》这一章节中费孝通对家族属性的阐述，并在《乡土中国》其他章节中寻找了阐释与支撑。同时从文学作品中了解了对家族的认识共相，从 20 世纪初的家庭革命入手，探讨了传统旧式家庭或家族被革命的原因。然后从现代背景下高速流转的社会现实寻求未来家庭发展的可能图景。大家可能还有没有来得及分享的观点，期待继续对这个命题展开研讨。下课！

课后作业

年级将以“实物+家族报告”的形式举办家族专题活动，以唤醒大家了解家族优秀文化，辩证认识家族对于个人发展的意义，并通过同辈、代际间的交流传播与传承家族优秀精神文化。

1. 整理家中的旧物件、老照片，询问、访谈家中长辈，整合信息，梳理自己家族的脉络；
2. 反思家族文化习惯与风气对自己产生的正面及负面的影响；
3. 探索自己在家族传承中的使命与责任；
4. 整理成果，撰写家族报告，准备展出与交流。

板书设计

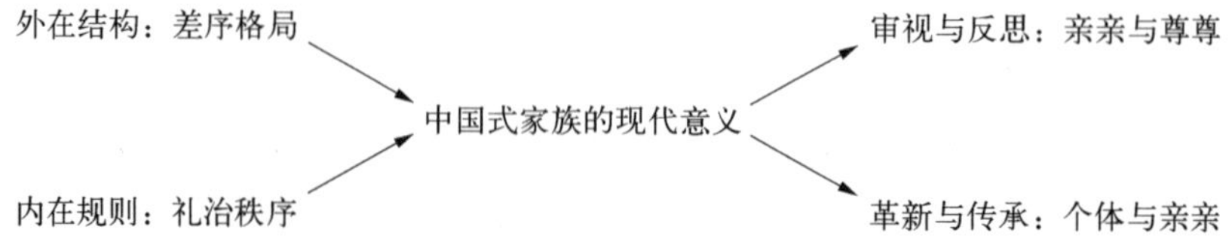

点评

选点恰当，关联丰富，思辨充分

周鹏，原重庆一中语文教师，现执教于深圳外国语学校，正高级教师，特级教师。在语文教学中，注重语境的思辨与分析，致力于有效思维和有效表达的探索。

整本书阅读需要在“整”上下功夫。任务上须针对整本的图书，方法上须力争资源的整合，效果上须形成统整的判断。左老师的设计在“整”上的用心是值得点赞的。

第一，选点恰当。限于课时，整本书阅读教学宜用专题研讨课的形式。专题如何选择呢？窥一斑而见全豹，牵一发而动全身，以专题勾连整本，这或许是最佳设计路径。左老师以《家族》这一章节为支点，撬动了《乡土中国》整本书多章节的阅读，也引发了一场有关家族文化的广阔深远的对话。

第二，关联丰富。何为思维？“维”的本义是系物的大绳，故有连接、关联的意思。其实，思维的基本功能就是寻找关联。而新旧知识的关联是思维培养之关键。一个人的思维能力首先体现在其丰富而广远的信息关联上，其次才反映在将关联到的信息进行加工与处理上。从左老师的课堂设计与呈现看，新旧知识的关联是丰富而广远的，除了整本书本身各章节的关联，还有课内与课外的关联，包括历史与现实、传统与现代、文学与生活、个体与家族的关联，围绕“家族”这一话题充分调动了学生头脑中的知识储备，进而训练了学生的关联思维能力。尤其是教师引导学生回归教材课文，加深对课文中有关家族文化的理解，是值得称道的。这种新旧知识的关联、从课内到课外的延伸，是形成统整判断的有效途径。

第三，思辨充分。从教师的引导和学生的表达看，无论是对《乡土中国》各章节的整合思考，还是教材内外的关联，专题设计及课堂呈现都充分体现了思辨能力的训练。也正是在充分的思辨与对话中，师生对传统家族与现代家庭内涵和本质的阐释、理解才一步步走向深入，最终形成“个体与亲亲”的基本判断。

第四，学术启蒙。学术启蒙的起点是引导学生感受并使用精准而丰富的学术概念与术语。专题研讨课本身就应该带有学术探讨的意味，借此对学生进行一些学术启蒙是必要的。左老师对学生学术启蒙的用心是值得肯定的。课堂教学有丰富的学术概念及术语的呈现，这些语句可以潜移默化地涵泳学生的学术头脑，引导学生亲近学术表达，进而习得这种表达。

言而总之，左老师这堂整本书阅读专题研讨课的设计与呈现可圈可点、亮点纷呈。从学生的表达看，左老师平日的课堂教学是充分而深入的。没有必要的沉淀，学生展示不出这么深厚的功底。有过深入的统整才会有深入的思辨，厚积而薄发，总是不易之理。

礼治的是是非非

姚玲，四川省成都市树德中学语文教师，全国中学生作文比赛优秀指导教师，多次在省市教研活动中执教展示课，曾荣获四川省赛课特等奖等奖项。

设计意图

社会学是从社会整体出发，通过社会关系和社会行为来研究社会规律的综合性学科。而文学作品往往从社会情形出发，以刻画人物、叙述事件、设置情节等方式，来反映社会现象，帮助我们了解社会现实。文学作品在人物命运和遭遇的描述中，揭示社会问题及其原因；在不同社会群体生活方式、思维模式的呈现中，展示社会关系和矛盾；帮助读者从不同角度看待社会现象，理解社会现象的本质，为读者提供多元化的视角。因而，文学作品可以为我们解释、探讨社会学理论提供重要的例证和角度，加深我们对社会学理论的理解和思考。

作为社会学学术著作，《乡土中国》在实地调查和记录的基础上，结合大量社会学理论，对中国农村社会的经济、政治、文化习俗等多个层面进行了深入而理性的分析和解读，呈现了乡土中国立体而真实的情况，具有学术著作的客观性。相比之下，文学著作在反映社会和历史背景中，承载作者个人的思想情感和价值导向，更强调作者的主观感受和体验。虽然学术著作强调客观性，文学著作更注重主观性，但两者对社会的认识有着交汇处，并非完全对立，在语文教学的实践中，两者可以相互借鉴、相互补充，共同丰富学生对社会的认知和理解。

从语文学科核心素养出发，教师引导学生阅读《乡土中国》，要让学生在了解社会学概念的基础上，通过对文学作品的写作背景、人物经历、主题意蕴等方面的思考，探究其反映的乡土社会的社会特征、秩序背景、现实问题等。将文学作品作为分析、阐释乡土社会的案例，来深入理解中国传统基层社会的本质，可以促进学生思维能力的发展与提升，让语文学习更具有思辨性和研究性。

在《乡土中国》一书中，费孝通先生认为，礼治秩序是基于传统规范和道德准则来维持社会秩序的一种制度，它是中国传统社会的核心特征之一，也是传统社会维持稳定的主要方式之一；中国传统社会的经济、政治和社会结构等方面都受到礼治秩序的影响。作为全书的一个重要主题，礼治秩序的产生可以追溯到《乡土本色》一章，学生在阅读时要前后照应、联系思考；礼治秩序的内容可以关联《差序格局》《无讼》《长老统治》等章节，让学生在阅读中思考乡土社会的时代特征与运行方式，思考社会特征变化之后，礼治秩序的存在意义和局限性，进而观照现实和未来，领悟《乡土中国》"何处来，何处去"的主旨。

统编教材必修上册"整本书阅读"单元的导读中提出，"阅读整本书，学习不同类型书籍的阅读方法，积累阅读整本书的经验"，"阅读《乡土中国》，要注意理解书中的关键概念，把握全书的逻辑思路，了解这本书的学术价值；学会根据阅读目的选择阅读方法，积累阅读学术著作的经验"。《礼治秩序》研读课以此为教学目标，通过两个主要教学环节由浅入深引导学生理解章节的核心概念"礼"。首先，通过引入传统生活现象、课本中的文学现象等内容，帮助学生理解核心概念"礼"的内涵，化难为易、化繁为简，让学生有“读下去，读进去”的兴趣。其次，在明确内涵的基础上，引导学生借助课文《祝福》中祥林嫂的遭遇，了解鲁镇的传统、鲁镇人行事的原因等，以鲁镇这个小的乡土社会为参照，从文学的视角分析乡土社会的“礼”，进而加深对“礼”的本质的领悟。

本节课的教学目标如下：

1. 理解“礼”的内涵：阅读《乡土中国》第 8 章《礼治秩序》，通过表格填写、合作探究、梳理归类等方法，分析传统生活现象、课本中的文学现象等内容，理解“礼”的内涵，体会作者从典型现象中形成概念、从理论高度阐释现象的思路。

2. 理解“礼”的本质：结合文学作品《祝福》中祥林嫂的遭遇，通过分析讨论、探究比较等方法，从文学视角分析乡土社会的“礼”，进一步理解“礼”的本质，积累联系文学作品理解核心概念的阅读经验。

教学扫描

师： 我们在语文课堂上学习的文章大多是文学作品。当一本社会学学术著作走进语文课堂，学科之间有跨界融合时，我们的思想会碰撞出怎样的火花呢？今天这堂课，我们就从《乡土中国》第 8 章《礼治秩序》中理解“礼”的内涵，在小说《祝福》中，探究“礼”的本质。

环节一　回顾“礼”的概念

师： 通过预习，从第 8 章《礼治秩序》中，同学们了解到乡土社会是一个怎样的社会？

生 1： 乡土社会是礼治的社会。

师： 礼治是什么？

生 2： 礼治是以礼来维持社会秩序的方式。

师： 礼是什么？

生 3： 礼是社会公认合式的、依靠传统来维持的行为规范。

师： 阅读第 8 章内容，我们不难找出礼、礼治这些重要概念。这些概念中，最核心最基础的就是“礼”，同学们真正理解它的含义了吗？

生（齐）： 不理解。

环节二　联系传统现象，理解“礼”的内涵

师： 那么，究竟如何才能真正理解“礼”这个基础概念呢？请大家阅读第 8 章，先独立填写课堂学案中的表格。

（PPT 展示）

传统文化、生活现象	对应的文章观点	对应段落
• “数九歌”“二十四节气”		
• 天旱求雨，祭祀河神、龙王、苍天等等		
• 昆明乡下用咸菜和蓝青布擦孩子嘴腔，医治牙病		
• 古代汉族的“五礼”：吉礼——祭祀之事，凶礼——丧葬之事，军礼——军旅之事，宾礼——宾客之事，嘉礼——冠婚之事		
• 古代贵族的殉葬制度		
• 《从百草园到三味书屋》中“我”对着匾和鹿行礼，第一次拜孔子，第二次拜先生 • 君子“六艺”对贵族子弟的培养		
• 曾子易箦 • 《故乡》中闰土称“我”为“老爷”		

师： 大家填好后，先在小组内探讨，进一步完善表格内容，然后小组派代表发言，陈述现象对应的文章观点，并简述原因，其他小组同学可以补

充讲解。

组 1: “数九歌”“二十四节气”是说“传统是社会所累积的经验”，观点在第 9 段。因为人们根据季节、温度、物候等情况总结出一定规律，这种规律就是长期形成的社会经验，然后世世代代流传，形成了可以指导人们生活或者农业活动的传统。

组 2: 天旱求雨，祭祀河神、龙王、苍天等现象，说明“人们相信传统有效，对传统有了敬畏感”，观点在第 11 段和第 13 段。因为用祭祀的方式求来了雨，人们就相信这种方式有效，就会在又遇到天旱时去祭祀。这种行为就在天旱的时候形成了传统，人们又害怕不祭祀就不下雨、有旱灾，于是产生了敬畏感。

师: 天旱通过祭祀求雨就一定有效吗?

生 4: 这种方式本身没有效果，但是只要碰巧有一次祭祀之后下了雨，大家就相信祭祀可以求到雨，因为这种方式给人带来了希望。

生 5: 祭祀求雨没有科学依据，但是凑巧下了雨，人们就会放大求得了雨的结果，以一传十，把偶然的巧合当成必然的结果，慢慢形成了一种天旱了就祭祀求雨的传统。

师: 同学们从偶然与必然的角度理解这个观点很好，其实我们可以看到有的传统是经验的体现，它不一定正确，只是符合了当时的社会情况或者人们的心理预期，让当时的人觉得它是合理的。大家在阅读《乡土中国》时也要注意结合具体的社会背景，辩证地思考这些现象。

组 3: 关于昆明乡下用咸菜和蓝青布擦孩子嘴腔来医治牙病的现象，我们小组在第 18 段找到了观点——“传统可以有效地应付生活问题”。书中说这些地方每个孩子都会得这个病，每个母亲都知道怎样治，也就是说，这个方法是一代代传下来的，是这个地方形成的经验。只要环境不变、条件不变，那么方法就可以不变，这种传下来的经验就能有效应对新生儿牙病，能解决生活中具体的问题。

组 4： 古代汉族的“五礼”说明了“传统融入要恪守的信念，就成为按着仪式做的礼”的观点。以我参加过的别人的婚礼为例，它按照一整套仪式有顺序地进行，拜天地、给父母敬茶、给宾客敬酒，人们相信按照这种仪式进行婚礼，新郎新娘就会得到父母和宾客的美好祝福，这种相信就是在传统中融入了信念。把这个信念按照固定的模式固定下来，形成有固定流程的仪式，运用到很多人的结婚仪式上，就形成了礼。

师： 这一组同学联系自己生活中的现象，来论证、理解文章的观点，这种方法很值得大家学习。

组 5： 我们组得出的“五礼”对应的观点，一个是刚才第四组同学发言的观点，还有一个是在第 13 段“对传统有敬畏感”。祭祀和丧葬之礼是因为古代人对死者有哀思，想象他们精神不灭，还能与活着的人一样，有另一个生活空间。这只是想象，活着的人没法体会，这就与真实的现实有了距离，就形成了一种神秘感。这种神秘感让人敬畏死亡、敬畏祖先，希望逝者能够在另一个世界生活得很好。于是，人们就用一些特定的仪式去祭祀和丧葬，认为这样做会让逝者过得很好，活着的人也会得到他们的保佑，就形成了这样一种信念。

生 6： 这些观点可以融合在一起，因为我觉得“礼”是一个牵一发而动全身的问题，“五礼”有自己的流程、仪式，也有人们融入的信念，就像刚才第四组说的，人们相信按照仪式进行婚礼，新郎新娘就会得到幸福；人们在延续这些传统时，又担心不按仪式做就会有不好的事发生，于是对传统有了敬畏心。但是，“五礼”更多的是说明它们在人们延续的传统中已经形成固定的仪式，成为人们要遵守的行为规范，这已经是一种“礼”了。所以，我赞同第四组的论述。

师： 这两组讨论时联系了前面小组的观点，这种前后关联的阅读思考非常好。“礼”可以涉及多个方面，我们在分析时要看侧重点在哪个角度，再来思考现象论述的观点。所以，我也赞同第四组的观点。

组 6: 第 7 段举了印度殉葬的例子，这和表格中古代贵族的殉葬制度一例类似，说明“礼可以杀人，也可以很野蛮”。

师: 从相似的现象中寻找文章观点，不失为一个好方法。

组 7: 第六种现象体现了礼的教化传承。拜孔子、拜先生是通过礼的教化让“我”尊敬老师；“六艺”的教化过程就是培养贵族子弟的过程。它们都是通过教化使人明白礼，再传承礼。

组 8: “曾子易箦”是书中的例子，在第 16 段，我们就先在 16 段找观点，找到的原文是“这是个人习惯所维持的……礼是合式的路子，是经教化过程而成为主动性的服膺于传统的习惯”，这两句话结合起来就是个人主动去服从礼，最后整合一下，得出“礼治依靠人们主动服礼”的观点。

生 7:《故乡》是我们初中学的课文，中年闰土在见到“我”之后，没有人要求他喊“我”“老爷”，是闰土发自内心、自己直接称呼“老爷”的。而曾子去世前，没有人要求他改换床席，是他自己认为不合乎礼而主动改换的。这两种行为都不是受人所强迫，所以这两处体现的是“主动服礼”。

（PPT 展示）

传统文化、生活现象	对应的文章观点	对应段落
• “数九歌”“二十四节气”	① 传统是社会所累积的经验	第 9 段
• 天旱求雨，祭祀河神、龙王、苍天等等	② 人们相信传统有效，对传统有了敬畏感	第 11 段、第 13 段
• 昆明乡下用咸菜和蓝青布擦孩子嘴腔，医治牙病	③ 传统可以有效地应付生活问题	第 18 段
• 古代汉族的“五礼”：吉礼——祭祀之事，凶礼——丧葬之事，军礼——军旅之事，宾礼——宾客之事，嘉礼——冠婚之事	④ 传统融入要恪守的信念，就成为按着仪式做的礼	第 14 段

续　表

传统文化、生活现象	对应的文章观点	对应段落
• 古代贵族的殉葬制度	⑤ 礼可以杀人，也可以很野蛮	第 7 段
• 《从百草园到三味书屋》中“我”对着匾和鹿行礼，第一次拜孔子，第二次拜先生 • 君子“六艺”对贵族子弟的培养	⑥ 礼治依靠教化传承	第 16 段
• 曾子易箦 • 《故乡》中闰土称“我”为“老爷”	⑦ 礼治依靠人们主动服礼	第 16 段

师：经过同学们的阅读思考和集体探讨，我们梳理了文章中的概念，从现象中找出了有关“礼”的理论观点，请大家将这些观点归类、排序，把序号填写在课堂学案第二部分的横线上。

生 8：从这些观点中可以找到两个关键词，前四个观点都有关键词“传统”，后三个观点都有关键词“礼”，由此可以分成两类。联系前后关系，从整体看第一类的四个观点，我的排序是①③②④。首先，人们积累经验，是要用这些经验解决生活中的问题，然后这些经验才流传下来形成传统，人们相信传统有效，才会担心不遵守传统会有不好的事情发生，就会对传统有敬畏感，才会按照传统规定的方法去做，再一代代传下来，于是有了固定的仪式，就形成了礼。

生 9：前一类排序一样，后一类的三个观点我的排序是⑥⑦⑤。首先，有了礼之后，要通过教化，让人知道礼、知道该怎么做才符合礼，于是人们才能主动去服从礼的要求。但是礼不一定正确，它可以杀人，也可以很野蛮，这是礼的另一个方面。

师：非常好，这两名同学的思考很有层次和逻辑。我们梳理、排序后，就会发现前一类四个观点在说礼的形成——依靠传统来维持，后一类三个观点在讲礼的本质——公认合式的行为规范。我们可以看到，费老从社会现象引出基础的观点，通过因果联系、前后承接等方式，层层深入，得出礼的内涵。

（PPT 展示）

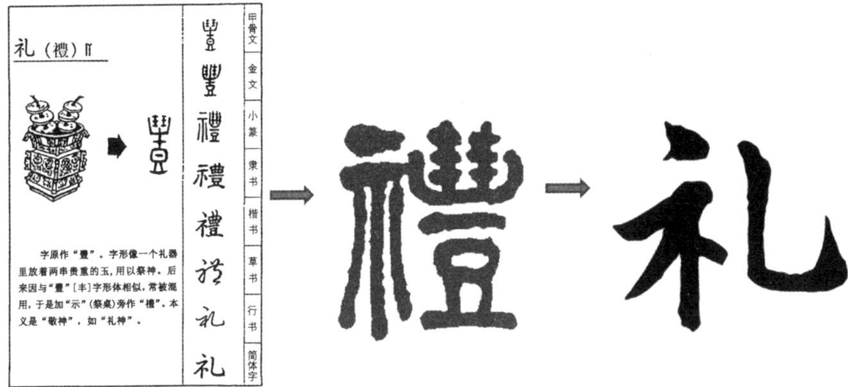

师：我们再来看看“礼”这个字，它的造字很有意思。甲骨文的“礼”字，上面是器皿中放着两串“玉”；下面部分，一种说是古代的祭器，另一种说是鼓和支撑鼓的架子。在先民们看来，物莫贵于玉，乐莫重于鼓，举行祭祀时，击鼓奏乐，捧玉奉献，是最高、最神圣的行为。小篆的“礼”字加上了左边的“示”字，就更突出了与祭祀活动的密切关系。《说文解字》中也提到，礼是事神、致福的仪式。这些和费老说的礼是一种仪式、一种行为规范的观点，不谋而合。

环节三　分析小说《祝福》，理解“礼”的本质

师：通过刚才的梳理，我们发现，作为学术著作，《乡土中国》客观理性地分析了“礼”的两面性。“礼”既能通过教化、传承让人主动服礼，维持着乡土社会的稳定，又有着野蛮的一面，可以成为杀人的武器。那饱含作者情感倾向的文学作品，又是如何看待“礼”的呢？请大家完成课堂学案第三部分，结合《祝福》中祥林嫂的遭遇，从“祥林嫂之死”的原因中，再谈谈你对“礼”的本质的理解。

生 10: 我们是从祥林嫂的寡妇身份和经历来理解“礼”的本质的。在鲁镇这个小乡土社会中，大家公认寡妇不祥，所以祥林嫂在给四婶做工时，不允许碰祭器；连柳妈这样的善女人都会说祥林嫂改嫁时应该撞死，嘲笑她额头的伤；大家对祥林嫂儿子被狼叼走的事本该很同情，但后面变得麻木、耻笑。这一切是因为封建社会的“礼”，公认了祥林嫂不祥，这样的“礼”不合人性，但却是鲁镇人公认的准则，说明了“礼是社会公认的合式的行为规范”这一本质。

生 11: 从刚才同学举的例子中，也可以看出“礼可以杀人，也可以很野蛮”这个特点。虽然这个野蛮不是我们通常理解的暴力，但是礼在无形中让鲁镇人不顾忌祥林嫂无辜又悲惨的情况，从麻木到嘲笑到排挤，让她这个外来人沦为了乞丐，在风雪中死去。可以说，鲁镇人遵循的礼杀死了祥林嫂。

生 12: 祥林嫂被掳走后，四叔说“既是她的婆婆要她回去，那有什么话可说呢”。她作为寡妇，没有决定自我的权利。贺老六和儿子死后，大伯来收屋，赶走祥林嫂。婆家对祥林嫂的这些行为，是整个社会公认的可以这样做的行为。这除了有寡妇不祥的观点影响以外，还有男尊女卑的思想影响。这些思想，印证了“礼可以杀人，也可以很野蛮”这个本质特征。在夫家人看来，寡妇是外姓人，不可继承家产，收屋在当时是正确的做法。礼影响了鲁镇人的行为处事方式，还让人们主动维持礼。

生 13: 柳妈说阎罗大王会锯开祥林嫂，因为她改嫁了。柳妈在无形中用封建礼教的思想教化祥林嫂，让祥林嫂内心害怕，主动去捐门槛、去服从封建礼教。包括祥林嫂再嫁时头撞香案角，也是主动服从“寡妇不二嫁”的封建贞洁传统。她的反抗从根本上讲，恰好是对礼的主动服从。这些情况导致了祥林嫂对灵魂有疑问，在精神上被束缚，她自己主动服从礼的这一愚昧行为让她恐惧而死。由此可以看出“礼是人们主动服从的”这一本质。

师: 大家结合祥林嫂的遭遇，通过分析封建礼教如何导致祥林嫂死亡，理解了“礼”的本质。但是，我有疑问，祥林嫂在鲁镇时“口角边渐渐的有了笑影，脸上也白胖了”，对祥林嫂再嫁的情况，柳妈还积极地为她出主意，帮她赎罪，但是为什么你们还认为鲁镇人遵循的礼导致了祥林嫂的死亡呢?

生 14: 祥林嫂第一次来鲁镇时，其实四叔嫌弃过她是寡妇，但祥林嫂很能干、很勤快，四叔家没添短工，她的勤劳让大家忽略了寡妇的身份，甚至还同情她。但第二次来鲁镇，她已经再嫁，触碰了封建礼教中的贞洁观念，所以人们对她的态度有了变化。柳妈为她出主意，是用封建礼教的思想来教化祥林嫂。祥林嫂以为自己捐了门槛就可以赎罪，但现实是鲁镇人不会因为她捐门槛就改变对她的看法。这种矛盾源于人们将封建礼教一代代流传，认为这样的礼能维持鲁镇的社会秩序，但祥林嫂违反了这种礼，鲁镇人就排斥她，才让祥林嫂最后沦为乞丐，贫困而死。可见，礼即便可以杀人、可以野蛮，但只要当时社会中的人认定了这样的礼合乎他们的生活，就会主动去维持这样的礼，也就是《乡土中国》中说的“礼是社会公认的合式的行为规范”。

生 15: 这名同学其实就是在讲礼治的含义。因为礼治就是依靠礼来维持社会秩序的方式。即使没有祥林嫂，而是有其他类似有祥林嫂这样经历的外乡人，这类人最后也不会被鲁镇接纳，因为她们破坏了鲁镇长久以来的礼治秩序。

生 16: 鲁镇的人不见得都是坏人，他们同情过祥林嫂，还两次接纳祥林嫂，像柳妈，还让祥林嫂捐门槛，让她死后免得受苦。但是正常的人，受到不正常的礼的教化，无意中成为杀死祥林嫂的帮凶，这更突出了封建礼教“吃人”的可怕。所以，错的不是人，杀死祥林嫂的不是鲁镇人，而是他们一直主动遵循的不正确的没有人性的礼。

生 17: 鲁镇人的行为是封建礼教的延伸。虽然故事发生在辛亥革命后，但是辛亥革命反封建并不彻底，在鲁镇这个乡土社会中，封建礼教的思想依然占据主导地位，影响着人们的行为。鲁镇人认为可以随意支配寡妇、剥夺她们的权利，甚至认为祥林嫂的婆婆将她当作商品交易的行为也是正常的。这种礼教影响下的人，在无形中充当了“吃人”礼教的帮凶，而他们自己还不知道自己是帮凶，很让人痛心。这些反映出作者鲁迅对这种“礼”的批判。

师: 非常好！这些同学的发言，让我们透过文学作品《祝福》，看到鲁迅先生更侧重写“礼”的不合理之处，因为小说融入了作者对祥林嫂的同情和对封建礼教的批判态度。鲁镇人受到封建礼教的影响，把这种礼作为合式的行为规范，又主动服从在当时看似合理、实际不合乎人性的礼，生活在封建礼教的统治下，充当了刽子手而不自知，这是最为可悲的。而有一个人，从鲁镇离开，又回到鲁镇，成为祥林嫂的灵魂询问者，这就是“我”，“我”有没有受到鲁镇人公认的“礼”的影响呢?

生 18: “我”是离开鲁镇的新型知识分子，没有受封建礼教的教化，接受了鲁镇外的新思想的影响。

生 19: 我不赞同，“我”只是离开鲁镇，之前还是受到过封建礼教的影响的，所以“我”会在回答有没有地狱时“说不清”。虽然受到新思想的教育，但“我”还是矛盾的，“我”会在愧疚之后，仍然觉得“祝福”会给鲁镇人带来无限的幸福。

师: “我”受到了什么封建礼教的影响呢?

生 20: 文章没有明说，但是“我”最后觉得“懒散而且舒适”，不是一种革命者式的勇敢。

师: 同学们能够理解到这个层次已经很厉害了！“我”没法用《礼治秩序》的理论观点去分析，因为“我”不是严格意义上传统乡土社会中的人，

“我”见过外面的世界，有着新型知识分子的见识，但“我”又在乡土社会中成长，没有完全摆脱鲁镇的影响，会“在繁响的拥抱中，也懒散而且舒适”。可以说，“我”是矛盾的、软弱的，想要逃避，因而最后决定要离开鲁镇。

而“我”这个人物形象的塑造更是体现了鲁迅先生的伟大。《祝福》选自小说集《彷徨》，《彷徨》写于“五四运动”后新文化阵营分化时期，鲁迅当时内心孤独和彷徨。小说集里塑造的很多知识分子想要改变社会，但又无法真正挣脱封建礼教的影响，更无力改变礼治社会。他们在革命征途上的探索是矛盾的、不彻底的，因而对传统乡土社会的改造最后走向了失败。

探究原因，我们从《祝福》中不难看到，礼作为当时人们公认的合式的行为规范，影响了传统社会中人们的思想观念、行为态度、生活方式；通过礼来维持社会秩序的礼治，在乡土社会中有着牢固的根基，很难轻易被改变。

今天，我们通过传统现象和小说《祝福》，探究了礼治秩序的核心概念“礼”，希望大家在阅读其他章节时，也能通过联系社会现象和文学作品的方式，理解《乡土中国》的观点内涵。

课后作业

1. 请观看电影《被告山杠爷》，联系第 8 章“礼治”“人治”“法治”的观点，分析山杠爷为什么会被警察带走、乡民们为什么来为他送行。

2. 乡土社会是礼治的社会，当社会不断发展时，原有的礼治秩序将受到冲击，而未来的中国是现代化的社会，请你思考在未来的中国，礼治秩序有哪些优点和局限。

板书设计

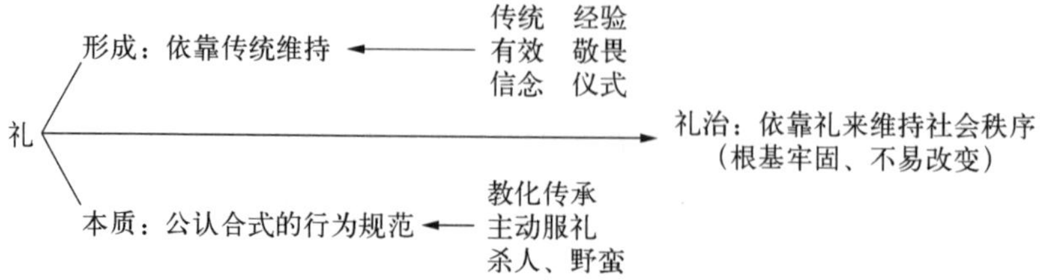

点评

让整本书阅读体现出语文价值

罗晓晖，四川省成都市语文教研员，四川师范大学特聘教授，四川省中语会学术委员会副主任，中国高等教育学会语文专业委员会理事。主要著作有《论语译释》《方法与案例：语文经典篇目文本解读》《文本解读与阅读教学讲谈》《追求更高品质的阅读教学：中学语文名师课例深度剖析》《语文课型与语文教学》等。

《乡土中国》是一部社会学著作。从学科关联度来看，与社会学关联更为直接而紧密的学科不是语文而是政治和历史，因此由政治或历史教师带领学生阅读《乡土中国》是更合理的选择。而《乡土中国》是当前语文教材列入的整本书阅读必读书，那么从语文学科视角出发来审视和确定《乡土中国》的阅读策略，就是语文教师无法绕开的一个问题。

从语文的学科视角看，学生阅读《乡土中国》的目的，当然不是要去学习社会学知识，而是要通过这本书的学习，去谋求语文学科的发展利益。基于这种思考，我一直强调，《乡土中国》整本书阅读一定要确立正确的方向，使整本书阅读体现出语文学习价值。我们的主要策略是：把《乡土中国》作为解释工具，来解释传统文学作品和以传统为题材的文学作品，借此深化对文学作品的理解；同时这也是把传统文学作品作为论据，来印证或论证《乡土中国》所提出的概念和观点，借此深化对《乡土中国》的整本书阅读。这种策略的本质是使“整本书阅读”这一概念向“语文学科阅读”这一概念倾斜：立足于《乡土中国》的整本阅读，而指向文学作品的深度诠释。

姚玲老师的这堂课，就是上述《乡土中国》整本书阅读策略的一个示范性案例。这堂课把鲁迅先生的小说《祝福》作为分析、阐释乡土社会的案例，既帮助学生理解了《乡土中国》中由礼治主导的、现代转型之前的中国传统基层社会的特点，又引导学生借助《乡土中国》的概念和知识完成了对《祝福》这一文本基于社会学视角的深刻剖析——在这堂课中，《乡土中国》中的概念和观点，既是理解的对象，也是诠释的工具。小说《祝福》的引入，一方面使《乡土中国》的学习和课本、和文学发生了紧密关联，体现了整本书阅读鲜明的学科导向性；一方面又为《乡土中国》的理解提供了生动的案例支撑，降低了学术文本的理解难度，为容易枯燥的学术著作阅读增加了趣味性。同时，更为重要的是，这大大拓深了学生对此前已经学过的课文《祝福》的理解，让学生真切地体会到有理论支持的文本分析具有何等强大的力量。

通过这一课例中的学生的表现，不难观察到这种方式对促进学生思维发展与提升的功效是明显的。之所以如此，首先是基于以《乡土中国》为阐释工具的教学策略，这一策略迫使理解、分析、运用、探究等思维动作必须发生；其次是基于上述策略设计的教学流程，决定了学生必须既要

“在学中用”又要“在用中学”——“用”是“学”的目的（学以致“用”），也是深化“学”的手段（通过知识的“用”实现能力养成）。本课虽环节有三，但教学的大致走向不外乎“先学后用”，“以用促学”。首先是“学”，开展了对原著文本的初步学习，从原文所列现象中找出有关“礼”的理论观点；接着将找出的观点进行归类、排序，梳理出“经验—传统—礼”的概念生成逻辑。然后是“用”，运用本课所学的《乡土中国》中的社会学概念解释《祝福》中祥林嫂的遭遇和分析“祥林嫂之死”的原因，在运用过程中更真切地体会《乡土中国》的概念内涵，最终形成“学—用—学”的回环。通过这样的教学，学生对《乡土中国》中的抽象概念获得了直观的形象化图式，对《祝福》中的传统社会图像则形成了有深度的社会学认识。学习在“学”与“用”之间来回穿梭，思维在抽象与形象之间交互转换，整个课堂的探究性和思辨性特点也就凸显出来了。

这堂课的亮点还有不少，比如对原著的梳理环节清晰简明，引导有方，在引导学生运用《乡土中国》的概念分析《祝福》的过程中，也有可圈可点的点拨。当然，任何一堂课都可能存在一些可议之处，比如对于《乡土中国》中“礼可以杀人，也可以很野蛮”的观点，并不足以抹杀“礼”的历史合理性，它之所以会“杀人”和变得“野蛮”，是有具体背景和原因的，教师对此似可有进一步的解释。又比如教师谈及鲁镇人奉行的“礼”“当时看似合理、实际不合乎人性”，仅仅以结论的方式定性是不够稳妥的，须对“看似合理”和“实际不合乎人性”，进行更多的阐释——我们不能简单地说“礼”是不合乎人性的，因为它毕竟源自有效的经验和被人普遍认同的传统。当然，这些问题的解决，要求专业研究的眼光，对教师实则是一种苛求。总体来看，本课例是相当成功的，对于《乡土中国》整本书阅读教学的基本思路，具有非常重要的参考价值。

课例10 长老统治与礼法之辩

李金华，广东省中山纪念中学语文首席科组长，广东省“百千万人才培养工程”培养学员，《中学语文教学参考》封二人物，发表论文30余篇，著有《思维技术与教学艺术》。

设计意图

《普通高中语文课程标准（2017年版2020年修订）》指出：“语文课程是一门学习祖国语言文字运用的综合性、实践性课程。”因此，中学生在进行《乡土中国》整本书阅读时，既可以沿着作者的思路，具体了解中国乡村社会的面貌，一窥中国基层社会的样态，深入理解中国乡村文化的特性，也可以透过文本学习作者观察社会、透视社会的方法，提高思维能力和文化素养，还可以通过研读文本，学习作者缜密的思维、生动的表达、严谨的论证，在言语理解与积累、梳理与探究、思辨与实践中提高语文核心素养。

费孝通先生围绕乡土社会进行了诸多理论思考，“差序格局”被认为是其最富有创造力的概念，在帮助人们理解、认识传统社会的深层结构和蜕变发展中显现出持久不衰的生命力。从差序格局出发，我们得知，乡土社会是熟人的社会，其秩序主要依靠“礼”来维持，而礼是经教化而主动服膺于传统的习惯。只要传统可以有效地应对生活问题，礼制社会便不需法律来维持秩序。在分析乡土社会秩序何以维持的基础之上，费孝通进一步剖析了乡土社会的权力，得出在乡土社会中明显存在既不同于横暴权力又不同于同意权力的另一种权力——长老权力。它是一种既非民主又异于不民主的统治形态。

电影《被告山杠爷》中主人公堆堆坪村支书山杠爷有一句经典的台词："堆堆坪放大了就是国家，国家缩小了就是堆堆坪，一个村和一个国说到底就是一码事。国有国法，村有村规，如果把一个村看成一个国，那村规就是国法。"可以说经过电影叙事重构的堆堆坪，已经不再是一个具体的小地方，而是中国传统农村社会的缩影。透过对电影中"山杠爷"这位"长老"形象的分析与理解，从他行为的出发点、村民不同的反应、接受新知的小孙子的疑惑中，更便于解读《乡土中国》中"长老统治"的深刻内涵，以及聚焦在传统稳定的乡村中因新时代变迁所带来的冲击，从而更好地引导学生关注乡土中国熟人社会中的"礼治"与新时代"法治"之间的龃龉与抵牾，思考"长老统治"的产生原因、运行机制、时代背景与现代困局。正如有评论所说：《被告山杠爷》在赢得观众广泛好评的同时，也引发了观众对法治问题的思考。山杠爷错就错在他的行为触犯了法律。在现代法治国家，小到治理一个村庄，大到治理一个国家，都应该按照法律办事。

在核心素养导向的教育教学改革背景下，高品质的语文课堂应体现出以建构性、整合性、情境性为特征的大格局。《普通高中语文课程标准（2017年版2020年修订）》指出："重视以学科大概念为核心，使课程内容结构化，以主题为引领，使课程内容情境化，促进学科核心素养的落实。"因此，在落实"双新"课程教学目标时，可以对学生实施互动式、启发式、探究式、体验式的教学，让学生更好地理解文本内容，促进深度学习和研究。

根据整本书阅读教学安排，本课时为《乡土中国》整本书阅读的一个中间课时，学生在此之前已经用思维导图梳理了《乡土中国》中的核心概念与关键内容，本课时重点研究《长老统治》一章。课前学生集体观看了电影《被告山杠爷》，理清了其中的故事背景、人物关系、重点情节和主要矛盾，本节课主要以“山杠爷的统治是否可行”为触发点，设置辩论情境，将学生分成正方（山杠爷的长老统治可行）、反方（山杠爷的长老统治应当废弃）进行辩论，让学生在辩论中思辨，在思辨中理解乡土中国的长老角色、权力结构与管理传统。由此设置了以下学习目标：

1. 通过明确核心概念“长老统治”，掌握阅读本章节的基本方法，抓住核心概念来理解文本的论证结构和思路，形成自己的阅读体验。

2. 通过观看电影《被告山杠爷》，理清故事脉络，聚焦山杠爷治理中的矛盾性，以电影中山杠爷具体典型的事件为分析案例，从“礼”与“法”不同视角解读传统乡村长老统治的变迁，以及长老统治在现代社会中所遭受的困局。

3. 结合广东省的社区文化、家族形态、宗族文化，理论联系实际，体会“长老统治”在当下社会中的表现、转换及出路。

教学扫描

环节一　辩论前准备

师：最近两周我们在进行《乡土中国》整本书阅读，通过理解本书的核心概念“差序格局”的内涵，梳理章节之间的逻辑关系，以及阅读讨论，大家对这本书的主要内容和逻辑框架有了一定的了解。同学们通过制作思维导图更好地理清了重点章节、核心概念之间的关系。这些都是我们读懂这本书的前提与基础，但如果想进一步深入理解本书的相关概念和理论，我们就必须结合具体的案例和现实来进行深度思考。

前两节课我们一起观看了《被告山杠爷》这部展现乡土中国问题的电影。观影的过程中，老师注意到同学们对一些情节唏嘘不已，课后也是议论纷纷。这节课我们就以辩论的形式，探究乡土社会中以山杠爷为代表的村支书所实行的“长老统治”是否真的在现实社会中因太过独裁而要被废止，并思考长老统治在当下的乡村或社区管理中所应具有的现代身份和意义。

根据课前同学们所持观点的意向，已经分成了裁判团（5人）、支持方（每方10—15人）以及两个辩论小组（每小组3—5人）。

正方：山杠爷的管理是可行的，不应被拘留。

反方：山杠爷的管理违反法律不可行，应当被拘留。

在正式辩论前，先请裁判团梳理陈述影片中的典型事件。

裁判团成员1：山杠爷所在的堆堆坪村是一个偏远、落后的村庄，虽然落后，但却是乡里、县里的模范村。原因正在于身为村支书的山杠爷有一套自己的村规。在这套村规运行之下有几个典型事件惹人争议：

1. 山杠爷为催在外打工的明喜回家种责任田，私拆他给妻子的信以证实地址；

2. 王禄不按时交公粮，又拒绝受罚，被山杠爷派民兵关押；

3. 腊正带头反对摊款、摊劳力修水库，被山杠爷当众打耳光，并被停止了党员登记；

4. 山杠爷用游街的办法，教育村里一个不孝顺的儿媳，该儿媳因颜面尽失而选择了自杀。

师：裁判团梳理得很清楚，带我们回顾了事件内容。那么双方的观点也已经很明确，现在给双方3分钟时间，请一辩同学做好发言准备。

环节二　双方辩论

师：请同学们根据自己的立场思考后，选出各方一辩做陈述性发言，所有发言的内容要基于影片的事实，力求证据充分、论证合理，而非妄想猜测。审判团将根据双方发言，得出最后结论。

正方一辩：我方认为“山杠爷的管理是可行的，不应被拘留”。

首先我们需要理解《乡土中国》中的两个概念：谁是“长老”？长老的权力从何而来？“长老”的本义是长者、老人，泛指辈分高的人，也就是“父老”“父兄”。各家的长老父兄，负责教化子弟，规范家户，代表本家本户参与议事决策，于是形成父老阶层。在父老阶层中，又有若干才干出众、品行优秀者，得到众人的钦佩，成为领袖。因此，长老指的是年高德劭的人，长老统治指的是由他们来负责教化，并兼及治安，以建立并维护乡土秩序。

山杠爷作为堆堆坪的党支部书记，相当于负责教化及治安来维持乡村秩序的长老。《后汉书》中说：“三老掌教化。凡有孝子顺孙，贞女义妇，让财救患，及学士为民法式者，皆扁表其门，以兴善行。”表彰贞孝节义，意在使其为民法式，这是教化的基本手段。他们参与调解民间纠纷，推行政策法令，他们的权力当由其教化本质扩展而来。作为一村之长，山杠爷在推行政令、调解纠纷方面做得十分出色，完美地履行自己的职责，使整个村庄在乡、县评比之中获得优秀，因此不应该被拘留。

反方一辩：我方认为“山杠爷的管理违反法律不可行，应该被拘留”。

山杠爷在治理村子的过程中所采取的行为属于违法行为，比如私拆他人信件、随意关押村民限制其自由、捆绑村民游村等，严重侵犯了村民的隐私权、人身自由，践踏村民尊严，最为严重的情况是导致村民不堪其辱而上吊自杀，这是法律所不容的，山杠爷必须承担法律责任。山杠爷的长老统治建立在私权的基础之上，其行为不合乎法律规范，究其原因是地方普法不力，人民法律意识和法律观念淡漠。

中国社会主义法治建设待加强，要走的路还很长，尤其是偏远地区的人们，缺乏法治观念，像山杠爷一样具有“国有国法，村有村规”“把一个村看成一个国家，村规就是国法”思想的人，或者说“长老”还大有人在。若要定性的话，以山杠爷为代表的“长老统治”根本上就是封建旧制的土皇帝思想，是属于要被破除的陈旧统治行为，极其有碍国家法治建设。因此，我方认为应该拘留山杠爷！

裁判团成员 2: 刚才正方一辩从概念入手，带我们了解了何为“长老”，并分析了其权力的来源和运行功能。山杠爷所具有的教化权力有一定的现实基础和历史传统，具有合理性。而反方一辩则从山杠爷的行为结果出发，陈述了山杠爷的行为带给村民身体上甚至精神上、生命上的伤害，这其实是一种法律意识缺乏的体现。一方认为他合情合理，一方认为他违反法律。那么山杠爷的“长老统治”行为到底是利大于弊，还是弊大于利呢？5分钟讨论，稍后请双方二辩陈述团队意见。

师: 请正反双方辩论的同学和支持方队一起讨论，可以结合《长老统治》这一章节的内容再梳理、再思考，挖掘自己所持方观点的合理性，发现对方所持观点的问题。本章节的主题内容和逻辑结构可以在双方同学已经梳理的基础上用 PPT 展示。

（PPT 展示）

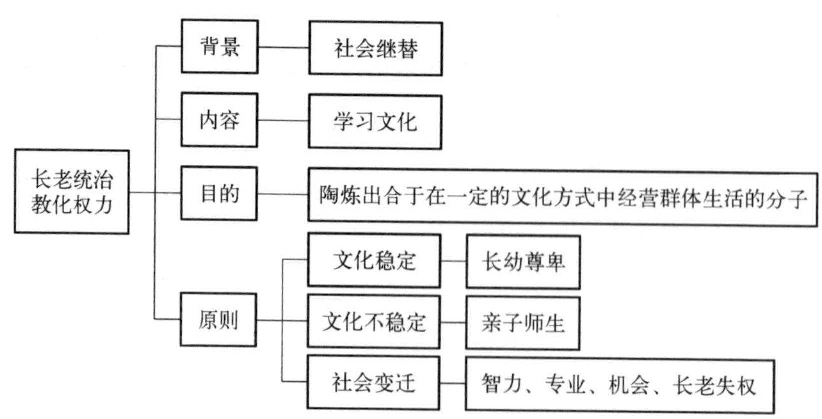

正方二辩：经过讨论，我方坚持认为“山杠爷的管理是可行的，不应被拘留”。

山杠爷作为一村之长，全心全意为村民办好事，其动机和目的是“陶炼出合于在一定的文化方式中经营群体生活的分子”。他把村子治理得这么好，年年被评为劳动模范，深得村民的拥戴，他并不是在“统治”堆堆坪，而是在进行“教化”。但反方在刚才的陈述中，一直在强调，山杠爷的行为的反面作用，只谈及他在治理村子的过程中采取的行为是违法侵权的行为，但山杠爷曾说过一句话“一个村和一个国，说到底是一码事，村规就是国法，而国法村规都是用来整治那些不服管教的刁民村妇的”。从这句话出发，我们不难理解山杠爷施行教化权力的出发点是为民法式、维护治安、教化风气，而非出于私欲乱权和统治。

我们还可以通过事例来印证。事件一，强英性格倔犟，刁蛮泼辣，她任意打骂婆婆，引发乡亲义愤。山杠爷为杀一杀不尊老敬老的歪风，惩罚她给大家放场电影，她却变本加厉，再次殴打婆婆。事件二，红衣男好逸恶劳，不务正业，整日酗酒赌博，殴打妻子，曾被山杠爷捆起来游街却屡教不改。他被山杠爷关禁闭是因为自己品行败坏，山杠爷为了整治歪风邪气才出此下策。这些都是山杠爷进行风气教化的表现。

再者，山杠爷的“长老统治”是为执行政府命令，为国事考虑。山杠爷私拆他人的信件的出发点并不是探听他人的隐私，满足个人的私欲，而是上面有红头文件制止农村劳动力外流，于是山杠爷才通过这一方式把人从山西找回来。最终挖煤的明喜给他的评价是“山杠爷像是个家长，堆堆坪要靠他来运营，不为个人私利，是要大家共同富裕”。这些无不说明这是一个不为自己，一心为他人谋利，为村庄争取发展的长老，怎能拘留？这不正符合《长老统治》里所说的“一方面可以说是为了社会，一方面可以说是为了被教化者，并不是统治关系”？如若拘留，谁还能担当建设堆堆坪的重任？堆堆坪就是中国乡村的缩影，中国基层社会该如何建设?

反方二辩： 对方辩友一直在强调山杠爷统治的正确性、合理性，但却忽视了一个问题，山杠爷的行为合乎理、合乎礼，却不合法。

从这个层面也可以看出对方持的是礼治大于法治的思想，这其实正是法治思想缺失的表现。山杠爷的悲剧折射出农村治理的诸多问题，比如传统意识和现代观念的冲突，人情与法律的矛盾，稍一疏忽，稍一越界，矛盾就激化了，局势就混乱了。山杠爷的这种治理方式短期看效果明显，时间长了就可能走回封建族长制的老路，分化干群关系，这显然违背法治社会的精神，也不能靠这样的村规来建设新农村。

费孝通先生在《乡土中国》中指出，中国的农村社会是一个熟人社会，是一个“礼治”的社会，礼是社会公认合式的行为规范。“合于礼的就是说这些行为是做得对的”，“维持礼这种规范的是传统”。《被告山杠爷》中的堆堆坪是一个乡里公安很少去的村庄，因为这个村庄一直很太平，一切事务都有山杠爷在主持大局，完全不可能出什么乱子。即使村里出了什么悍妇刁民，也有山杠爷这位正义与权威的化身，用他自己的方法教育甚至惩罚他们。正是从这个意义上讲，这是一部普法的影片，特别是影片借山杠爷的孙子虎娃这个正在接受教育的角色，引出了村规与国法的矛盾。虎娃看到了村子中的现实生活与书本上所学到的知识之间的矛盾，于是写了一封信给《法制报》，想要弄清到底是老师说得对，还是爷爷说得对，这才引出了故事后来的剧情。

影片想要告诉我们的正是要依法治国，做到“有法可依、有法必依、执法必严、违法必究”，每一个公民都应受到法律的保护，面对国家法律，就连村民们奉为权威的山杠爷也不例外。的确，山杠爷的治理给村庄带来不少好处，但普及法律知识在当今社会已是一项必不可少的工作，特别是在乡土社会，普法工作显得尤为重要和迫切。诚然，堆堆坪是一个特殊的村庄，堆堆坪的山杠爷更是一个特殊的村支书，我们可以说这不具有普遍代表性，但是，像堆堆坪这样的农村在中国还有许多，像堆堆坪的村民那样不懂法、不知法的农民在中国还有很多。可见，在中国农村普及法律知识已是迫在眉睫。因此，任何有益的统治与教化，都应该建立在遵法、守法、普法的基础之上，山杠爷该罚!

裁判团成员 3: 刚才正方二辩从“长老统治”的为民法式、维护治安、教化风气、为国事考虑的动机和目的入手，论证了山杠爷式的乡村治理的合理性与合“礼”性；而反方二辩则从“法治思想在乡村严重缺失，农村普及法律知识的任务迫在眉睫”“不能用传统村规来建设新农村”“每一个公民都应受到法律的保护”等角度，论证了山杠爷式的乡村长老统治应该被法治取代，山杠爷理应为自己的违法行为负责。那么，依据历史背景和现实情况，乡村长老统治到底该何去何从呢？请正反双方同学和各自的支持方交流 5 分钟，进行最后的三辩陈述。

师: 请正反双方辩论的同学在捍卫自己立场和观点的同时，也思考对方立场和观点的合理性，这样可能更容易得到一个更全面、更深入、更切合实际的结论。另外，在最后的辩论前，再阅读《长老统治》或相关的章节，进一步思考“当下的新农村建设该如何吸取乡土中国的社会结构与管理经验，更好地建设与发展”。这才是我们接下来更有价值与意义的辩论。

正方三辩: 对方辩友一直在强调法治，但是对方辩友似乎忽略了山杠爷面对县里面的女警官苏琴时说过的话:“用讲道理的方式来解决堆堆坪的问题，怕是很难解决咯”，以及对孙了所说的:“你们老师，那写书的到过堆堆坪吗？不晓得堆堆坪的事就胡写乱教”。这不正是一切从实际出发、实事求是地解决问题的实干思路吗？

在堆堆坪，我们当然也看到了当今中国部分乡村所遇到的困惑与矛盾，那就是乡土社会奉为经典的传统村规与现代法律之间的冲突。这使人不禁要问：如果更为现代、更加关注公民权利保障的法治成为乡土社会唯一的治理方式，会给农民带来什么，会给农村的管理带来什么？这值得我们反思。试想，如果没有赵山杠，堆堆坪 25 公里的山路什么时候能够修成，水库什么时候能够建成，社会主义新农村什么时候能够实现？以法治取代礼治、硬控制取代软控制，其代价又会是什么？这些真的能够解决像堆堆坪一样的乡村问题吗？

再看王警察对山杠爷的评价："这是望坪乡遥远的一个村庄，若不是山杠爷主张修路，怕是你们要走过这 50 里（25 公里）路了，这也是全县唯一一个没有刑事案件的村庄，是山杠爷管理的，治安比较好。"从现实的实际效果来看，能够治理好最基层的村庄，能够不给国家添乱，落实政策法规，让大部分老百姓在这个村庄有幸福感，这不是已经很伟大了吗？因此，我方坚持认为，山杠爷没有错！

反方三辩：我方认为山杠爷的故事不仅是一个关于法与情、法与礼的故事，还是一个反映社会结构转型问题的故事。堆堆坪的故事表现了传统意识、行为与社会现代化进程之间的矛盾冲突，呼唤我们在农村乃至全社会还要加强社会主义法治建设。像广东这边，很多村庄都是家族式的，比如前一段时间热播的电视剧《破冰行动》，就是反映了整个村庄制毒的问题，该村是典型的"长老统治"式的管理，不通过法治，能行吗？

堆堆坪在山杠爷的领导下，村里的道德教化确实很成功，山杠爷用自己的方式，在堆堆坪形成了一套行之有效的控制机制。而现在，检察院苏琴的到来，这个现代法律化身的到来，在堆堆坪引起了巨大的波澜。世世代代认同的长老权威忽然被推翻了，人们一时无法接受这样的现实——山杠爷犯法了，堆堆坪的权威象征要去坐牢了。旧的权威已经被破坏，从前的维持秩序的方式被打乱，和谐的氛围忽然间被打破，新的秩序似乎已经到来。每个村民都能拿起法律的武器，每个村民都应受到法律的保护。

当然，法治权威的建立绝不是一朝一夕的事情，但正是因为还有很多像堆堆坪这样的农村仅仅依靠长老统治与礼治来维系，所以才更需要我们年轻一代更新观念与认识，大力推广普法教育，让法治成为新农村建设的有力保障和美好目标。《长老统治》一章中说："文化的基础必须是同意的，但文化对于社会的新分子是强制的，是一种教化过程。"山杠爷的孙子虎娃心生"是爷爷对，还是老师教的法律常识对"的疑问，不恰恰说明了这种教化过程的必然失败，一种新的社会文明形态和结构的必然到来吗?

环节三　评议总结

师：下面请审判长结合双方辩友的观点，对本次辩论作出最后的评述。

裁判团成员 4：我们认为，在这个案件中，山杠爷的悲剧其实是礼治与法治的冲突造成的。在传统社会里，社会治理秉持的是人治的理念，主要体现在礼治上，就是把调整社会等级、尊卑有别和长幼有序的规范制度化，通过制度化的方式谋求国家与民众的政治统一性。但这种轻法治的观念，从根本上否定了人与人之间的平等关系，进而导致理性政治组织的退化，产生了各种复杂的人际关系网络，极易形成个人专权，严重侵犯个人合法权益。因此，山杠爷的悲剧虽有其值得同情之处，但法律惩罚不可免除。

师：当我们再回头从电影走进中国农村，我们既要有对山杠爷的敬佩与同情，也要关注长老统治在新时代发展的局限与不足，这样才能帮助我们思考未来社会的发展走向。

联系当下正在推进的新农村建设，我们可以清楚地看到，乡土社会的发展既是一代代不断传承的过程，即《长老统治》里所说的社会继替与教化，也是不断进行法治建设的成果。新农村的建设过程中，我们既要看到本乡本土本族的一些优良习俗需要通过教化传承，也应看到法律的强制性和渗透性是不可违拗的。而且两者并不是水火不相容的，比如“长老统治”现在慢慢衍化为以“新乡贤”为核心的时代角色。“新乡贤”文化建设以其深厚的历史传承和创新性的当代建构，必将成为社会主义核心价值观引领下的时代诉求。

总之，乡土的教化，不能以违背法律准绳为前提，有序的法律准则也会为乡土的教化提供法律保障。今天，新时代已经赋予了传统教化以崭新的元素和使命，这正是我们理解“长老统治”的新思考。

课后作业

假设在本次辩论结束后，有旁听者针对本案发了一条微博“看来礼治秩序已经完全不适应现代乡村了，只要我们有健全的法律，就能维持社会的正常发展”。看到这样的言论，你会如何回复？请写一段 100 字左右的评论。

板书设计

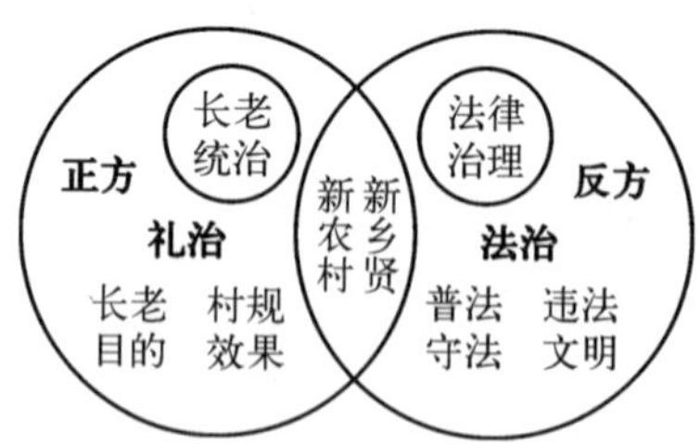

点评
以思辨促进整本书深度阅读

张小兵，南京师范大学附属中学语文教师，正高级教师。江苏省“333高层次人才培养工程”培养对象，南京市语文学科带头人。曾获江苏省教学成果奖一等奖、特等奖，基础教育国家级教学成果奖一等奖。著有《在有光的课堂上》等。

作为教学内容的“整本书阅读与研讨”，应体现其课程价值和意义。如何促进深度阅读，这是一个不可回避的话题。《乡土中国》是作为学术类著作出现在教材中的，又不同于一般意义上的学术论著，其实质是“乡村社会学”讲稿。李金华老师依据文本特点，以辩论活动为载体，在思辨中促进《乡土中国》的阅读，体现了深度阅读的特点。

《乡土中国》首次出版于1948年，描述的乡土社会与学生的生活经验存在较大时空距离。李老师以上映于1994年的电影《被告山杠爷》为学习材料，引出“长老统治的当代矛盾”这一辩题，并使之成为当代学生关注的话题，学习情境跨越了时空。电影人物山杠爷使“长老统治”这一概念变得具体、形象，让《乡土中国》的相关内容具有了当代性。李老师的教学设计没有止步于概念的再现，而是引导学生以当代青年的身份审视“长老统治”，对其在思想和行为上产生的影响进行理性思辨，具有鲜明的“对话”色彩。

“长老统治”是费孝通在对具体现象的观察中提炼出来的概念，是理性思辨的结果。李老师通过设置教学情境让概念回到现象中去，引导学生重新审视“长老统治”这一概念，是暴露思维并还原认识过程的设计。从梳理山杠爷“长老统治”的具体事件，到山杠爷是否应该被拘留，从认识“长老统治”的利与弊，再到“长老统治”何去何从及对新农村建设的启示，整个学习活动始终紧扣对“长老统治”的认知展开，既有“读进去”的环节，也有“读出来”的设计。

《乡土中国》是一部观点性书籍，诚如费孝通在《重刊序言》中所言，他并不打算传授已有的知识，目的是“引导学生敢于向未知的领域进军”。李老师以辩论的形式引导学生“进军”，教师依体而教，学生依体而学，充分彰显了李老师的文本意识。辩论是基于自我观点和立场的思辨，需要在论证和阐述中逐步完善并坚定自己的思考。如何让自己的观点更严密？李老师将论辩的主动权交给了学生，让学生在自我思辨中逐步建构自己的认知，体现了以学生为主体的民主教学意识。当然，为了让学生的认知更有深度，更经得起推敲，是否可以适时引入类似“图尔敏论证模型”等知识作为支撑，可以作进一步探究。

阅读的最高境界在于“通”，唯有“读通”才称得上真正的“深度阅读”。李老师通过辩论活动，打通了过去和当下，形成了关于“长老统治”和“法治”的碰撞，引发了关于“新乡贤”文化建设的思考，都是引导“读通”的体现。值得注意的是，“长老统治”并非独立存在的，它与《乡土中国》中“乡土本色”“差序格局”“礼治秩序”“无为政治”以及“无讼”等内容都有内在联系，与《红楼梦》《儒林外史》《呐喊》《朝花夕拾》等作品可以相互佐证，教学过程中还可以通过具体思辨作进一步“融通”，让相关知识和认知不再孤立无援。

《乡土中国》是一部比较抽象，且具有一定年代感的作品，电影《被告山杠爷》拉近了学生与作品的距离，辩论活动则让整本书阅读更加深入，这是一则体现学法、引导读法的优秀设计。

课例11 社会变迁与权力类型

张进影，广西南宁二中高级教师，广西高中语文学科中心组成员，广西中学语文优秀教师，南宁市教学骨干，南宁市教育科研工作先进个人。曾获南宁市语文教师教学技能大赛一等奖、全国高中语文教师教学基本功展评一等奖。

设计意图

本课的目的是搭建《乡土中国》与《平凡的世界》之间互文阅读的桥梁，在《平凡的世界》里找到乡土社会变迁时横暴权力、同意权力、长老权力、时势权力的消长痕迹。

《乡土中国》里有很多学术性的概念和理论，孤立地看，十分费解。比如“从整个社会看，一个领导的阶层如果能追得上社会变迁的速率，这社会也可以避免因社会变迁而发生的混乱”（《名实的分离》），这是说领导阶层要适应环境变动、社会变迁的速率，与时俱进，主动求变，才能避免出现暴力革命。“在新旧交替之际，不免有一个惶惑、无所适从的时期，在这个时期，心理上充满着紧张、犹豫和不安。这里发生了‘文化英雄’，他提得出办法，有能力组织新的试验，能获得别人的信任。”（《名实的分离》）书中这些抽象的论述，如果结合《平凡的世界》中孙少安、田福军改革尝试的事迹来佐证，就显得生动和形象了。

《平凡的世界》对乡土社会变迁与城市化进程有深刻的洞察。一方面，通过孙少平等农村青年对城市的向往、渴望，来表现农村青年的进步和觉醒，表现他们在乡土社会现代化进程中的生活道路和心灵轨迹；另一方面，通过孙少安、金俊武等实干青年扎根乡村、响应时势、抓住机遇、敢于创新的奋斗故事，呈现了转型时期乡土社会里青年的另一条出路。在人民公社化、联产承包责任制等乡土社会变革中，我们看到了《乡土中国》关于社会层级变动和乡土社会权力消长的实证，能透过双水村看到转型期中国乡土社会的缩影。

因此，本课尝试用《平凡的世界》来给《乡土中国》作注脚，把社会学研究和时代背景结合起来，通过学术著作和叙事小说的互文阅读，用学术著作深化对叙事小说的阅读理解，用叙事小说的阅读来强化对学术著作的领悟，从而提升学生的阅读思辨能力。

通过互文阅读，帮助学生理解乡土社会变迁，客观、辩证地看待社会转型，在新旧交替时走出惶惑、紧张的心理，敢于尝试、创新，勇于担当和接受改革的失败，争当掌握时势权力的“文化英雄”。

《普通高中语文课程标准（2017 年版 2020 年修订）》强调学术著作阅读要引领学生圈点勾画，梳理逻辑关联。因此，本课组织学生用表格厘清《乡土中国》中的四种乡村权力结构，理解权力产生的社会背景、权力产生效力的方式和权力的特点，跨越章节找到逻辑关联；同时根据“通过口头、书面形式或其他媒介与他人分享”的要求，指导学生表述和分享，提升语言表达能力。

基于以上设计意图，设定教学目标如下：

1. 对读梳理，找到章节之间的逻辑关联，厘清四种乡村权力结构。

2. 对读印证，构建学术著作和叙事小说之间的论证支架。

3. 对读运用，理解乡村振兴和现代化进程中“时势权力”的特征。

教学扫描

师：同学们，随着整本书阅读的深入，我们对《乡土中国》的阅读从土地、文字、秩序、人际关系等逐渐深入到了社会结构、社会变迁的层面。该书对社会变迁的原因、过程做了细致的阐述，提炼出横暴权力、同意权力、长老权力、时势权力等学术概念。书中的概念、理论能否用当今社会结构来论证？或者能否通过叙事小说的互文阅读，以具体事件、情境来印证理论概念，用直觉思维、形象思维来深化逻辑思维、学术思维？今天我们就来梳理权力结构，理解时势，探究如何运用乡村社会权力解决实际问题。

环节一　精读文本，辨明概念

师：在《名实的分离》中，费孝通先生说：“我在上面讨论权力的性质时已经提出三种权力：一是从社会冲突中所发生的横暴权力；二是从社会合作中所发生的同意权力；三是从社会继替中所发生的长老权力。现在我又想提出第四种权力，这种权力发生在激烈的社会变迁过程之中。”同学们，“这种权力”是什么权力？

生 1：这种权力是“时势权力”。《名实的分离》第 4 段提道：“它是时势所造成的，无以名之，名之曰时势权力。”

师：好的。课前老师布置了阅读章节任务，分发了一张表格，请同学们小组合作，对比阅读《无为政治》《长老统治》《名实的分离》等章节，归纳四种权力概念的定义，明确其产生的社会背景、产生效力的方式和特点，填写《乡土社会权力类型分析表》。

乡土社会权力类型分析表

权力类型	产生的社会背景、产生效力的方式	权力的特点
横暴权力		
同意权力		
长老权力		
时势权力		

师：请每个小组选定一种权力概念分析，形成文字，做好分享准备，可以参照以下句式：我们陈述的对象是……权力，它产生于……之中，目的在于……。它的关键词是……。

生 2：我们陈述的对象是“横暴权力”，横暴权力产生于社会冲突中，表现为社会不同团体或阶层间主导和服从的关系。掌权者用横暴权力支配另一方，对他发号施令，让他屈服认输。掌权者和被支配者处在矛盾冲突中，但并不引发战争，是休战状态的临时平衡。横暴权力的目的是获取经济利益。它的关键词是主从、支配、压迫、屈服、平衡。

师：你们对横暴权力产生的社会背景、生效方式和关键词的陈述很精当。你能否举个例子，什么社会现象属于横暴权力？

生 2：旧社会地主和佃户之间的租赁关系，比较接近横暴权力，地主占有土地，能支配、压迫佃户，而佃户为了生存而屈服于地主，支配与屈服的关系是暂时平衡的。

师：好的，请下一小组陈述。

生 3：我们陈述的对象是“同意权力”，它的前提是社会分工，分工者之间需要合作，合作中的不同群体有各自的权利和义务，每个人都遵守分配的工作，是在社会契约基础上授予的权力。同意权力限制着分工者，让他们安守本分、恪尽职守。它的目的是达成契约，要求分工者完成义务，从而保障全体的利益。它的关键词是分工、合作、约束、权利、义务。

师： 听完两个小组的陈述，想问大家一个问题，“横暴权力”和“同意权力”都出现在《无为政治》一章里，该章为什么不命名为《横暴权力与同意权力》或者《横暴与同意》，而是《无为政治》？

生 4： 横暴权力和同意权力在乡土社会基础薄弱，前两章《礼治秩序》和《无讼》里说到，乡土社会主要是礼治秩序和无讼的社会。

生 5： 乡土社会是农业性的，是自给自足的小农经济，横暴权力受到经济利益的约束，同意权力受到分工合作的条件限制，它们在乡土社会里是松弛、无为的，因此这一章命名为《无为政治》。

师： 同学们的陈述很清晰，补充回答也很全面，我们接着听其他小组的陈述。

生 6： 我来陈述“长老权力”，它是社会延续的产物，有教化作用，长老是教化者，向被教化者教授经验、规则，这些经验、规则是被教化者在社会中生存的保障。长老权力主要体现在亲子关系和长幼秩序中，目的是培养适应社会生活的新成员。它的关键词是教化、规律、强制、长幼秩序。

师： 听你们的陈述，老师似乎也掌握着长老权力，老师和家长一样，也是在培养适应社会生存的青年学生。请下一小组陈述。

生 7： 我们讨论的是“时势权力”，它发生在激烈的社会变迁中。社会结构无法答复人的需要、不能适应新环境，就会变动、变迁，这时，旧的生活方法不能答复人们的需要，人们不再信任这种生活方法，就必须产生新的方法，这些方法需要学习、试验并被接受，这时能提出新办法、组织试验、赢得信任的人，会对群众产生影响和权力，这种影响和权力叫“时势权力”。时势权力的目的是在社会变迁中找到方法和工具，来满足人们生存的需要。它的关键词是变迁、速率、方法、试验、信任。

师： 你的陈述中，提到“答复”一词，是什么意思？能否用常见的词替代？

生 7:“答复”是满足的意思，可以用“满足”替代。

师: 书中有时势权力的示例吗？乡土社会里时势权力发达吗？

生 8: 乡土社会相对安定，变化慢，变迁较小，时势权力不发达。书中把苏联的权力性质和英国工业革命作为时势权力的示例，但是它们不发生在乡土社会。

师: 同学们，根据以上的陈述，我们对四种权力有了更清晰的认识，我们可以对表格进行补充和完善。老师也做了一张简易表，供同学们参考。

（PPT 展示）

乡土社会权力类型分析表

权力类型	产生的社会背景、产生效力的方式	权力的特点
横暴权力	产生于社会冲突之中，带有主从属性，是维持压迫关系的必需手段，但是在农业社会中受到限制。	支配者掌握权力，发号施令并以意志驱使被支配者，掌握权力的根本目的是获得经济利益。
同意权力	产生于社会合作，社会分工需要合作，在社会契约基础上共同授予权力。分工愈复杂，同意权力愈扩大。乡土社会中同意权力范围很小。	分工产生了权利和义务，个体必须遵守大家同意分配的工作。
长老权力	产生于社会继替过程的强制的教化权力。文化对于社会的新分子是强制的，是一种教化过程。乡土社会变化很少，文化稳定，生活使用传统的办法，人的行为由传统的礼来管束。	教化过程是代替社会去陶炼出合于在特定的文化方式中经营群体生活的分子。每一个年长的人都握有强制年幼的人的教化权力，长幼秩序也点出了教化权力所发生的效力。
时势权力	产生于激烈的社会变迁中，提出办法和组织试验的文化英雄获得群众信任并能支配跟随的群众，从而产生的时势造成的权力。	新环境下，旧方法不能获得有效的结果，社会不能满足人的需要而导致社会结构变动。乡土社会能够满足人们生活的需要，最容易安定，很少“领袖”和“英雄”，时势权力也很微弱。

环节二　对读印证，深化认识

师：同学们，学术著作在社会调研的基础上提炼概念和理论，我们要理解这些概念和理论，就要回到作者调研的生活情境和社会结构中。《乡土中国》成书于 1948 年，调研对象是当时的乡土社会，时间、空间上离我们比较久远，我们很难根据现在的生活经验和社会结构来印证书中的学术概念和逻辑。

老师想用叙事小说和学术著作互文对读的论证支架，通过小说中的具体事件和生活情境来理解学术著作的概念、逻辑，让抽象的学术理论在叙事小说中找到印证，深化我们对学术著作的领悟，提升思辨和创新的能力。

我在假期布置大家阅读了《平凡的世界》，该书以恢宏的气势，描绘了中国 20 世纪 70 年代中期到 80 年代中期城乡社会的生活面貌和人物思想情感的变迁，塑造了孙少安、孙少平等个性鲜明的青年，他们在时代的浪潮中摸索、奋斗，他们的命运与城乡差异、社会变迁的潮流紧密关联，书中的宏大事件和生活情境，能较好地印证《乡土中国》里乡土社会的变迁与转型。

因此，我们以学术著作和叙事小说对读印证的方式，探究以下两个问题：

1. 《平凡的世界》中的乡土社会，横暴权力、同意权力、长老权力和时势权力等存在的范畴大小。

2. 双水村作为乡土社会的缩影，正经历怎样的变迁？最容易产生哪种权力？这种权力的代表有谁？我们能得到怎样的启示？

现在大家根据自己的阅读来展开小组讨论，并做好陈述准备。

生 9：我们来回答第一个问题，《平凡的世界》中横暴权力的范畴很小。根据横暴权力的定义，它产生于社会冲突中，带有主导和屈服的关系，是掌权者维持压迫关系的工具，以获得经济利益为目的。双水村处在转型时期，人民公社化向联产承包责任制的过渡过程中，没有主从、压迫、利益获取的关系，不会产生横暴权力。

师： 大家同意横暴权力范畴很小的观点吗？

生 10： 我觉得《平凡的世界》中还是有横暴权力的痕迹的。虽然按照《乡土中国》的界定，双水村好像没有社会阶层冲突、压迫与屈服，但在村支书田福堂和地区革委会主任苗凯的身上，是有横暴权力的。

师： 哦，观点独树一帜，能具体说一下吗？为什么两人带有横暴权力？

生 10： 在村里，田福堂利用职务权力，常常打压孙少安。他反对女儿田润叶和孙少安交往，得知孙少安给大家多划分了自留地，就到乡里告发孙少安，故意使绊子，让孙少安被批斗。他的目的是使孙少安屈服，维护自己的政治地位和利益，这体现了横暴权力。

师： 那苗凯呢？

生 10： 苗凯是地区革委会主任，他反对双水村的改革尝试，对田福军也是妒贤嫉能，百般刁难，把田福军安排到防疫站工作，滥用职权，埋没人才。他虽然不追求经济利益，但是有压迫而使对方屈服的意思。

师： 感谢你的挖掘和补充。社会变迁，也会带来权力概念的变化，你的思考符合社会发展的阶段特征。乡土社会的横暴权力追求经济利益，处于转型期的社会中，横暴权力也可能以政治利益为目的。我们往下继续陈述吧。

生 11： 我们认为同意权力范畴很小。同意权力需要分工合作，当时的乡村社会分工合作不充分，产生同意权力的条件不足。至于长老权力，它是教化权力，是培养符合社会规则的新成员，年长而有社会经验的人都可以充当长老，不管是在乡土社会还是城乡社会里，这类权力都存在。

师： 好的，请其他同学继续补充。

生 12： 时势权力在双水村是常见的新生权力，当时乡土社会变迁，原有的生活方式和生产方法正在改变，需要一些人来提出方法、试验和推广，因此时势权力较为突出。

师：陈述得很详细，其他同学有补充或者不同观点吗？

生 13：同意权力在双水村还是比较明显的。比如，双水村是有分工合作的，生产大队分成若干生产队，生产队中有分工，例如田福堂，担任双水村大队书记职务，负责思想政治工作，不怎么参加劳动；第一大队队长孙少安、副队长田福高、会计田平娃、饲养员田万江等，是有分工的，每人都在做好自己的事，有各自的权利和义务，在需要做决策的时候，通过开会协商，这体现了同意权力。

师：你说得有道理。通过互文对读，我们发现，《乡土中国》调研的是20 世纪初小农经济主导的乡土社会，分工合作基础薄弱，同意权力产生的可能性比较小，权力范围有限；《平凡的世界》中的乡土社会，是人民公社化时期集体劳作的乡土社会，存在分工合作，也就会出现同意权力。这启示我们：社会变迁会导致权力结构的此消彼长，要具体问题具体分析。其他同学还有补充吗？

生 14：当时的双水村，正经历社会结构的转型。一方面是贫困的农村无法满足人们生活的需求。农民一年到头两手空空，贫穷是最大的问题，而贫穷的根源在于全村吃大锅饭，农民出工不出力，干多干少一个样，都想分开单干。另一方面是外来信息带来改变的愿望。安徽过来的铁匠说生产队划分成了小组，搞承包制，有超产奖励，让孙少安、田福高等村民跃跃欲试。用《乡土中国》中的话来说，旧的生产方式不能满足人们的需求，社会变迁迫在眉睫。

师：你的互文对读有理有据。当时的乡村确实存在自下而上的改革愿望，里里外外迫切期待着社会变迁，这种变迁的尝试有没有其他政治因素驱动？

生 15：有，当时的领导层也在尝试改革。原西县革委会开会，讨论双水村尝试联产承包责任制的问题，主要领导都表达了反对意见，而田福军却沉痛地讲述了全县的农业贫穷状况，指出农民没有能够富裕起来，反而连年赤贫的问题。很显然，田福军对双水村的改革尝试，是抱着支持的态度的。

师：从刚才同学们的回答中，老师隐约感觉到，双水村代表的乡土社会正面临着原有的生产方式和劳作方法无法满足人们生活需要的矛盾，用费孝通先生的话说，急需有人来学习、输入或者提出新的解决办法，组织试验、推广并赢得人们的信任。这样的社会环境里，最容易发生哪种权力？

生（齐）：时势权力。

师：谁是时势权力的代表？他的哪些行为使他获得了信任和时势权力？

生 16：我认为田福军是时势权力的代表。他有实事求是的作风，多次走进农村，调研农村社会现状，了解民众疾苦。他在会议上力排众议，支持双水村改革。调到黄原地区之后，他积极筹备包产到户的联产承包责任制。他的改革调动了农民的积极性，也得到了百姓的认可和拥护。

师：对读《乡土中国》关于“时势权力”的定义，田福军的确是时势权力的代表。同学们还发现谁是时势权力的代表？

生 17：孙少安也是时势权力的代表。

师：他的哪些行为，让你认为他是时势权力的代表？

生 17：孙少安 13 岁就放弃学业，和父亲共同支撑家庭，后来担任生产队长，得到社员信任。他划分空地给村民种猪菜，被批评教育，心灰意冷，后来带领社员尝试联产承包责任制，改革尝试被地区革委会“坚决制止”，但却没有灰心。他靠着拉砖赚钱，再开砖窑烧砖，他扩大生产规模，为社员提供工作。他能想办法，能带领村民尝试，是乡土社会转型期时势权力的代表。

师：你的陈述中对孙少安满是赞誉，你认为孙少安是一个怎样的青年？

生 17：他是一个吃苦耐劳、踏实稳重、锐意进取、有牺牲精神的乡村青年。

师：其他同学还有补充吗？

生 18: 孙少安以德报怨，有乡土社会中难得的人性光辉。他的砖窑破产，社员上门讨债，后来东山再起，他没有记恨社员，继续接收他们到砖窑工作，这表现了孙少安的大度和以德报怨的美德。

师: 大家说得很好,《平凡的世界》叙述了社会转型时期，改革者克服艰难险阻，推动乡村生产方式变革的历史进程，其中涌现了田福军、孙少安那样有勇气、有魄力、有热情、有威望的时势英雄，他们在社会变迁中掌握时势权力，是推动社会发展的中坚力量。而在这些时势英雄尝试的过程中，也会受到田福堂、苗凯这些掌权者的阻挠，这时候，时势权力和横暴权力会产生角逐博弈，会出现此消彼长的变化，但最终时势权力会占据上风。

通过与《平凡的世界》的互文对读,《乡土中国》中关于乡土社会结构的概念、逻辑得到了有效的印证，也加深了我们对乡土社会四种权力类型的理解。

环节三　对读运用，勇于创新

师: 同学们，费孝通先生说过，“处于民族和国家存亡绝续的关头，很容易意识到个人与社会集体的密切关系，而觉悟到不解决民族和国家的前途问题也就谈不到个人的出路”。因此他不遗余力地研究中国社会结构，试图找到民族和国家的出路。学习《乡土中国》，可以理解中国基层社会的特征，启发我们对国家前途命运的思考，把个人价值和社会需要结合起来，争做时代的有为青年。通过以上的对读印证，我们有怎样的心得和收获呢?

生 18: 社会结构的转型需要我们大胆尝试，勇于探究，努力成为时势权力的实践者。

生 19: 社会矛盾需要有人来提供办法和组织试验，并加以推广，我希望成为这样的人。

师: 你说的是掌握时势权力的人吧? 你提到“社会矛盾”，我们当前的主要矛盾是什么?

生 19: 人民日益增长的美好生活需要和不平衡不充分的发展之间的矛盾。

师: 是的，我们需要充分发展，均衡发展，满足人民的需要，让人民富足与幸福。为此，国家推出了精准扶贫、乡村振兴等方略，让 9 000 多万农村人口摆脱贫困，迈入小康社会幸福门槛。这期间，各电视台播出了《山海情》《幸福到万家》《大江大河》等宣传改革开放、精准扶贫、乡村振兴的电视剧。下面，我们来看电视剧《幸福到万家》里的一个案例，在这个情境中，我们怎么运用乡村权力来解决乡村发展的实际问题?

（PPT 展示）

《幸福到万家》是反映乡村振兴的电视剧，剧中的万善堂担任万家庄村支书 20 多年，是村里有威望的乡贤、长者。他重视发展产业、增收致富，率领全村摆脱贫困，备受拥戴和敬重。他公正而有大局观念，但在解决问题时带有长者权威、家长作风，独断霸道，在法治普及和意识觉醒的新乡村形势下受到了村民的非议。

女主人公何幸福众筹资金，在村里建造民宿——幸福客栈，生意越做越好，接收村民加入，成立“万家庄旅游专业合作社”，并被推选为社长，创办乡村农家乐，带领村民共同致富。与此同时，村里的万家集团保健品厂偷排污水，污染了地下水源，导致村里孩子铅中毒，何幸福组织村民带孩子到医院做铅中毒检查，25 份检查报告中显示 22 人铅中毒。如果继续深入调查，污染问题不仅影响工厂效益和村民福利，也会对民宿和旅游合作社生意造成影响。

何幸福是乡村振兴形势下新生代干部和返乡创业人才的代表。她几经波折终于让万家庄移风易俗，取消婚闹；她充分挖掘乡村绿水青山的价值，发展乡村旅游。在是否保留婚闹习俗、征地补偿纠纷、保健品厂水污染等问题上，万善堂代表的“长老权力”与何幸福代表的“时势权力”都有过冲突较量，如何处理这两种同时存在、此消彼长的权力关系，成了乡村振兴稳健、高速发展的重要课题。

师：请根据《乡土中国》中关于“长老权力”和“时势权力”的阐述，结合《幸福到万家》的案例，说说作为“时势权力”的代表，何幸福应该如何处理与万善堂代表的“长老权力”的关系？这个问题，就留给同学们课后研讨，请大家把自己的思考写成一篇200字左右的小作文。

提示：

时势权力的价值：改革创新和推动实践。在乡村振兴形势下，何幸福给乡村发展带来思想、信息、科技，促进乡村经营方式和思想观念的变革。

适应时代发展，推动法治、环保观念。何幸福返乡创业、依法解决水污染等举措，适应乡村振兴背景下环境保护和法治建设的形势。

处理与长老权力的关系：在新时期的乡村社会里，认可和尊重长老权力，能充分发挥其在礼俗延续、文化传承、道德教化过程中的作用。

何幸福作为时势权力的代表，既要尊重万善堂代表的长老权力，借以团结村民，凝心聚力，共谋发展；又要有现代思维和改革精神，面对陈规陋习、矛盾分歧，能够坚持真理，依法治村。

板书设计

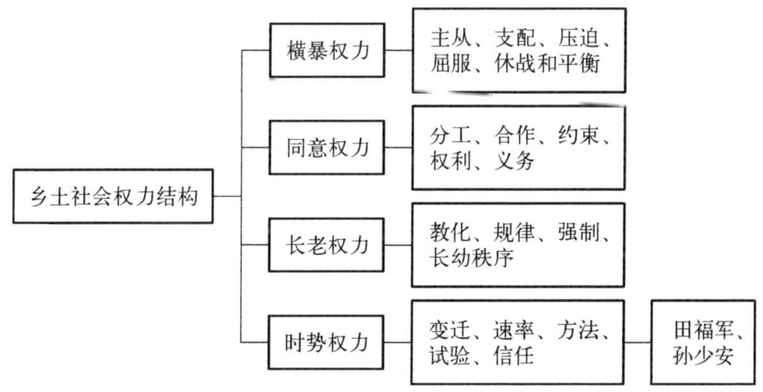

点评

进阶式互文对读，指向思辨力的有效提升

周敏，教育学博士，现代文学博士后，湖南师范大学文学院语文课程与教学论专业硕导，中国高等教育学会语文教育专业委员会理事，湖南省中语会副秘书长，教育部“国培”专家库专家，省首届培训师班学员。主持完成省部级课题6项，出版专著2部，参编教材多部。

《乡土中国》极大地推动了社会学的本土化进程，费孝通以西方社会学的研究方法来研究中国社会现状，创造性地提炼了“乡土社会”“差序格局”等若干中国式的概念术语来表达对中国传统文化的体验和理解。费先生曾指出这本书的特点：“它不是一个具体社会的描写，而是从具体社会提炼出的一些概念……概念在这个意义上，是我们认识事物的工具。”这也是我们阅读《乡土中国》这本学术著作的重要内容：“注意理解书中的关键概念”，它也被写入了“《乡土中国》整本书阅读”的单元导语中。

张老师这堂课正是以此为目标，选择“乡村权力结构”来做专题探究，采用进阶式互文对读方式来助力学生解读四种乡村权力结构的概念，巧妙融合学术论著阅读的方法引导和思辨力训练，这一课例呈现出“互文对读呈进阶、融合支架巧助力、指向思辨多效度”三大特色。

一、互文对读呈进阶

互文性理论是在西方结构主义和后结构主义思潮中产生的一种文本理论。狭义的“互文性”定义以热奈特为代表，指一个文学文本与其他文学文本之间可论证的互涉关系；广义的“互文性”指任何文本与赋予该文本意义的文化、符号和表意实践之间的互涉关系，形成了一个潜力无限的网络[1]。张老师在《乡土中国》的互文性阅读研讨教学中，显然运用的是广义的“互文性”理念，构建了多样态文本与源文本的互涉、互动关联，产生对话，在文际关系中发掘和解读《乡土中国》的意义。三个教学环节，实为三种关于“乡村权力结构”概念意义的互文性阐述路径：章节间的文本互涉性对读梳理、学术著作和叙事小说间的互文对读印证、学术著作和影视作品间的互文对读运用。

章节间关联互涉梳理，这一摘要性的概述任务，看似简单，实则需在《无为政治》《长老统治》《名实的分离》等三个相关章节间找寻、辨识、提炼内容，在互文性理论的框架下发掘《乡土中国》章节间的概念阐述的递进关系。而小说对学术概念的互文印证，是以小说塑造的孙少平、孙少安、金俊武等人物形象来印证《乡土中国》论述的乡土社会权力运作形态的流变与转型，“用叙事小说的事件、情境帮助学生理解学术著作的概念、逻辑”，对于高一学生而言自是合适不过的。跨媒介影视文本《幸福到万家》的互文情境运用，聚焦何幸福开办客栈和旅游合作社、面对水源污染导致孩子铅中毒的具体问题情境来合理运用概念。这样三个层级的互文阅读构设由文本内部延展至外部，学术性文本的意义阐释路径变得丰富，通过小说叙述文本和影视文本互文的引入，形成持续性对话与接触，搭建起抽象概念与学生阅读经验、影视经验中一些特定场景的联系，给予枯燥的权力类型理论概念以血肉，让它们变得真实可感，学术文本的意义得以繁

[1] 李玉平.互文性定义探析[J].文学与文化，2012(04)：16-22.

盛，学生更易于理解和接受。

二、融合支架巧助力

张老师在三个教学环节分别搭建了表格支架、概念支架和情境支架，来助力学生在有限的课堂教学时空内，通过多模态互文的阅读，层层深入理解乡土社会权力类型概念，也对当前“美丽乡村”的建设有一定的具象感知和深度思考。《乡土社会权力类型分析表》的设计，学生需在三个关涉乡土社会权力的章节间，从纷繁的事例、引述、比对中抽丝剥茧，提取“权力产生的社会背景、权力产生效力的方式和权力的特点”等有效信息，并以“我们陈述的对象是……权力，它产生于……之中，目的在于……。它的关键词是……。”这样的句式简明表述，训练学生筛选、整合、加工文本信息的能力。第二环节的小说互文阅读展开支架恰是第一环节中构建起来的乡土社会权力类型概念支架，对《平凡的世界》中的关键代表人物、事件的分析评说就是对这四种乡土社会权力类型概念的逐一论证，助力学生由抽象概念走向具化理解。第三环节的《幸福到万家》影视跨媒介互文选择聚焦性更明晰，张老师提供了何幸福开办客栈和旅游合作社、面对水源污染导致孩子铅中毒的具体问题情境，这一支架能激发学生关注新时期乡村新变迁，有效运用时势权力去解决问题，更深切领悟到《乡土中国》这部学术著作的当代价值。

三、指向思辨多效度

相对于单篇，《乡土中国》是更为复杂、丰厚的议论文，它在语言表达上的思维流程和论说章法对学生的语言建构和思维发展更具语文教学价值。张老师这一专题研讨课融合多模态互文阅读，强化了对学生思辨能力的培养力度：对读梳理四种乡村权力结构，需在章节间提炼逻辑关联，辨析关键词语，提升的是学生的推理力；对读印证，需在叙事小说和学术著作之间形成人物事件与观点之间的论证关联，提升的是学生的实证力；对读运用，需活化理解乡村振兴和现代化进程的乡村权力新特征，并能解决问题，个性化评判，提升的是学生的批判力和发现力。

在第一层互文对读梳理中，张老师巧妙在关键处的提问：“为什么不命名为《横暴权力与同意权力》或者《横暴与同意》，而是《无为政治》呢？”“提到‘答复’一词，是什么意思？能否用常见的词替代？”总能切中学生的认知困惑点，直逼学生深入文本细嚼关键语段，前勾后连，反复比对，在推论中深化概念的理解。

在第二层互文对读印证中，面对《平凡的世界》整部小说的宏大体量，张老师要求学生剖析《平凡的世界》中双水村代表的乡土社会权力存在范畴，精选主要人物在宏大事件中的典范生活情境，这对学生已是颇高要求；更要找准《乡土中国》的概念支架来合理印证。比如，“对读比较，《平凡的世界》里的乡村社会正处在人民公社化向联产承包责任制的转型时期，找不到主从、压迫、利益获取的关系”，这是紧扣权力分类特色的关键词来印证；“生产队划分成了小组，搞承包制，有超产奖励，让孙少安、田福高等村民跃跃欲试。与《乡土中国》互文对读，发现它正处在‘社会结构无法答复人的需要、不能适应新环境’的时期，旧的生产方式不能满足人们的需求，转型迫在眉睫”，这是紧扣原文的关键语段来印证。这样的双向对读，需言之有据、论之有理，且要言之精当，高效融合思辨训练。

在第三层互文对读运用中，情境聚焦下要求学生化身何幸福，置身乡村振兴时代背景的新农村，运用同意权力、时势权力，甚至突破“无讼”的乡村传统，通过法律途径来解决村民铅中毒问题。在课后作业中，进一步要求学生依据和借鉴《乡土中国·名实的分离》中关于长老权力和时势权力的消长关联性论述语段的观点和论说思路，批判性辨识“权力”与“权威”，合理评说何幸福所代表的时势权力的价值并合理处理其与长老权力的关系，由概念理解自然过渡到学习论证思路及语言的层面。没有文本内容的加工与转化，就没有真正的阅读。这一读写共生小练笔贴合课标要求——“体验学者发现问题、探索解决问题的路径，以及陈述学术见解的思维过程和表述方式”，有效实现了学术性论著阅读的多向度教学目标。

总而言之，张老师的这一课例引入互文阅读理念，以多模态的内部文本、外部文本互文对读，适时设置表格支架、概念支架和情境支架，巧妙助力学生勾连起学术概念与生活、社会现实、阅读影视经验的联系，进阶式突破学术论著概念艰涩的壁垒，有效融入推理力、实证力、批判力和发现力等多角度思辨力培养，构建了一条学术论著的典范教学路径。

课例12 根植于乡土的儒道文化

赵艳艳，贵州遵义市第四中学语文教师，高级教师，遵义市骨干教师，遵义市语文学科中心副组长。

设计意图

《乡土中国》是统编高中语文教材必修上册第五单元“整本书阅读”的内容，但其内容深度与价值高度值得教师与学生多次深入地探究，不局限在高一第一学期的学习中。我在执教高二选择性必修上册第二单元先秦诸子散文的过程中，发现传统文化与《乡土中国》有深切的关联，可以进行联读，进行思辨性探究。于是引导学生在高二时再次阅读《乡土中国》，结合单元所学，进一步探究乡土文化和儒道文化之间的关系，以此提升思辨能力，增强对《乡土中国》和中华优秀传统文化的理解。

费孝通先生在序言中指出：“这里讲的乡土中国，并不是具体的中国社会的素描，而是包含在具体的中国基层传统社会里的一种特具的体系，支配着社会生活的各个方面。”乡土社会影响了社会生活的各个方面，也塑造了“生于斯，长于斯”的中国人的性格。余党绪老师说，要“在传统文化的源流中，理解《乡土中国》的思想内涵”。[1]陕西师范大学哲学系教授丁为祥指出：“儒

[1] 余党绪.理解《乡土中国》的三个维度[J].语文学习，2022（09）：15.

道两家是中国历史上最早形成的两大思想流派，因而‘儒道互补’不仅构成了中国文化的一个总体基调，而且也代表着中国人的所谓‘世界’。”[1]中国几千年的文明史中，传统文化尤其是儒道两家的思想也一直影响着中国人的思想观念和为人处世的态度。那么乡土社会究竟塑造了中国人怎样的性格？中国人的性格背后又有哪些儒道文化的影响？乡土文化和儒道文化是什么关系？对我们今天的社会和生活有哪些影响？这些问题成了我课堂设计的出发点。

《辞海》中将“性格”定义为“人的稳定态度和习惯化的行为方式的个性心理特征……在生理素质的基础上，在社会实践活动中逐渐形成和发展”。大多数学生在阅读《乡土中国》时能感受到一种亲切感，因为里面提及的做人做事风格都是生活中所熟悉的。我在教选择性必修上册第二单元的过程中也发现，学生会将儒道两家的一些句子作为名言警句，影响自己的行为。其实这种熟悉感与自觉的指导意识影响着性格的养成，但学生还停留在感知的层面。虽然《乡土中国》中也有不少关于儒家和道家思想的论述，但是没有经过深入的学习，学生理解起来有难度，更谈不上探究二者的关系与影响。如果能概括分析中国人在乡土社会和儒道影响下的性格特征，比较异同，探究成因，从而分析乡土文化与儒道文化的关系，就更能促进学生理解《乡土中国》中论述的中国基层社会对中国人的影响，提升学生对中国传统文化的理解。让学生知所从来，方明所往，反观自身，更加了解自己，理解生活。

本节课除了要再次深入阅读《乡土中国》全书，还要联系选择性必修上册第二单元诸子散文的学习。该单元共有3课7篇文章，分别是：儒家的《〈论语〉十二章》《大学之道》《人皆有不忍人之心》、道家的《〈老子〉四章》《五石之瓠》，以及墨家的《兼爱》。该单元属于“中华传统文化经典研习”任务群，课标指出：“本任务群旨在引导学生通过阅读中华传统文化经典作品，积累文言阅读经验，培养民族审美趣味，增进对中华优秀传统文化的

[1] 丁为祥.论“儒道互补”的结构性特征[J].哲学研究，2018（09）：49.

理解，提升对中华民族文化的认同感、自豪感，增强文化自信，更好地继承和弘扬中华优秀传统文化。”本单元同时也兼顾必修阶段“思辨性阅读与表达”这一任务群，“旨在让学生对不同风格的诸子散文提炼观点，对不同观点有自己的思辨性认识”。同时，因为高中学生对诸子文章尤其是《论语》和《老子》阅读不多，教师可以适当补充教材之外的章节和名家解读资料来助读。在《乡土中国》的深入学习中引入诸子散文，也是在完成该单元两个任务群的目标，综合学习，让学生在思辨中认识自我，了解社会，传承文化。

综上分析，我将本课的学习目标确定为：

1. 梳理概括《乡土中国》中描述的乡土社会中中国人的性格特征；概括儒道文化影响下中国人的性格特征。

2. 通过比较两种性格特征的异同，探究乡土文化和儒道文化的关系。

3. 从自身和当下实际出发，理解乡土文化和儒道思想的精神内涵和文化价值，传承和弘扬优秀的文化。

教学扫描

环节一　导入

师：《辞海》中将“性格”定义为“人的稳定态度和习惯化的行为方式的个性心理特征”。同学们，你们了解自己的性格吗？

生 1： 比较了解。

师： 每个人的性格不尽相同，那是什么原因造成的呢？

生 2： 基因。

生 3： 环境。

生 4： 文化。

师： 的确，除了基因，我们每个人身处的环境、接受的文化都在塑造我们的性格。就像乡土社会影响了社会生活的各个方面，也塑造了“生于斯，长于斯”的中国人的性格。今天这节课我们就一起去探究乡土社会以及我国传统文化的主流儒道文化到底塑造了中国人什么样的性格特征，这背后有怎样的成因，二者之间有何关系，对今天有什么影响。

环节二　梳理概括探性格

师：同学们再次阅读《乡土中国》时，分小组合作，梳理概括了乡土社会中国人的性格特征。现在请同学们来展示一下阅读成果。

生 5：我们组认为乡土社会是中国这片土壤里面长出来的一棵大树，树叶代表一些现代社会常见的我们认为依然很有价值的性格特征，比如“守规矩、守信、务实、推己及人、克己、含蓄内敛”等，掉落的叶子代表我们觉得应该摒弃的一些特质：“自私自利、趋炎附势”等；每一种性格其实都有两面性，“守规矩”一定程度上又会“墨守成规、不思创新”，“含蓄”又表现出“不喜竞争”等特质。同时，我们小组设计了一棵树的形状，树干下是土壤，代表这是从乡土社会生长出来的，也是这些性格形成的根源。

师：简单的图，含义丰富。树叶蓬勃生长，掉落的树叶应该要摒弃，最重要的是去追根溯源，有创意，有深意。

生 6：我们小组在每一章里提炼了一些性格特征。比如前三章提到的熟人社会，造就了“封闭保守、团结平和、从俗守旧、忠实朴素”等性格；从《差序格局》看到性格的两面性，既有“热情上进”的一面，扩大自己的圈子，又有“自私自利、趋炎附势”的一面；此外还有“温和好礼、敬畏传统”“敬畏权威、易于顺从”等。图画的寓意：乡土社会就像一条河流通古今，里面所有的性格，不管是好的还是坏的，都有其客观的历史原因，也是今天社会种种现象的形成原因之一。

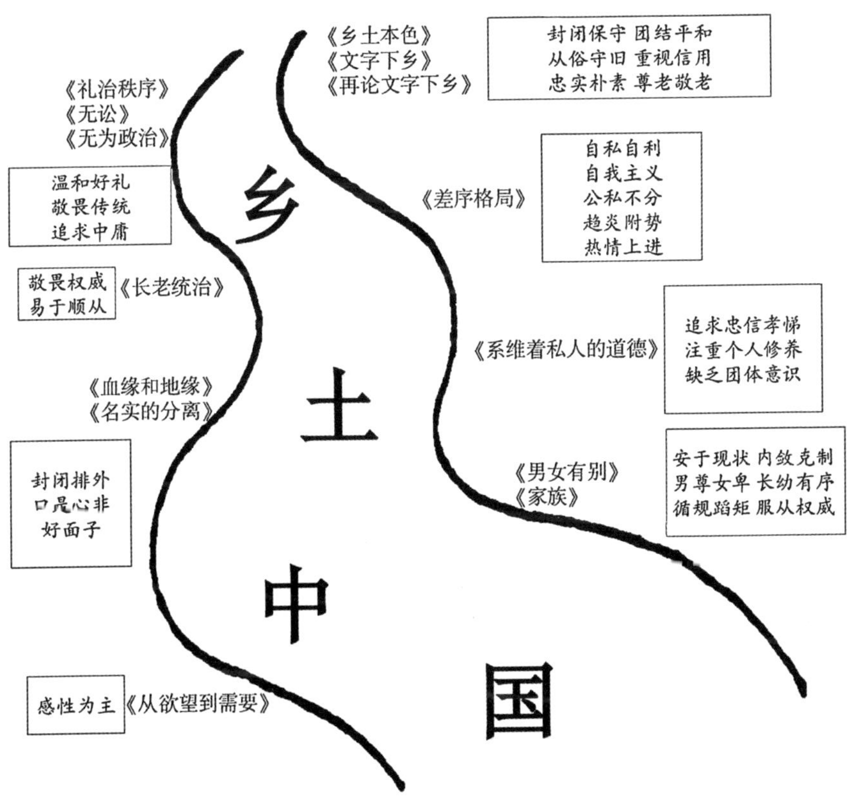

师： 源远流长，生生不息，一条河教我们正确看待优缺点，接纳所有。同学们梳理了乡土社会对性格的影响，其实这就是乡土文化的表现。“观念是人们的行动在意识中的表象或残存。”[1]性格表现就反映了乡土文化根植于人们心中的观念。除了乡土文化，还有别的观念影响。在选择性必修上册第二单元我们学习了以儒道文化为主的诸子思想，大家也梳理了儒道文化影响下的性格特点，请同学们上来展示。

生 7： 在《论语》“士不可以不弘毅，任重而道远”、《大学》“修身齐家治国平天下”中，我们可以看到“志存高远，胸怀天下”的性格特点；“见贤思齐焉”，说明人们对内追求美德；《人皆有不忍人之心》提到人们对他人心存怜爱、同情；“事父母几谏，见志不从，又敬不违”，要孝顺父母，这也是《乡土中国》里提到的“重孝悌”；等等。

师： 咱们在总结的时候不要标签化、笼统化，比如“胸怀天下”，这是每个人都有的吗？或者是人人都能做到的吗？大家在思考的时候可以更深入。

生 7： 我们认为儒家思想对中国人的性格也有一些不好的影响：如对君子的要求标准较单一，“克己复礼为仁”，等级要分明，上下要有序，又显得循规蹈矩，等级固化。正如前面同学提到的《长老统治》中“敬畏权威、易于顺从”的性格特点，都是受到长幼尊卑有序观念的影响。从根源上来说是儒家对于君子的标准过于单一，当然，当时的社会不如现在开放多元。

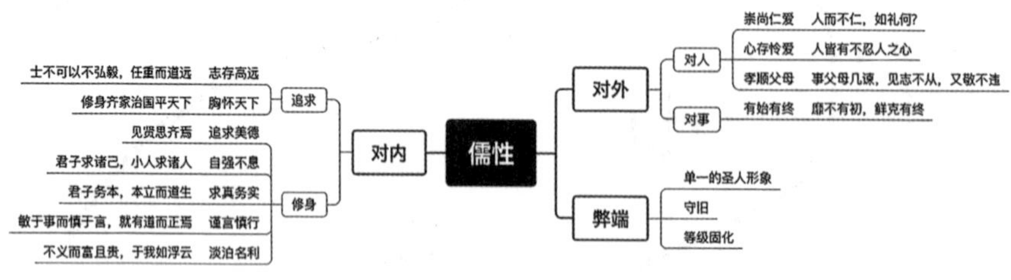

[1] 马勇.中国儒学三千年[M].贵阳：孔学堂书局，2021：6.

师:《乡土中国》中提到孔子对“仁”没有统一的标准，同学们说标准单一，更准确一点应该是对君子的要求比较侧重某些方面，而忽略了另外一些方面。以上同学们主要阐述了儒家思想的影响，条理分明，也比较全面。

生 8: 我们小组归纳了道家思想影响下的性格特点。道家主要是对个人精神方面的要求，从“自见者不明”“知足者富”等能看出中国人的性格是“谦逊低调、知足常乐”的，这很像在封闭的乡土社会中生活的人们。历史上很多人在无可奈何的时候，会把自己封闭起来，回归自然，形成以自我为中心的格局。这里面体现出道家“顺其自然”“清静无为”的思想。

师: 为什么社会封闭就会有这些特征？是普遍性的吗？同学们去追根溯源，相信会有更多的发现。

生 8: 道家思想也有不利的影响，就像鲁迅的《出关》写的一样，当社会需要我们时，退缩避世，责任感不强。封闭的乡土社会既给我们慰藉，又阻止我们前进。所以我们组画了一幅太极八卦图，代表儒道两家思想应该调和：当我们在“有为”时要坚守“无为”的淡然清醒，在“无为”中窥见“有为”的向上进取，这样我们才能在纷繁红尘中偷得一隅安静的沃土。

- **谦逊低调**（企者不立，跨者不行，自见者不明）
- **豁达开朗**（人情维护社会《乡土中国》）
- **知足常乐**（知足者富）
- **志向远大**（强行者有志）
- **坚守初心**（不失其所者久）
- **[illegible]**（居善地，心善渊）
- **淡泊名利**（夫惟弗居，是以不去）
- **胸怀博大**（天地所以能长且久者）（挫其锐，解其纷）
- **谨慎坚毅**（慎终如始）
- **防微杜渐 未雨绸缪**（为之于未有，治之于未乱）
- **好学**（学不学）
- **善于变通**（五石之瓠）
- **上善若水**（适度原则）

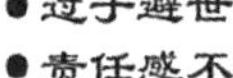

- **过于避世**
- **责任感不强**
- **易被扭曲成自私自利的价值观**

师：庄子追求“内圣外王”，陶渊明在避世之后依旧挥笔写下《杂诗》，表达自己对国家的关心，“无为”并不等于没有作为。同学们能将儒道思想结合辩证看待，非常好。我们分别概括了乡土社会和儒道思想影响下中国人的性格特征，那如果只用一个字分别形容各自的性格底色，乡土社会的性格你们会想到哪个字？

生 9：和。

生 10：顺。

生 11：善。

生 12：仁。

师：道家呢？

生 13：顺。

生 14：真。

生 15：静。

师：儒家呢？

生 16：仁。

生 17：爱。

生 18：善。

生 19：道家真，儒家善，乡土社会美，合起来就是真善美。

师：同学们都有各自的感受，而且有异有同，说得非常好。许倬云先生也有相关的评价。

（PPT 展示）

北方的黄河文化孕育了循规蹈矩、守分安命的儒家；在南方，出现的却是多思辨甚至是辩证式的老子和庄子……中国文明思想体系，亦即北方的儒家与长江流域的道家，两者相互交流影响，形成中国型思想的核心。——许倬云《万古江河——中国历史文化的转折与开展》

师：那儒道思想核心和乡土文化之间到底有什么关系呢？接下来我们就根据这些异同，思辨分析，一探究竟。

环节三　思辨探究析关系

师：请大家根据刚才梳理的性格特征，讨论并填空。

（PPT 展示）

乡土文化与儒道文化的关系是（　　　　），理由是（　　　　　）。

（小组 5 分钟讨论，各请一名代表发言）

生 20：我们小组认为，乡土文化与儒道文化的关系是儒道文化根植于乡土社会，又反过来引领乡土文化。理由如下：第一，儒家思想中关于“仁”有多种解释，这和乡土社会“聚村而居”“熟人社会”“差序格局”等环境是分不开的；老子的“小国寡民”“无为而治”跟当时乡土社会的动荡也有关系。所以儒道文化是根植于乡土社会环境的。第二，在乡土文化中，人们有“团结意识”，“差序格局”下维护个人的私，而儒家思想影响下的性格特征如“积极进取、自强不息、为集体做贡献”，甚至追求“修身齐家治国平天下”等，这些都是引领乡土文化的。第三，孔子和老子都是轴心时代的人物，创造了中华文明的核心文化、哲学思想。他们在乡土社会中成长起来，用智慧立言，用他们的思想引导规范世人的行为。比如宋朝建立乡约，以儒家的很多思想约束乡民行为。《白鹿原》中白嘉轩代表的长老统治，遵循的也是儒家的一些思想。

生 21：我们小组的观点和第一组的其实差不多，有一点区别：二者是同时发展、相辅相成的关系，理由是乡土文化随着乡土社会的变化而变化，儒道文化尤其是儒家，也在政权更迭、历史发展中被不断赋予新的诠释。一是因为生产方式决定社会性质和社会面貌，奴隶社会时期乡土文化更多是聚集为了生存而滋生的合作关系，封建社会的发展进程中，乡土文化也一直发展，比如生产资料有剩余，小团体的出现，逐渐形成的差序格局心理，一个地方世代权力的继承，长老权力就此积累起来，等等。二是儒道文化因为政权的更迭，还有后续的继承，一直在发展变化。其中变化最大的是儒家。正如我们在课文中学习的一样，孔子偏重个人修养，孟子提出“四端”“仁政”，以及后来各个朝代的变化，尤其是到宋朝的新儒学，儒家文化在继承中有发展，儒家文化和乡土文化相辅相成。

师: 同学们课下阅读很充分，讨论思考也很深入。老师注意到大家提儒家比较多，那道家在历史的发展进程中对乡土文化有什么影响呢?

生 22: 我认为因为儒家为政权所用，所以影响更大。道家在唐朝被提升到道教之后就走向了宗教的发展方向，在思想文化上就没有那么强烈的影响了，同时后续又没有宋儒那样的进一步发展继承。道家偏重个人修养，很多历史人物受道家思想的影响也很深，比如陶渊明、苏轼，他们在受挫时就会寄情山水，超脱旷达。

师:《中国儒学三千年》中提道:“诸子的关切点都可归入道德与礼制。”[1]儒学与道学的起源都可以追溯到周朝。《史记》中也有记载孔子问礼于老子，儒道其实并不是完全对立的，它们各有特点：儒家崇理性，尚修身；道家偏好自然与直觉[2]。它们因为自身的特点发展历程不一样，确实在后来的发展中儒家成为中国文化的核心。一起来看许倬云先生的评价。

（PPT 展示）

主流文化的同质性与地方文化的异质性，长期共存，而且互相刺激。理想文化的神圣性，也与日常文化的世俗性，并行而不相悖。这两股发展的趋势，又互相纠缠，形成中国文化的复杂与多姿多彩。——许倬云《万古江河——中国历史文化的转折与开展》

---

[1] 马勇.中国儒学三千年[M].贵阳：孔学堂书局，2021：29.
[2] 林语堂.老子的智慧[M].长沙：湖南文艺出版社，2019：8.

师：同学们在已有知识的基础上，能分析出儒道文化根植于乡土文化，在历史长河中又同时发展，儒道文化反过来引领乡土文化这样的关系，非常不错！希望我们一起继续阅读，在今后的学习中去继续探究。

环节四　联系当下明传承

师：我们总结了乡土文化和儒道文化对我们的影响，那和今天有什么关系呢？请大家思考：当下的社会和乡土社会有何不同？现在学习儒道文化和过去有何不同？

生 23：费孝通先生的《乡土中国》写于 20 世纪 40 年代，在改革开放之后，我们开启了城镇化建设，乡土社会固有的封闭环境在瓦解，乡土文化也在流失。比如和睦、信任的邻里关系，在城市中几乎没有了，住在电梯楼里，我根本不认识我的邻居是谁。

生 24：我回农村老家的时候还会看到一些乡土文化的痕迹，比如老家有一个人早年外出做生意挣了钱，成为建筑包工头，村子里很多人就跟着他一起干，感觉就像《乡土中国 · 血缘和地缘》中提到的现象。乡土社会虽然开始土崩瓦解，但是乡土文化也会跟着一起走出去。

师：同学们提到了很重要的一点，乡土社会已然变化，那我们应当如何对待根植于乡土社会的传统文化？

生 25：最近学习儒道文化，我忽然发现我们在小学和初中是没有具体接触过这些的，尤其是道家文化。我们从小就知道孔子，但是只在初中背了《〈论语〉十二章》，也不会具体去了解孔子及儒家的思想内涵，可能也理解不了。《老子》更是在高中才学习了几章，我印象中就是它很难懂。但是在古代，比如宋代，他们学“四书五经”，了解得更多更深。虽然我们今天的学习内容更多元，但是我们现代的教育，至少我接受的教育里对儒道文化的学习是不深刻的。

生 26：我同意刚才同学的观点。孔子也是一个我们从小就熟悉的陌生人。我们的很多思想似乎都来源于家长、老师或者环境的潜移默化的影响。比如我们基因里有一种“家国责任感”——这是历史告诉我们的——很多英雄仁人志士，他们在国家有危难的时候都会主动地站出来，承担责任，保家卫国。我们学习时会听到他们受儒家“修身齐家治国平天下”的影响，我们也就间接受到了影响。家风、校风甚至国风也时时刻刻影响着我们，比如中国在抗疫时对世界的援助，让我觉得很骄傲。但是家长所受教育程度的高低不一，资源的不平等，会导致每个人受到的影响不一样，道德水平也就不一样。

生 27: 城镇化进程，让根植于乡土社会的一些好的文化流失，乡土性教化缺失，我看到很多农村的老人家无法阻止孩子上网吧，玩手机。乡土文化流失，教育补救措施又没有跟上。同时我认为儒道文化在教育中存在形式化、浅层化的问题，像前面同学提到的，我们到高中才接触到这些文化的一点内涵，如果我将来不读中文系，自己也没有兴趣阅读的话，那么对儒道文化的了解应该也就停留在最近所学的了。当今社会的浮躁、功利、暴戾，或许真的和乡土文化的流失，与儒道文化的教化不彻底有关系。记得《乌合之众》里讲“群众都是盲目从众的”，善意会传播，恶意也会蔓延，如果群体都比较善良和睦，一定会影响一些动摇的个体。所以我觉得我们应该加大对儒道文化的学习。

生 28: 我觉得当像鲁迅先生在《拿来主义》里说的一样：取其精华，去其糟粕，运用脑髓，放出眼光。就像我们总结的性格特征一样，发扬好的，摒弃坏的。

师: 同学们讨论得很热烈，提出了很多想法。我们学习的意义就是发现问题，解决问题。当然我们也要知道，不是一次阅读一次思考一次讨论就能解决这些问题。当代儒学代表人物杜维明先生说：“复杂文化体中的种种联系都是有机的，所谓‘取其精华，去其糟粕’并不那么简单。”[1] 他

---

[1] 杜维明.文明对话中的儒家[M].北京：北京大学出版社，2016：215.

也指出要重新发掘传统文化的资源，儒家“具有很深刻的自反和自我批评的能力”。相信你们一代又一代的青年人成长起来，多阅读，多思考，一定能继承发扬好的方面，逐步改善，积极进步。

余秋雨先生说：“诸子百家，其实就是中国人不同的心理色调。我觉得，孔子是堂皇的棕黄色，近似于我们的皮肤和大地；老子是缥缈的灰白色，近似于天际的雪峰和老者的须发。”[1] 乡土社会是承载这一切的土黄色底色。道家的真，儒家的善，乡土文化的美，在中国社会这片土地上，互相融合，塑造了中华民族既刚毅又柔和的性格。知所从来，思所将往，方明所去！今天我们只探究了冰山一角，希望同学们继续阅读，积极思考。

课后作业

当今时代社会变迁，乡土文化和儒道文化也发生了变化。我们当如何辩证地看待乡土文化，传承发扬中华优秀传统文化？请结合本节课所探究的，联系生活，立足实际，写一篇文章发表你的看法，字数不限。

板书设计

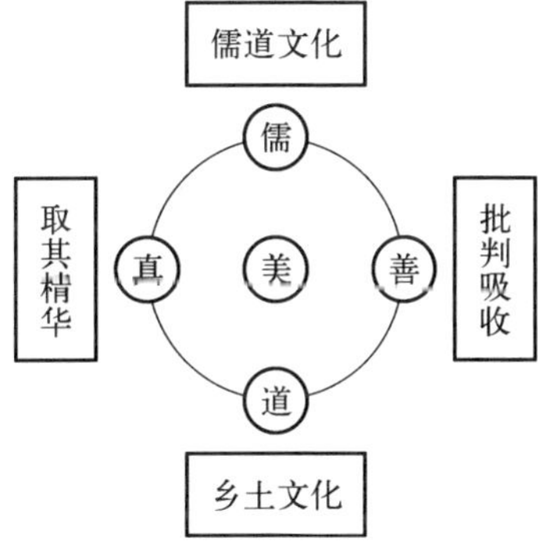

[1] 余秋雨.中国文脉[M].武汉：长江文艺出版社，2014：121.

点评

知识为用，阅读为生活，为生长

贺卫东，陕西师范大学文学院教授，博士生导师，陕西省高等教育教学名师，英国东英吉利大学（UEA）访问学者，中国高等教育学会语文教育研究专业委员会副秘书长，陕西师范大学语文“国培”项目首席专家，担任陕西师范大学写作教学中心副主任、教育部陕西师范大学基础教育课程与教学研究中心语文学科主任、陕西师范大学文学院语文教育教研室主任、陕西师范大学陕西省基础教育质量监测中心副主任等。发表论文40余篇，著有《先秦儒家“诗教”美育思想研究》《语文教材分析与教学设计》《语文课程教学与设计》《语文教学名师案例研究》《中国高考语文命题研究》等著作10余部。

《乡土中国》全景式地展现了现代化之前的中国基层社会的精神面貌。论著对于我们今人理解中国乡村和文化传统具有重要的作用，高中语文教材将此书作为整本书阅读的必读书目是非常合理的选择。如何用好这本书培育学生的情感、态度、价值观，最终发展学生的语文核心素养，考验教师的基本判断与语文素养。综观本课教学设计，有以下三个特点，值得语文教学借鉴。

第一，体现了结构化学习的教学方式。无论是长期以来我们倡导的单元教学，还是当前比较热的“大单元教学”“群文阅读”等都是强调知识的网络化、结构化。网络化的知识比线性知识获得了更多的激活通道，因此有利于知识的提取。本课将《乡土中国》整本书阅读与先秦诸子散文相联系，如指导学生在乡土文化中寻找“儒道文化”的因子，进行关联性阅读，这种教法有利于学生将不同文本所蕴含的知识、精神、文化等相关联，从而联系、分析、综合等，使得阅读的知识得以理解和活化，这是语文阅读应该有的过程。从修订的语文课程标准看，这种理念也是符合当前语文教学要求的，如课标要求“通过梳理和整合，将积累的语言材料和学习的语文知识结构化，将言语活动经验逐渐转化为具体的学习方法和策略，并能在语言实践中自觉地运用”。因此这种教学方式的关键就在于找到恰当的关联点，本课中教师能够选中文化上的相同基因作为关联的论题，为我们的教学提供了较好的经验；教学中古今相互观照，有利于学生利用先秦诸子思想分析《乡土中国》，根据费孝通的观点，也便于学生理解先秦诸子思想，从课堂教学效果看，的确也实现了这一目的。

第二，教学具有开放性，以学生的探究为主，有利于学生思维的培育。教学中，教师指导学生探究“乡土环境”与乡土人格的互动关系，推动学生深入探究自然环境与文化传统对民族性格形成的影响，有利于学生积极思维的形成。整本书的阅读，以学生形成良好的阅读习惯，掌握基本的方法为主要目标，因此阅读不在于获得什么样的答案，重在学生阅读兴趣、方法的形成。因此教师在指导中不应该以过多的知识或已有的答案作为目的，而在于学生在尝试性的探究中，完成合作、分享等语文活动，以整本书为例子，引发学生的语文学习行为，既有利于学生的阅读，也发展了学生的表达能力，从而实现学生核心素养的提升。从教学过程看，教师没有设置过多封闭性结论，基本都是在启发和引导学生的思维，因此有利于学生的阅读向纵深发展。从教学效果看，学生的确思维积极主动，阅读比较深入，分析概括全面。

第三，知识为用，阅读为生活，为生长。阅读的意义在于使得读者更有智慧，辨析真伪，获得生活的智慧，将知识为生活所用，为生命的丰盈提供精神资源。结合《乡土中国》一书的内容与先秦诸子散文的智慧，当代语文教育需要帮助学生获得这些作品中能够指导学生成长的精神力量与智慧。教学的最后一个环节，就旨在走出书本，走进学生的经验世界，从而实现知识为我所用的教学目标，无疑这是一种有价值的教学智慧。

当然如果不考虑时间等因素的话，整本书阅读还有更多的价值，譬如指导学生学会阅读书籍的基本方法，理解一些核心概念，区分费孝通的论述与先秦诸子的论述的差异性等，从而增强学生理解古今不同语境、作者不同立场、不同文本形式等对文章思想与表达方式的影响等，但整本书阅读、群文阅读等的确需要考虑时间这一核心因素，也需要跟教学的整体计划相互照应，因此不宜妄评。

整合与抽绎

整本书阅读重在一个“整”字，教学也应该在“整”字上做文章。

整本书阅读面对的是大文本与复杂文本，宏观把握更重要；但阅读还得一章一章地扎实推进，学习还得一个一个概念、一个一个专题地有序展开。因此，聚焦局部，不忘整体；聚焦细节，不忘系统，让整体意识与宏观观念渗透阅读全过程；同时，也有必要设计专门的教学环节，以整合与抽绎为主要任务，以此训练“整”的意识与能力。

考虑到《乡土中国》的内容特点，通过分析与综合，追溯作者的写作动机与表达目的，是教学的难点；而梳理作者创制的系列概念，分析文章的论证结构，进而抽绎出作者的学术观点与思想，则是整合教学的重点。

课例13 《乡土中国》的主题阐释：何处来，何处去

黄剑，西安交通大学苏州附属中学语文学科中心组长，语文高级教师。苏州工业园区高中语文学科带头人，园区高中语文名师共同体主持人，兼职教研员。曾获江苏省教师基本功大赛一等奖，被评为首届“中学生批判性思维与思辨读写教学‘种子教师’”。主编《〈乡土中国〉思辨读写一本通》等书，在《语文学习》《语文教学通讯》《中学语文教学》等杂志发表文章多篇，多篇被人大复印报刊资料摘编或全文转载。

设计意图

20世纪，中国的社会制度发生了根本性的变化，土地制度也随之改变。改革开放以后，城市急剧扩张，乡民纷纷涌入城市务工，平等、法律、权利、契约等观念逐渐深入人心。乡土社会的经济基础、生活秩序早已发生巨大变化。我们要能从现代出发去重新理解、阐释乡土中国传统的价值。

因此，我们首先要了解我们的来处，也就是要理解乡土中国的传统，理解它们的基本内涵与历史价值。在此基础上，更重要的是要立足当代，审视乃至重建乡土中国传统的现代价值——对书中所涉传统，是否依然适用于当代社会进行具体的思考辨析。这里强调具体的思考辨析，是因为:

针对任何一个传统，当我们审视它是否适合当代中国时，都离不开一个具体的情境。只有在具体的情境中，对某传统的审视才会拥有意义。

通过这样的思维训练，高中生阅读这本社会学著作，就会拥有洞察当代的人生智慧，也就能够明白我们从何而来，又该去往何处。唯如此，该书才拥有了属于当代的价值与意义。

《乡土中国》主旨阐释课立足于学生整体理解全书主旨，这就要求教学设计能够通过具体的情境和任务设计，尽可能勾连书中较多的概念，在具体的思辨读写中对社会的发展方向有所思考，体现“何处来，何处去”的主旨。情境设计的选点要能够以小见大，并且体现一种社会发展的趋势。因此，我们选择了传统的村落拆迁作为情境。在这样的情境中，产生的矛盾存在不同的处理方法，而这些处理方法体现着人们观念的变迁。观念的变迁又是社会变迁的具体表现，从而让学生比较直观地理解全书主旨。基于此，本课的教学目标如下：

1. 在具体的情境任务中能够运用《乡土中国》中的相关概念对社会现象做简单分析。

2. 理解《乡土中国》“何处来，何处去”的主旨，尝试思考乡土社会发展问题。

教学扫描

师：20世纪，中国社会发生了根本性的变化。改革开放以后，城市急剧扩张，乡民纷纷涌入城市务工，乡土社会的经济基础、生活秩序已发生了巨大变化。我们要能从现代出发去重新理解、阐释乡土中国传统的价值。因此，我们首先要了解我们的来处，也就是要理解乡土中国的传统，理解它们的基本内涵与历史价值。在此基础上，更重要的是要立足当代，审视乃至重建乡土中国传统的现代价值——对书中所涉传统，是否依然适用于当代社会进行具体的思考辨析。

（PPT展示）

明月村是安徽池州的一个古村落，汪氏家族世代居住于此。近年来，随着青壮年劳力外出务工，明月村土地逐渐荒芜。池州市为积极推进社会主义新农村建设，计划在池州市近郊新建一批小区，集中安置明月村村民。该村村民汪文华因其子在市里某中学教书，独自守着老宅。汪文华和该村一些村民对上面统一设计的安置小区不满意，同时也不愿意离开世代居住的土地……

环节一　探讨分析政府工作策略

师：假设你是当地政府拆迁负责人，为了完成拆迁工作可以使用哪些策略？请各小组派代表说一说你们讨论后觉得最切实可行的方法、策略。

生1：上面统一安置的小区虽然是改建的，但是要保留一些原有乡村的特色；小区居住的还是原来的村民。

师：让新建的小区保留原有乡村的特色，让这个小区里面住上原来的村民，是不是？很好。

生2：我们觉得首先给他们发放一定的赔偿金，因为他们原来的房子被拆掉了，要给予精神补偿。其次小区不用建得过于现代化，要保留农村特有的景色。最后把原村民安置在一个集中的地方。

师：好。这名同学的发言，我概括为三点：第一点是给补偿，发钱；第二点是让这个安置小区保留乡村的特色。第三点是还让原村民住在一处。我觉得现在同学们的思路还没有打开。

生3：从村民角度出发，他们可能更愿意相信自己周围的人。所以我们可以让已经搬出去的村民做一些思想工作，给他们讲一讲搬出去的好处。

师：对，这个材料隐含一个信息：有人愿意搬。愿意搬，说明他是接受了新小区的。这名同学很仔细地读了这个材料，抓住了这个材料里隐含的信息，让愿意搬的人来做不愿意搬的人的工作，这个思路可行。

生 4： 这个材料里也说他们不愿意离开世代居住的土地，说明他们对于那种传统的生活有些依恋。所以我们可以建设一个小小的明月村博物馆。

师： 设计一个博物馆，让村民有一个怀念乡土的地方。这个很有创意。我觉得同学们的思路打开了，还有吗?

生 5： 材料提到汪文华的儿子在市里教书，他独自守着老宅，是否可以在城市里为明月村的村民提供其他服务?

师： 你的意思是解决汪文华的就业问题吗?

生 5： 是的。

师： 好，请坐。池州地处安徽，它的传统文化氛围是比较浓厚的。如果从汪氏家族的角度，还可以请什么人来做工作?

生 6： 请家族里面比较有威望的人来做工作。

师： 这是很好的方向，在传统村落中，每个家族可能有一个族长。

生 7： 可以召开村民大会，研究拆迁方案。

师： 这个拆迁方案，我们具体听一听：村民有什么诉求——让新小区建得比较符合安徽传统民居的特色，或者在原来明月村的位置修建博物馆，实际上这些都是为了让村民可以寄托乡愁。村民不愿意搬，其中一个很重要的原因是他们有一种乡土情结。

下一个问题，请你尝试用《乡土中国》中的相关概念对你列出的这些工作策略进行社会学的分析。你认为哪些策略更倾向于乡土社会人们的行为，哪些更倾向于现代社会人们的行为?

我们对刚才黑板上罗列出来的几条策略尝试进行社会学的解释。如果是召开村民大会，我作为政府工作负责人来倾听村民们的诉求，这个是在利用什么权力?

生 8： 同意权力。

师： 对，同意权力。如果我们想动员汪文华拆迁，是通过族长或者德高望重的人来做工作，这是在运用什么权力？

生9： 长老权力。

师： 很好。什么是长老权力呢？我们再来读一读："在社会继替中，长者教育幼者服膺传统文化，具有强制性的教化性权力。"如果我们请村民的邻居来动员他，这是不是长老权力？

生10： 不是，这是出于地缘关系。

师： 这实际上不是典型的地缘，而是"熟人社会"。我们刚才可能陷入了思维定式，要在几种权力里面找。《乡土中国》里有一章《系维着私人的道德》，说我们中国人的道德标准会根据这个人和我关系的亲疏远近而变化。之所以政府工作人员做汪文华的工作做不通，是因为跟他的距离比较远。现在请已经愿意拆迁的人做他工作，汪文华可能不相信政府工作人员，但他可能更愿意相信身边人的话。所以这是熟人社会，我们把这个定义再读一读。

生（齐）： "行为根据与自己关系的亲疏远近而加以程度上的伸缩。"

师： 根据与自己关系的远近而加以程度上的伸缩，这更倾向于是乡土社会的行为习惯。大家能接受吗？

生（齐）： 没问题。

师： 就刚才同学们提到的关于新小区怎么建设，以及建博物馆等，这些很可能都是从村民那里获得的反馈。如果说召开村民大会，听取村民的意见，来研究具体的拆迁方案，然后再讨论通过，这个是运用同意权力。我们再来复习一下同意权力的概念。

生（齐）： "在社会合作中，为了维护个人权利、督促履行个人义务，以社会契约为基础，由公民共同授予的权力。"

师： 它更倾向于发生在乡土社会还是现代社会？

生（齐）： 现代社会。

环节二　探讨分析村民应对策略

师：刚才我们的角色是政府负责拆迁的工作人员，现在各位的角色变了。面对复杂的拆迁补偿协议，汪文华看不懂，他对是否接受该协议不知所措。如果你是汪文华，你可能有哪些应对策略？

生 11：汪文华儿子在市里中学教书，所以我觉得他儿子的文化素养比较高，法律意识应该也比较强，可以请他儿子分析一下这份协议。

师：对。我读不懂这个材料，我儿子读得懂，让他帮我看。

生 12：还有他可以去法院申请司法援助。

师：司法援助，这名同学用词很专业。我们现在有一种律师就叫拆迁律师，他们专门进行拆迁的维权。在拆迁工作中可能存在信息不对称，政府相对来说可能是强势的主导的一方，汪文华是比较弱势的一方。确实需要律师介入。这个策略很有创意。

刚才我们说在拆迁过程中可能存在信息不对称，比如邻居家拆迁以后拿了多少钱，换了多大的房子，这对于一个拆迁人来说重要不重要？当然重要。被拆迁人最怕什么？最怕吃亏。所以同学们提到请得力的熟人打探消息，最终的目的是什么呢？争取更多的权益。刚才同学说，村民联合起来去和政府谈判，目的是什么？也是争取更多的权益，大家想想目的是不是一样的。所以要聘请专业的拆迁律师进行拆迁维权。

这些体现《乡土中国》中哪些社会学的概念？它们更倾向于乡土社会还是现代社会的工作方式、思维方式？

生 13：如果是打探消息，我跟拆迁办的人不熟，但是我有个熟人和拆迁办的人比较熟，我就找这个熟人。这是我们中国人处理事情的一种方法，体现熟人社会，还涉及系维着私人的道德。这应该更倾向于乡土社会的一种工作方式、思维方式。

生 14：请拆迁律师维权是一种法律手段，更倾向于是现代社会的一种方式。

环节三　理解《乡土中国》“何处来，何处去”的主题

师：同学们，现在两种角色扮演完了，我们做一小结，一起将黑板上这段话齐读一遍。

生（齐）：“过去，人们处理生活中的事务，常常在熟人社会运用人情关系处理问题；现在人们处理生活中的事务，更多的是尊重公民权利，在法治的框架下思考、解决问题。这种思想上与行动上的变迁，说明我们正从一个乡土社会走向现代社会。《乡土中国》所揭示的，正是我们的社会从何处来，又将往何处去的问题。”

师：这段话实际上就把《乡土中国》的主题“何处来，何处去”揭示出来了。那么围绕这个主题，大家进一步想一想，在《乡土中国》中还有哪些重要的概念与我们刚才提到的礼治社会和法治社会这样成对的概念一样，能够说明中国社会从何处来，往何处去?

生 15：阿波罗式文化和浮士德式文化。

师：对。这是一对概念。阿波罗式文化和浮士德式文化哪一个对应乡土社会，哪一个对应现代社会?

生 16：阿波罗式文化对应的是乡土社会，浮士德式文化对应的是现代社会。

师：还有吗?

生 17：长老权力和同意权力。

师：非常好。刚才提到了长老权力和同意权力，它们也是一对概念。传统的乡土社会，长老权力占主导，在现代社会同意权力慢慢成为主流。

生 18：差序格局与团体格局。

师：这是《乡土中国》里最关键的一对概念——差序格局和团体格局。

生 19：从血缘到地缘，还有从家族到家庭。

师：非常好，讲了两个，而且非常准确。血缘到地缘，家族到家庭，而且顺序是对的。血缘对应乡土社会，地缘对应现代社会；家族对应乡土社会，家庭对应现代社会。我们现在有了五六组了是吧？还有吗？

生 20： 自我主义和个人主义。

师： 这也是成对出现的概念，在《差序格局》里。

生 21： 在最后一章中还有从欲望到需要。

师： 同学们基本上找全了。从乡土社会向现代社会转变的过程中，你认为中国社会会发生怎样的变化？请你结合这些概念，阐述可能变化的趋势，并举例说明。

生 22： 我认为中国社会会从所谓的家族社会，走向一个家庭社会。这首先体现在家族观念，从家族走向家庭，血缘意识淡化，然后会出现远亲不如近邻的现象。其次还会出现流动人口的增加，人们可能会更愿意从原先的大家族中迁出。第三是现代社会的小家庭，不再承担原本大家族的事业上的某些功能。

师： 非常好，举的例子也很好。传统的中国社会，是一种家族式的社会，它是父系的，它同时还是一个事业组织，也就是说这个家族不仅负责生育繁衍后代，同时也要致力于事业的发展。我们现在越来越变得像西方社会那种由三口之家构成的小家庭。这个家庭只负责生育、繁衍后代，不负责事业的发展。

生 23： 我觉得中国社会正在从差序格局走向团体格局。以前在同一个族的私的关系里面，我跟我的同学可能还是亲戚关系，整个人际关系呈现以个人为中心往外推的特征，很复杂。现在更偏于团体格局，比如我跟同学们本来都不认识，你的邻居、同事跟你没有任何血缘关系，都是为了同一个目标而在一起的一个团体。

师： 这个例子基本上也是恰当的。当然我们今天更倾向于团体格局，同时它是基于地缘关系。大家不是基于血缘关系走到一起的。我们讲那么多概念，围绕的中心就是“何处来，何处去”。黄老师在读《乡土中国》的时候，有一个问题：费孝通当初为什么写《乡土中国》？它仅仅是在呈现中国乡土社会的样子吗？当我读了一些文献以后，发现不是这样，或者不能简单地这么看。我们从费孝通写作的这个角度来尝试理解《乡土中国》的目的。我们来看几段材料。

第一个材料是费孝通的观点：作为一个人类学者，费孝通懂得，现代化的过程是何等的困难。下面两句是费孝通的老师马林诺夫斯基的观点，对费孝通的影响很大。他说："这一过程必须逐步地、缓慢地、机智地建立在旧的基础之上。"也就是说，我们要现代化，不是说把过去的传统全部推翻了，搞现代化，而是要充分地认识传统，建立在对传统的深刻的认知的基础上。这句话一定程度上揭示了费孝通写《乡土中国》的目的。第二句："这一切改变应是有计划的，而计划又须是以坚实的事实和知识为基础的。"这两句话有个共同的意思：我们对传统要有深刻的认知，要在深刻的认知的基础上，再谈现代化。我们通过费孝通和他老师马林诺夫斯基的话，就能理解费孝通为什么写《乡土中国》：为了搞清楚这个传统是什么，然后建立在对传统理解的基础上，去思考中国走向何方的问题。我们一起来把这段话齐读一遍。

生（齐）："我们首先要了解我们的来处，也就是要能理解乡土中国的传统，理解它们的基本内涵与历史价值。在此基础上，更重要的是要立足当代，审视乃至重建乡土中国传统的现代价值——对书中所涉传统，是否依然适用于当代社会进行具体的思考辨析。"

师：《乡土中国》旨在回答作者自己提出的作为中国基层社会的乡土社会究竟是个什么样的社会的问题。《乡土中国》在深刻探讨乡土社会结构的基础上，为中国社会的发展叙述了方向。因此我们将《乡土中国》的主题定位为"何处来，何处去"。

环节四　探究拆迁工作优化方案

师：明月村部分村民不愿拆迁，促使当地政府思考一个问题，如何更好地开展社会主义新农村建设？当地政府为此请教了南京大学社会学院翟教授。翟教授带领社会学研究生们考察了明月村，听取了集中安置小区的设计方案，研究了拆迁受阻的原因。然后在专题研讨会上给池州市政府相关领导提出了一些建议，表达了对新农村建设如何保留乡村文化的一些思考。那么我们模拟考察团队研究该问题，集体讨论后撰写发言稿，要求包含原因分析和建议要点。

我们来讨论一下：以后在做拆迁工作的时候，怎样做受到的阻力可能更小一点？

生 24：在熟人社会，利用熟人做工作。

生 25：新建小区保留原来农村的传统风格，在原来村落的位置建一个博物馆。

师：非常好。我前面用了一个词，不知道大家注意到没有，目的是寄托村民的“乡愁”。我们在做工作的时候，不能简单地把人从这边搬到那边，还要考虑到人的情感的、传统的因素。这样社会主义新农村建设开展就会更顺利。寄托乡愁，这是基于对乡土性的考虑。

具体怎么做呢？比如集中安置以后，在公共生活空间，设计一些能够让村民可以经常在一起聊聊天、打打牌的地方，因为原来他们住在同一个村落，现在搬到各个小区，交流的机会少了，这是为了满足熟人社会的要求。这就是《乡土中国》给我们的一些启发。

最后我想提醒的是，我们在做工作时总觉得凭借理性可以解决一切问题，今天这个案例说明一个道理：我们有时候要尊重传统，不要觉得理性可以解决所有的问题。这给我们一个深刻的启示，我们一起把黑板上的这句话读一遍，作为这节课的结束语。

生（齐）：“在乡土社会向现代社会转变时，要防止人类理性的僭越，要尊重社会的自然秩序。”

点评

为什么是“何处来，何处去”

陈兴才，任教于西安交通大学苏州附属中学，特级教师，正高级教师，陕西师范大学、福建教育学院、江苏师范大学等多所高校兼职教授或硕士生导师，江苏大学语文教学研究中心名誉主任，江苏省普通高中语文教学研究基地主持人，多省市“双新”教学特邀指导。致力于学习任务设计、思辨读写、新高考素养测评等研究，20篇文章被人大复印报刊资料全文转载。

黄剑老师的这个课例指向的是《乡土中国》的主题，如果把一本书的阅读看成一个教材内容单元的话，那这个主题相当于教材单元的主题。一个教材单元有主题或有“概念”，那整本书的教学也应该有一个统领的主题。

为何把“何处来，何处去”作为《乡土中国》的主题？这基于对这部作品的把握，也就是对费孝通的创作意图的把握。

民族的特色是个客观存在，表明的是我们的传统。传统的东西好坏都有，正确的态度是，既不故步自封，也不无视它对现代化进程产生的巨大影响。费孝通的这部著作试图揭示的正是我们骨子里的东西，用“乡土”二字来认识自身、照见根本，其目的是什么呢？费先生著此作显然不是为了“考古”，而是为了为中国的现代化提供思考与行动的参照。

“生于斯，长于斯”直至“死于斯”，日久岁长，人们对土地形成了自然而然的依附关系。这种“乡土”特点孕育出了安土重迁、差序格局、礼治社会、无为政治、长老统治、血缘社会等传统。这些传统，有的以物质、制度等形式被显性地感知，有的则隐秘地存在于人们的内心成为民族心理。所有这些，构成了中华民族的来处——乡土中国。

勒庞说：“倘若没有传统，就不可能有民族的气质，也不可能有文明的存在……没有传统，就没有文明；没有对传统的缓慢淘汰，就没有进步。”历史进入20世纪，中国的社会制度发生了根本性的变化，土地制度也随之改变。改革开放以后，城市急剧扩张，乡民纷纷涌入城市务工。随之而来的，是平等、法律、权利、契约等观念逐渐深入人心。乡土社会的经济基础、生活秩序早已发生巨大变化，差序格局和团体格局的界限早已模糊，礼治社会逐步向法治社会转变，无为政治、长老统治式微……费老就对乡土中国的调查、研究提出了一个概念——新时代注释。所谓“新时代注释”，一是从现代的视角去审视传统、理解传统，二是毕竟要走向现代，这是民族发展的根本趋势。

这也就成了我们领着学生读《乡土中国》的目的——弄清楚我们从哪来，又要向何处去——黄剑老师的这个课例要体现的或展示的或指引学生的正是这个主题的阐释。

如果说主题阐释决定的是这节课的内容与目标定位，那如何有效地引导学生理解并领会这个主题，就是他的教学设计（严格来说是学习设计）所要着重费心思的所在。

黄剑老师的教学设计有两个“标的”：一是课标里对社会学学术性著作整本书阅读的要求，二是课标里对“思辨性阅读与表达”的要求。前者要求是，“在指定范围内选择阅读一部学术著作。通读全书，勾画圈点，争取读懂；梳理全书大纲小目及其关联，做出全书内容提要；把握书中的重要观点和作品的价值取向。阅读与本书相关的资料，了解本书的学术思想及学术价值。通过反复阅读和思考，探究本书的语言特点和论述逻辑”。后者要求是，“引导学生学习思辨性阅读和表达，发展实证、推理、批判与发现的能力，增强思维的逻辑性和深刻性，认清事物的本质，辨别是非、善恶、美丑，提高理性思维水平”。归结起来大概就是“思辨意识与习惯、判断与推理能力、论证理性表达”。这两个“标的”共同构成了黄老师的教学设计的线索，而在这两条线索之上，又有一条线索，即新课程新教学所倡导的情境任务型学习设计。具体来看这三条线索。

首先看“情境任务设计”。黄老师设计的情境是：安徽池州的一个古村落，汪氏家族世代居住于此。池州计划在池州市近郊新建一批小区，集中安置明月村村民。村民汪文华和该村一些村民对上面统一设计的安置小区不满意，同时也不愿意离开世代居住的土地……也就是说要通过“拆迁”情境实施《乡土中国》的阅读与梳理，并突出“何处来，何处去”的主题阐释。

为什么要设计情境任务，还是那句话，读整本书不只是为了这本书，阅读的价值由作者、作品、读者、世界四个元素构成，只见作者与作品的阅读显然只是“为作品背书”，而不是为读者的成长。设计这个“拆迁”情境的目的，说到底就是让作品的剖析与学生对生活的理解、个人的思维发展结合起来。一切语文素养都是情境中的素养，否则获得的只是基本知识和基本技能。同时，情境中的学习也代表着实践化的学习方式，体现的是“学与用”“知与行”的关系。

其次看“整本书阅读”的要求。黄老师的课突出显示了两点：梳理与统整，这是整本书的“整”的含义的体现。在第一、二环节中，梳理与串联的是“熟人社会、长老权力、系维着私人的道德、同意权力”这些概念，在第三环节中，梳理与串联的概念更多，如差序格局与团体格局、阿波罗式文化与浮士德式文化、血缘与地缘、礼治与法治、欲望与需要等系列概念，几乎涉及了全书所有的重要概念，这样就先从内容上统整了全书。然后在梳理与统整的基础上，自然而然进入“何处来，何处去”这个主题的统整。整个教学设计，可以说抓住了整本书阅读两个最重要的环节：内容梳理和主题统整。

再次看“思辨性阅读与表达”的要求。社会学学术性著作阅读，为思维逻辑、论证素养的培育提供了材料，后者也成为前者的品质保证。黄老师将“拆迁”动员的策略交给学生去想，去比较辨析，去评判，在评判的基础上去寻找最佳方案，并提供质疑与讨论的机会，这是典型的思辨性学习行为。我们可以想见，学生通过此作品的阅读获得的绝不仅仅是《乡土中国》写了什么、作者的观点是什么，还学会了如何“解决问题”。所谓论证素养，不只是指浅表的辨识论者的论点、论据和论证方法——一堆论证信息和知识，更应强调学生通过学习，在论证实践中学习论证，这是阅读的意义，也是论证素养的最重要意义。

一节课，能从整本书阅读规律、思辨性阅读特质、情境任务学习三个维度去设计并有效展开，可以说是一个内涵极丰富的课例，值得反复揣摩。

转化与运用

人们普遍重视整本书阅读在涵养人文、陶冶情操上的“无用之用”，而对它在读写与思维发展中的“有用之用”相对认识不够，重视不足，甚至还有意无意地将二者对立起来。但是，仅仅渲染经典名著的“无用之用”，并无助于解决当下学生阅读兴趣与动力不足的问题。同时，“无用之用”与“有用之用”也是相辅相成的。只有将整本书阅读融入现行课程与教学的体系之中，使之成为语文教学不可或缺的有机组成部分，整本书阅读才能焕发出应有的活力。

《乡土中国》教学包括三个层面的内容：一是就书教书，达成学术著作阅读的相关目标。二是在其他任务群的学习活动中，转化运用。借《乡土中国》解读《红楼梦》《祝福》《平凡的世界》等文学名著，或借学术文阅读来改进议论文写作等，均属此类。三是在跨学科学习与综合社会实践中，发挥整本书阅读的独特优势。

课例14 乡土社会：别样的滋味

朱虹，四川省成都市锦江区嘉祥外国语高级中学语文教师，高级教师。从教19年，在校、区、市课堂教学大赛中获一等奖10余次；获“优秀指导老师”7次；发表论文6篇，论文获一等奖3次。参与多项区、市级课题研究，参研的“基于高阶思维的群文阅读常规课型实践研究”获省级课题一等奖。

设计意图

《乡土中国》是社会学大师费孝通的代表作，是研究中国乡土社会传统文化和社会结构理论的重要代表作之一。它较为全面地展现了中国基层社会的面貌，是一部重要的学术著作。学生在阅读学术著作时，对学术概念的理解有一定的困惑，概念的转化运用更为困难。针对这个现象，我试图结合相关的文学作品来实现学术概念的深入理解和转化运用。

沈从文的《边城》是一部“乡土小说”，小说以20世纪30年代川湘交界的边城小镇茶峒为背景，描绘了湘西地区特有的风土人情。“作为中国现代文学牧歌传统中的顶峰之作，它巩固、发展和深化了乡土抒情模式。”在自然风物、生活风习、人物风情中，我们模糊地看到了一个“乡土社会”。

学生在阅读《边城》时，感受到浓浓的淳朴之美，却也疑惑“在那么美的边城里，为什么他们却没有一个好的归宿”。除了小说人物个人的性格原因，背后还存在着深刻的社会原因。由此引出《边城》的“乡土社会”和《乡土中国》里的“乡土社会”的关联阅读。结合《乡土本色》里的熟人社会、《血缘和地缘》里的血缘社会、《男女有别》里的安稳社会，我们看到了《边城》里的乡土社会是一个熟人社会、血缘社会、安稳社会，在这样的乡土社会里，人们有默契、彼此信任、互帮互助、讲究人情，但男女有别，一切足以引起破坏秩序的要素都会被遏制。这些概念的转化运用，或许可以回答“在那么美的边城里，为什么他们却没有一个好的归宿”这个问题。

本节课旨在通过寻找《乡土中国》与《边城》的关联，结合学生的疑惑实现概念的转化运用。在关联阅读中，《边城》的阅读可以使学术概念的理解更形象生动;《乡土中国》里核心概念的转化运用，既可以回答学生阅读《边城》的疑惑，也可以使文学作品的解读更理性深刻。

基于此，本节课的教学目标确定如下:

1. 通读《乡土中国》，精读《乡土本色》《男女有别》《血缘和地缘》三章，深入理解“乡土社会”的丰厚内涵，了解《乡土中国》的学术价值。

2. 结合《乡土中国》里的核心概念解读《边城》里的“乡土社会”，通过关联阅读、转化运用，解答阅读《边城》的疑惑，提升思维品质，丰厚核心素养。

课前两周，学生在任务引导下精读《乡土中国》的相关章节和《边城》，完成前置学习单:

1. 通读《乡土中国》，精读《乡土本色》《男女有别》《血缘和地缘》三章，梳理每一章的核心概念。

2. 精读《边城》，谈谈初读《边城》的感受和疑惑，并简要分析。

教学扫描

环节一　情境导入

师： 同学们，最近我们读了沈从文的《边城》，大家初读这篇小说的感受是什么？

生（齐）： 美。

师： 美在哪里？

生 1： 边城的环境真美：清澈透明的碧溪岨、寂静和平的茶峒城、热烈欢快的端午节。

生 2： 人们正义良善，充满着淳朴的人性美。

生 3： 浓浓的人情味，人与人互帮互助，彼此信任。

师： 从《边城》中我们感受到了风景美、人性美、人情美。在感受到这些美之余，你们有什么疑惑吗？

生 4： 在那么美的边城里，为什么他们却没有一个好的归宿？

师： 这个疑惑在前置作业中有 20 来名同学提及，今天我们一起来探讨。在那么美的边城里，为什么他们却没有一个好的归宿？

生 5： 天保的死是最直接的原因，天保自知嗓音不如傩送，默默退出后，出船被淹死了。顺顺和傩送把天保的死归结到爷爷身上，因而产生了隔阂。爷爷担心翠翠的爱情，备受打击后在一个风雨交加的夜里去世了。傩送喜欢翠翠，又因哥哥的死选择了离开家乡。翠翠虽然也喜欢傩送，但她太单纯了，不知道怎么表达，躲避的态度让傩送误以为是被拒绝了。纯真的翠翠遇到了浪漫的傩送，却没能在一起。最后，孤独的翠翠只能守着渡船，默默地等待着那个不确定的“明天”，或者那个遥不可及的“永远”。

生 6： 他们是善良淳朴的，但是他们之间仿佛被性格中无形的东西阻隔着，这种隔阂产生了误会，大老误会爷爷，爷爷被顺顺和傩送误会，傩送误会翠翠，他们在看似理解却没有真正了解的隔阂和误会中慢慢走向悲剧。

师： 性格决定命运，这些同学从文学的角度找到了人物悲剧命运的个人原因，还有什么原因吗？

生 7： 社会原因。

师： 接下来，我们结合《乡土中国》从社会学的角度来深入探讨它的社会原因。

环节二　关联阅读

师： 你在《边城》里看到了一个怎样的乡土社会？我们可以结合《乡土中国》里《乡土本色》《男女有别》《血缘和地缘》这三章来谈谈。

（一）乡土本色——熟人社会

生 8： 结合《乡土本色》这一章，我在《边城》里看到了一个“熟人社会”。这一章我梳理到：从基层上看，中国社会是乡土性的，那些土头土脑的乡下人，是中国社会的基层。“土”是乡下人的命根，农业直接取资于土地，土地搬不动，长在土里的庄稼行动不得，以农为生的人是黏着在土地上的，故而从人和空间的关系上说是不流动的。正是因为不流动，乡土社会受地方性限制，中国农民出于这种现实的需要，聚村而居，人和人在空间的排列关系上呈现出孤立和隔膜的特点。各聚居村落间往来疏少，人们的活动范围有地域上的限制，各自保持着孤立的社会圈子。村落内的人们彼此熟悉，构成了拥有独特习俗和生活方式、没有陌生人的熟人社会。我在《边城》里看到了这样的熟人社会。“熟人”在小说中出现了 4 次：“祖父到熟人处去”“她觉得好像是个熟人”“那熟人用脚踢着新碾盘”“一见熟人就报告这件事”。

师： 这名同学非常用心，我在读的时候也关注了“熟人”一词，“熟人”在小说中共出现了 5 次，除了你刚才说到的，还有一处：“一见城中相熟粮子上人物。”这里并没有指明熟人是谁，或许在这里到处都是熟人，这是一个熟人社会，一个怎样的熟人社会？

生 9: 一个守信重义的熟人社会：爷爷和翠翠不多收过渡人的钱，兄弟间坦诚相待，妓女和水手彼此信任，真挚相约。

生 10: 一个互相帮助的熟人社会：顺顺乐于助人（退伍兵士、游学文人、破产失事的船家、爷爷和翠翠），熟人送鸭子、粽子和酒等。

生 11: 一个有默契的熟人社会：爷爷的酒葫芦被扣下，顺顺怕爷爷请客不是地方，翠翠说有人会送来，后来，二老真送来了。

师: 这一份默契在第二章《文字下乡》中也有提到：他们在熟人社会里长大，形成了面对面社群，从而形成默契。例如，有人来敲门，你问："谁呀？"门外的人回答："我呀！"他们用声气辨人，用脚步声来辨认来者是谁。熟悉是靠时间、多方面、经常的接触产生的。人们从熟悉中得到信任，得到一种从心所欲而不逾规矩的自由。这一份信任、自由、默契在《边城》里也能清晰地看到，结合这一章，我们看到了《边城》里的熟人社会。

（板书：熟人社会）

（二）血缘和地缘——血缘社会

生 12: 结合《血缘和地缘》这一章，我在《边城》里看到了一个"血缘社会"。这一章我梳理到：血缘的意思是人和人的权利和义务根据亲属关系来决定。亲属是由生育和婚姻所构成的关系。"生于斯，长于斯"把人和地的因缘固定了。生就是"血"，决定了他的地。由于亲属关系，血缘社会是稳定的，用生育去维持稳定，世界上最用不上意志，同时在生活上又是影响最大的决定，就是谁是你的父母。血缘决定的社会地位不容个人选择。

师: 血缘社会讲究什么呢？我们可结合《边城》来谈谈。

生 13: 血缘社会里讲究人情。欠了别人的人情就得找一个机会加重回个礼，加重一些就在使对方反欠了自己一个人情，来来往往，维持着人和人之间的互助合作。亲密社群中既无法不互欠人情，也最怕"算账"，"清算"等于绝交，如果相互不欠人情，也就无须往来了。在《边城》里我也看到了这一份人情：老船夫同卖皮纸的过渡人之间，因为过渡人非要给老船夫钱而产生了争执，老船夫把钱强塞了回去，还搭了一大束草烟。

师： 亲密的血缘关系限制着若干社会活动，最主要的是冲突和竞争。亲属是自己人，而且亲密的共同生活中各人互相依赖的地方是多方面和长期的，因之在授受之间无法一笔一笔地清算往回。亲密社群的团结性就依赖于各分子间都相互拖欠着未了的人情。

生 14：“在亲密的血缘社会中商业是不能存在的。这并不是说这种社会不发生交易，而是说他们的交易是以人情来维持的，是相互馈赠的方式。实际上馈赠和贸易都是有无相通，只在清算方式上有差别……当场清算是陌生人间的行为，不能牵涉其他社会关系的……从街集贸易发展到店面贸易的过程中，‘客边’的地位有了特殊的方便了。寄籍在血缘性地区边缘上的外边人成了商业活动的媒介……所以依我所知道的村子里开店面的，除了穷苦的老年人摆个摊子，等于是乞丐性质外，大多是外边来的‘新客’。”《边城》里若是老船夫收了卖皮纸的人给的钱，就成了商业贸易，老船夫心里有杆秤，不能坏了这份人情规矩。

师： 商业是在血缘之外发展的。地缘是从商业里发展出来的社会关系。血缘是身份社会的基础，而地缘却是契约社会的基础。费孝通在《江村经济：中国农民的生活》中说：“我未听说一个外来人究竟需要在本村住多久才能算作本村人，但是我却听说过：外来人的孩子，虽生于本村，仍像其父母一样，被视作外来人。”同学们梳理分析得很好。结合《血缘和地缘》这一章，我们在《边城》里看到了一个讲究人情的血缘社会。

（板书：血缘社会）

（三）男女有别——安稳社会

生 15： 结合《男女有别》这一章，我在《边城》里看到了一个“安稳社会”。这一章我梳理到：《西方陆沉论》里说西洋有两种文化模式：“阿波罗式的”和“浮士德式的”。阿波罗式的文化：认定宇宙的安排有一个完善的秩序，这个秩序超于人力的创造，人不过是去接受它，安于其位，维持它。要维持固定的社会关系，就得避免感情的激动，需要的是感情的淡漠。浮士德式的文化：他们把冲突看成存在的基础，生命是阻碍的克服，没有了阻碍，生命也就失去了意义。他们把前途看成无尽的创造过程，不断地变。从社会关系上说感情是具有破坏性和创造作用的，感情的激动改变了原有的关系，要维持固定的社会关系，就得避免感情的激动。感情的淡漠是稳定的社会关系的一种表示。

师： 乡土社会需要哪一种文化模式？为什么？

生（齐）： 阿波罗式的。

生 16： 因为乡土社会求稳定。在乡土社会中不需要创造新的社会关系，社会关系是生下来就决定的。它更害怕社会关系的破坏。稳定社会关系的力量不是感情，而是了解。它要求所有人有一定的互相了解，接受同样的价值体系，他们互相之间在接受同样的刺激的时候，有同样的反应。

师： 这名同学概括得很全面。乡土社会是求稳定的，它不需要创新，甚至害怕这种稳定的关系被破坏。稳定社会关系的力量是靠彼此的了解，而乡土社会里的人们彼此了解吗？了解，因为那是一个熟人社会、血缘社会，在熟人社会、血缘社会里面，人们靠亲密和长期的共同生活来配合各人的相互行为，社会的联系是长成的，是熟悉的，其中各人有着高度的了解。空间的位置，在乡土社会中的确已不太成为阻碍人了解的因素了，阻碍了解的可能只有生理差别。这让我想到了后面的核心概念“男女有别”，什么是“男女有别”呢？

生 17：“男女有别”是认定男女间不必求同，在生活上加以隔离。男女只在行为上按着一定的规则经营分工合作的经济和生育的事业，他们不向对方希望心理上的契洽。男女生理的分化是生育，生育又规定了男女的结合。把浮士德式的两性恋爱看成进入生育关系的手段是不对的。恋爱是一项探险，是对未知的摸索。恋爱是不停止的，是追求。这种企图是生活经验的创造，也可以说是生命意义的创造，但不是经济的生产，不是个事业。恋爱的持续依赖于推陈出新，不断地克服阻碍，也是不断地发现阻碍，要得到的是这一个过程，而不是这过程的结果。

师：中国乡土社会那种实用的精神安下了现实色彩，形成了一种稳定的秩序，这种稳定的秩序一旦被破坏，就会被怎么样？

生（齐）：被遏制。

（生齐读这一章的最后一段）

师：结合对这三章的核心概念的解读，我们从《边城》中看到了一个熟人社会、血缘社会、安稳社会。它们之间存在密切的联系：血缘社会是由生育所发生的亲子关系所构成的社会，在血缘社会中，人们之间的交往往往基于亲属关系。由于人口繁衍和迁移，一部分人离开原有的血缘群体去开辟新的区域或进入其他社区，从而形成了熟人社会。而熟人社会则是血缘社会的一种延伸和扩展，在熟人社会中，人们之间虽然可能没有直接的血缘关系，但由于长期的相处和共同的生活经历，彼此之间建立了深厚的情感和信任关系，形成了一种稳定且封闭的社会结构。因此，可以说熟人社会是在血缘社会的基础上发展而来的，血缘关系是熟人社会形成的基础之一。同时，人们之间的深厚情感和信任关系有助于维护社会的稳定与和谐，一个安稳的社会也为熟人社会和血缘社会的发展提供了有力的保障。

（板书：安稳社会）

环节三　转化运用

师：读到此处，你是否隐约明白“那么美的边城里，他们却为什么没有好的归宿”？

生 18：《边城》的乡土社会里，需要“阿波罗式的文化”，讲究男女有别，为了维持这份秩序，一切足以引起破坏秩序的要素都要被遏制。天保死了，傩送走了，爷爷死了，留下了孤独悲伤的翠翠，其实每个人都可能是其中破坏稳定秩序的要素，所以他们被遏制，没有一个好的归宿。

师：他们是否都是那破坏稳定秩序的要素呢？哪名同学来具体分析一下？

生 19：傩送和翠翠的爱情是浮士德式的。翠翠和傩送之间萌发的爱情是寻求心理契洽的，尽管授受不亲，但不涉及在经济与生育事业上的分工，是质朴的、原始的爱情，不是封建的父母之命媒妁之言下带有合作性质的婚姻关系。在懵懂的爱里，男女无别，翠翠、傩送都没有实用性的企图，仅仅是为了一份萌动的爱，这种浮士德式的爱情打破了乡土社会里的安稳，不被接纳，最后被遏制，他们慢慢走向悲剧。

生 20：爷爷是理解并支持翠翠的，无意间也破坏了这一份秩序。文中爷爷去世时的环境描写，我觉得非常有意思，雷鸣风雨除了营造凄凉的氛围，还隐隐象征维持社会的秩序，破坏秩序的爷爷去世了，渡船也消失了，这或许暗示着二老可能无法拥有渡船，二老与翠翠可能无法在一起。

生 21：大老和翠翠的爱情是阿波罗式的。大老追求翠翠的方式是媒妁之言，是按照一定的规则经营分工合作的经济和生育的事业。大老说：“翠翠太娇了，我担心她只宜于听点茶峒人的歌声，不能作茶峒女人做媳妇的一切正经事。”他还是把翠翠作为一个和他一起来经营分工合作的经济和生育的事业的妻子来看的，我觉得他们的感情是阿波罗式的。乡土社会需要阿波罗式的文化，本应该被认可，可为什么大老却死了？

生 22：我觉得大老对翠翠也是动了情的，他也在向翠翠寻求心理的契洽，属于浮士德式的爱情。

生 23：我觉得大老的死可能是小说情节艺术的需要，大老的死为二老的离开、爷爷的死做了铺垫，他的死推动了小说情节的发展。文中结尾：

“这个人也许永远不回来了，也许‘明天’回来。”如果结合“中国乡土社会里，以家族为基本社群，是同性原则较异性原则为重要的表示”的观念，二老可能永远不会回来，因为他迈不过哥哥去世的这道坎，乡土社会里兄弟的情分重于夫妇的。

生 24： 翠翠的悲剧，我想一开始就注定了，因为她是浮士德式的爱情的产物，她父母的爱情就是浮士德式的，最后他们都死了，留下了孤独的翠翠。

师： 非常精彩。不管大老、二老和翠翠的爱情是阿波罗式的还是浮士德式的，这个话题也是开放的，大家把《乡土中国》中的一些学术概念转化运用到了小说的阅读中并深入理解，我想这就是一种生长。沈从文对传统中国乡土社会是进行了锻造的，或许想要通过一种陌生化的处理，来模糊淡化传统乡土社会逐渐僵化的一面，从而表达对淳朴、美好和自由的追求。汪曾祺说《边城》的生活是一种理想化了的现实。沈从文借助这种理想化的现实表现出“一种优美，健康，自然而又不悖乎人性的人生形式”。他说：“我主意不在引导读者去桃源旅行，却想借重桃源上行七百里酉水流域一个小城市中几个愚夫俗子，被一件人事牵在一处时，各人应有的一份哀乐，为人类‘爱’字作一度恰如其分的说明。”对这一份凄美的“爱”的恰如其分的说明，大家应该能从《乡土中国》里找到一些踪迹。

加入《乡土中国》的相关知识后，我们看到了《边城》里的乡土社会是一个熟人社会、血缘社会、安稳社会，在这样的乡土社会里，人们有默契、彼此信任、互帮互助、讲究人情，但男女有别，一切足以引起破坏秩序的要素都会被遏制。这里是美的，但为何如此美的边城里，他们却没有一个好的归宿？除了个人性格的原因，还有更深刻的社会原因。结合《乡土中国》的核心概念解答阅读《边城》的困惑，如此关联阅读，彰显了学术性著作强大的解释力和文学作品不朽的生命力。当然，我们不能随意关联，要始终保持理性的思辨精神。

课后作业

中国社会学大师费孝通先生早年在《乡土中国》里指出：中国传统社会有一张很复杂庞大的关系网，人熟是一宝。

齐尔格特·鲍曼说："我们所生活的世界几乎被陌生人所充斥，而使得它看起来像是一个普遍的陌生世界。我们生活在陌生人之中，而我们本身也是陌生人。"

请结合材料内容，联系现实，谈谈你对"熟人"和"陌生人"的认识和思考。

要求：自拟题目，自选角度，议论文；不得套作抄袭，不得泄露个人信息；不少于 800 字。

板书设计

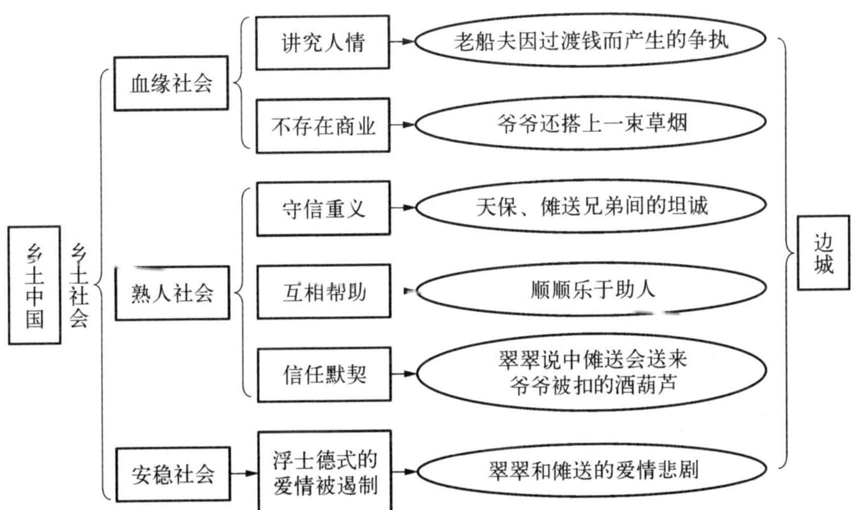

点评

跨界问道：在文学与学术之间

兰保民，上海市语文特级教师，正高级教师。现任浦东教育发展研究院临港分院综合发展部主任、浦东新区语文教师培训基地主持人，兼任上海市教师学研究会秘书长、浦东新区教育学会语文专业委员会主任。

曾经有一段时间，语文阅读教学特别强调要厘清文体边界，其具体表征，一则是所谓“因文定教”“因体定教”等观点和主张在教学实践和教研现场大行其道，另一则是诸如“散文教学教什么”“小说教学教什么”等论文和著作井喷式地发表或出版。而当前，谈论这个话题的学术活动和论文著作似乎越来越少了，取而代之的是诸如“学习任务群”“深度学习”“单元教学”“学习活动设计”等教学话语。

那么这是不是意味着早先我们强调阅读教学的文体取向是错误的？当然不是。我们认为，单纯从教的角度去确定一篇文本合宜的教学内容，当然要首先考虑这一文本的文体类型，否则就不足以发挥教材作为“例子”的典型价值，从而达到让学生“学一篇，会一类”的教学目的。而当我们从学生核心素养综合发展的角度去思考各类教学资源，包括每一篇教材文本的教学价值的时候，文本的文体类型仍是一个绕不过去的基本尺度，然而如果斤斤于此，而不敢越雷池半步，恐怕就不是以“育人”为本，而是以

“教文”为本的教学了。因为在核心素养培育的视野中，任何教学资源和教学活动，都必须基于学生的发展需要，帮助学生解决真实的学习问题，并进而培养学生自行解决此类问题的意识和能力，才会具有价值和意义；否则，即便教师从文体角度教得再“对”，如果那并不是学生所真正需要的，也是一种教学资源与教学活动的价值虚化与意义放逐。

正是从这个意义上，我认为，朱虹老师《乡土社会：别样的滋味》课例，虽然既不是常规意义上的学术著作阅读课，也不是一般意义上的文学作品阅读课，却具有“别样的滋味”。她引导学生穿行于文学文本与学术文本之间，在文类的跨界中探索教学之“道”：语文核心素养培育，尤其是思维品质提升的可能路径。

对于这一课例，朱虹老师定位为“关联阅读”。就当前的课堂实践来看，将两个以上的文本作为阅读对象实施教学，已经不是什么新鲜事了，比如，常见有老师把《过秦论》和《六国论》放在一起，或将《出师表》与《陈情表》《祭十二郎文》作为一组文章，开展阅读教学，等等。在这些教学实践中，作为阅读对象的两篇或几篇文章在内容主题方面当然有关联性，但大多还是同类文体。因此，执教者往往也会从特定文体的文章学层面确定教学内容，从而试图训练学生熟习该类文本的一般知识，掌握阅读该类文体的一般方法与技能。而朱虹老师选择的这两个构成关联的文本——《边城》和《乡土中国》，分别属于文学作品和学术论著，这就令人耳目一新了。其意图显然不是通过不同文类的比较，让学生去辨析小说和社会学著作的差异，了解乃至掌握阅读这两种不同类型作品的各自方法，而是通过《边城》的阅读，使学生对《乡土中国》中学术概念的理解更形象生动；同时通过对《乡土中国》里核心概念的转化运用，回答学生阅读《边城》的疑惑，从而使学生对文学作品的解读更理性深刻。这样的教学立意，显然是站在学生核心素养培育的高度而确立的，因为所谓核心素养，就是在真实的学习、生活和工作情境中，运用各种知识和资源解决现实问题的能力。所以从这个意义上来说，这堂课超越了一般阅读教学中的知识立意、技能方法立意，而抵达了素养立意的高度。在教学中适当尝试这种跨界阅读，有利于培养学生运用所学知识解决问题和困惑的意识和能力。

从课例中我们看到，正是这种跨界的关联阅读，对《乡土中国》中的熟人社会、血缘社会、安稳社会等抽象概念，学生从《边城》获得了鲜活生动的感性经验，从而让理论著作艰涩的理性外壳得以融化，而变得温柔可亲；而对《边城》中的人物“没有一个好的归宿”这一问题，学生也从《乡土中国》那里得到了可以进入小说文本的理性工具，从而获得了一种超越原有认知而抵达更高层次思维的可能。尤其是课堂的后半段，对天保和傩送二人分别与翠翠之间的爱情，以及与之相关的包括其他人物命运的理解和分析，通过运用“阿波罗式”与“浮士德式”爱情类型这一理论工具，为学生切实提供了一条深入理解作品悲剧意蕴的可能路径，确实很精彩。

课例15 祥林嫂之死的社会学分析

赵韵如，贵州省毕节市第一中学高级教师，市级骨干教师，曾获贵州省高中语文优质课比赛二等奖。

设计意图

《乡土中国》由费孝通所讲授的“乡村社会学”课程讲稿整理而成，承载了作者对乡土社会中社会关系、社会结构、社会变迁的思考。高中学生阅读《乡土中国》，不能仅仅停留在概念与现象的互证上，还要在理解文中学术观点后，有自己的见解和看法，学会用发展的眼光对待传统中国的习惯习性与文化传统。

“差序格局”和“礼治秩序”是理解《乡土中国》的两个关键词，是解读《乡土中国》的两把钥匙。熟人社会造就了乡土中国的差序格局，礼治秩序则维持着乡土社会稳定的生活方式和生活秩序。在这样的社会关系中，人们对“礼”的服膺有别于宗教信仰，也不同于对法律的自觉恪守，主要依循传统生活经验与习俗，还有儒家知识分子抽象而成的一套与宗法社会相适应的道德准则。停留在理论层面理解《乡土中国》难免生涩和抽象，若将《乡土中国》作为理论支撑，去解读文学作品，不仅能凸显学术表达的独特价值，还能借助艺术的力量加深对《乡土中国》的理解。

《祝福》的故事以宗法社会为背景，是透视“礼治秩序”的标本。学者李欧梵认为，“经过虚构以后的鲁迅故乡，已经不再是绍兴或鲁镇这个具体地方，而是中国农村社会的一个缩影了”。[1]透过《祝福》，我们看到了二十世纪二三十年代中国乡村甚至是整个“乡土中国”的特点。封建社会的四种权力（政权、族权、神权、夫权）导致祥林嫂的人生走向末路。高一的学生多有阅读鲁迅作品的经验，大致能理解“礼教‘吃人’”的主题，但如果再进一步追问“礼教如何‘吃人’”“礼教为什么会‘吃人’”等问题，会发现学生的认知还比较粗浅、片面。“不论是故事的表层，一个女人的苦难，还是故事的深层，一个异类和谬种被人群驱逐和排斥，祥林嫂的故事都是作为鲁镇的注解而出现的。祥林嫂的故事见证了一个外来者、一个勤劳的女人融入鲁镇的失败，也见证了鲁镇对异类的驱逐、对不变的维护。”[2]以祥林嫂的死为切入点来理解鲁镇，以鲁镇为典型解读乡土中国的社会特点，是本节课的出发点，也是落脚点。通过分析鲁镇人们的行为习惯和思想观念，学生能更深刻地领悟传统中国在礼治秩序维持下的内在矛盾和种种弊端。正如费孝通所说：“礼也可以杀人，可以很‘野蛮’。”

这节课的重点在于理论知识的转化运用。学生在此之前已经通读过《乡土中国》，完成了总体梳理、专题研讨等内容。课前要求学生阅读鲁迅的小说《祝福》，理清小说情节和人物关系，圈点勾画重点信息，独立完成学案。本课的学习目标设定为：

阅读鲁迅经典作品《祝福》，以祥林嫂之死为具体事件，从社会学的角度分析社会关系和行为现象产生的原因。

---

[1] 李欧梵.铁屋中的呐喊[M].尹慧珉，译.杭州：浙江大学出版社，2016：68.

[2] 谢晓霞.回不去的故乡——《祝福》与1920年代的乡愁[J].河南大学学报（社会科学版），2020（06）：103.

教学扫描

师：社会学是一门系统地分析社会行为与人类群体的社会科学，它给我们提供了一个观察生活的新角度——那些看起来理所当然的现象背后，其实还可以有更深一层的思考。这节课我们尝试用《乡土中国》里的社会学知识，重新审视鲁迅先生的这篇经典小说《祝福》，看看会不会有新的发现。

环节一　梳理情节，提出疑问

师：课前已经给大家布置了阅读任务，请一名同学复述学案上关于死者的生平简介。

生 1：姓名祥林嫂，年龄四十上下，文化程度不高，卫家山人。她先死了丈夫，通过卫老婆子的介绍，背着家里逃到鲁镇做工。后面又被抓回去强制嫁给贺老六，并生下一个孩子。后来贺老六和孩子都死了，她再次回到鲁镇，遭到所有人的嫌弃，最后死在鲁镇。

师：文中明确说到她没读过书吗？

生 1：没有，这是我推断出来的。乡土社会是不需要文字的，在男尊女卑的社会里，女子受教育的机会很少，何况她的家庭条件也不好，到镇上也是给别人做工，大概率是个文盲。

师：你的推断很有道理。通过梳理，你们发现哪些人可能与祥林嫂的死相关？

生 2：婆婆、卫老婆子、四叔四婶、柳妈，还有“我”。

师：课前要求大家细读文本，找出他们可能和祥林嫂的死有关的行为。有一名同学做得很认真（展示学生作业），我请他给大家解释一下。

生 3：婆婆把祥林嫂从鲁镇掳走，逼她改嫁贺老六。（板书：掳走、改嫁）卫老婆子将她带到鲁镇做工，又帮着婆婆把她掳回去。（板书：出卖、

掳走）四叔四婶嫌弃她，不让她碰福礼，还把她赶出门去。（板书：嫌弃、驱逐）

师： 柳妈和文中的“我”呢？

生 3： 柳妈对她进行言语攻击，恐吓她死后会被阎罗大王锯成两半，甚至教她去死。（板书：恐吓、教唆）而“我”在祥林嫂好不容易对死后灵魂团聚又有了一点希望的时候，含糊不清地回答她的问题，使她失去了希望。

师： 在她需要有一个确定的答案时，“我”没有给出明确的回复。（板书：无回应）

环节二　关联理论，合作探究

师： 听起来，这些人好像都有嫌疑。那么，他们会认为自己有责任吗？

生（齐）： 不会。

师： 那好，请大家分组讨论，选定其中一个人物，并站在他的角度，为自己的行为辩解。发言时要有理有据，尽可能基于文本事实，尝试用《乡土中国》中的术语，尤其是核心概念作为行为依据。

（PPT 展示）

示例：“我是____，我认为祥林嫂的死与我无关，因为________。”

生 4： 我是祥林嫂的婆婆，我认为祥林嫂的死与我无关。在乡土社会，家族是一个事业社群，以事业的维系与发展为核心。家族的利益高于一切。祥林已经不在了，她一个外人在我家没什么用。如果能换点钱，帮我小儿子娶媳妇，还可以为家里延续香火。我将她嫁给贺老六，不还是为了家族利益？家族内部要讲究“负责和服从”，做媳妇的，就要听丈夫和婆婆的话，讲“三从四德”。我认为我的行为没什么不妥。

师：你说她是外人，你不觉得她是你的亲人？

生 4：是的。家族中的亲属关系基于生育和血缘，她没有为我们家生孩子，就算不上是我的家人。

（PPT 展示）

> 血缘的意思是人和人的权利和义务根据亲属关系来决定。亲属是由生育和婚姻所构成的关系。血缘，严格说来，只指由生育所发生的亲子关系……有些社会（血缘社会）用生育所发生的社会关系来规定各人的社会地位。——《血缘和地缘》

师：你刚才还提到了两个词，“负责”和“服从”。这就是费孝通的用语，很好。

（PPT 展示）

> 在我们的乡土社会中，家的性质在这方面有着显著的差别。我们的家既是个绵续性的事业社群，它的主轴是在父子之间，在婆媳之间，是纵的，不是横的……在中国的家庭里有家法，在夫妇间得相敬，女子有着“三从四德”的标准，亲子间讲究负责和服从。——《家族》

师：服从就是听你的话，这个好理解；那么负责呢？她不是你的家人，却要为你小儿子娶媳妇献出自己？这个责任有点怪啊！我们再来听听卫老婆子怎么说。

生 5：我是卫老婆子，我觉得祥林嫂的死与我没关系，这是乡土社会的性质决定的。这是一个熟人社会，我介绍她到鲁镇工作，就是照顾她的情面。我自己，除了赚点中介费，并不图她什么。后来，她婆婆要她回去，我确实帮了她婆婆，但这也不能怪我。她一个寡妇，就该听她婆婆的，这就是我们的道德观念。何况，她回去后又嫁人，还生了一个大胖儿子。后来死了第二任丈夫和儿子，更与我无关。从头到尾我都没有害她的意思。（板书：道德观念）

师：听起来你确实很无辜啊。那四叔和四婶呢？

生 6：我是四叔和四婶……

师：你究竟是四叔还是四婶？（生笑）

生 6：我是四叔，我代表四婶说一下。

师：你说你代表四婶说，看来在家里是你说了算了？

生 6：当然，在男权社会里我是一家之主，并且我还读过书，在鲁镇上说话也是很有分量的。我认为我们的做法没问题。我们两次收留她，对她算是有恩的。即使知道了她是寡妇再嫁，死了男人又死了儿子，我们也只是不允许她碰福礼。

师：既然觉得她伤风败俗，为什么还要留着她呢？

生 6：她对我们家很熟悉，又能干活，我们就勉强把她留下来了。

师：她对你有用，"勉强"也是可以留下的。看来，你们还是更看重自我的实际利益啊。在《乡土中国》里，费孝通这样描述过这种现象。

（PPT 展示）

在这种富于伸缩性的网络里，随时随地是有一个"己"作为中心的。这并不是个人主义，而是自我主义。——《差序格局》

师：（板书：自我主义）费孝通在书中特别强调，"个人主义"强调人人平等，"个人不能侵犯大家的权利"，而"自我主义"，一切价值以自己为中心，按照自己的利益，做灵活的伸缩与变通。后面怎么又要赶走她呢？

生 6：她干活已经大不如前，经常做错事，惹麻烦。以前她能干，有点瑕疵也就罢了。现在丢三落四，经常神志恍惚，我们还不能有点意见吗？对她这样一个有污点的女人，我们也算仁至义尽了。鲁镇毕竟是个礼俗社会，女人应该讲究三从四德，不能再嫁。她不仅再婚了，还丧夫丧子，这样的女人伤风败俗，有损我们这有头有脸的大家族。而且，在我们的传统观念里，寡妇是不吉利的。祝福是一年中最重要的节日，是要祭祀列祖列宗的，不让她碰那些礼器，也合乎祭祀的礼俗吧。像她这种人，最后落得这种下场，也是她咎由自取，不是我们的责任。

（PPT 展示）

> 礼是社会公认合式（符合一定的规格、程式）的行为规范。合于礼的就是说这些行为是做得对的，对是合式的意思。
>
> 道德是社会舆论所维持的，做了不道德的事，见不得人，那是不好；受人唾弃，是耻。礼则有甚于道德：如果失礼，不但不好，而且不对、不合、不成。——《礼治秩序》

师： 这是她咎由自取，你用到了这个词。（板书：行为习惯、礼治秩序）可是再嫁并不是她决定的呀，她甚至还以死反抗过。可她的反抗在周围人眼里，又是怎样的呢？请大家不要忽略了祥林嫂的反抗。我们再来听听柳妈怎么说。

生 7： 我是柳妈，我觉得祥林嫂的死与我无关。我们本来就是信奉鬼神的，相信生死轮回，今生作孽，来世赎罪。祥林嫂克夫，克死了两个丈夫，她罪孽深重，死后本来就会受到惩罚。我让她去捐门槛，是为了让她赎罪，是为她着想。有人说是我吓死了祥林嫂，这显然是不了解我们当时的礼俗，不了解我们的鬼神信仰。

师： 那她捐了门槛后，你们并没有原谅她呀！

生 7： 说到底，还是因为她罪孽太重。“饿死事小，失节事大”，她嫁了两个丈夫，而且，阿毛的死，也不能说与她没有关系，她没有尽到母亲的责任。

师： 看来，你们都觉得再嫁是祥林嫂的最大罪过。那么，小说中的“我”呢？

生 8： 我是小说中的“我”，我认为祥林嫂的死与我无关。我回家不久祥林嫂就死了，她的大部分经历我都不知情。她问我人死后有没有鬼魂，让我怎么回答？我也不确定有没有魂灵。

师：你在外闯荡，真的不确定有没有鬼神？

生 8：这……“我”接受过新教育、新思想，也算个知识分子，但鬼神之说自古有之，人们普遍相信，“我”也不知该怎样给他们解释。

师：也就是说，你对乡土社会那些观念与习惯已经产生了怀疑，但又不敢否定。从这个角度来看，祥林嫂是无奈的，而你也是无力的。

环节三　转换立场，聚焦思辨

师：这样看起来，你们每个人的行为都是“合礼”的。其实，从法律角度看，你们也确实没有谋杀祥林嫂。但问题是，你们真的那么无辜吗？你们的良心真的不该受到谴责吗？你们自认为自己的言行合乎礼制，合乎道德；但扪心自问，你们真的没有伤害到祥林嫂吗？

（生沉默）

师：请大家从虚拟的身份中走出来，回到当下。刚才，鲁四老爷、婆婆等人用传统的观念、礼俗和道德为自己辩护，看起来都合情合理，倒好像祥林嫂死得其所似的。其实，鲁迅小说中有大量的类似人物，孔乙己、闰土、阿 Q、陈士成，他们的悲剧命运都很难找到具体的人来承担责任。但鲁迅不这样认为，他站在现代文明的高度看问题。从文明的眼光看，祥林嫂没有什么不可饶恕的罪过，为什么要遭受那么多的凌辱？我们换个立场，站在现代人的角度看，谁负有不可推卸的责任？

生 9：我觉得祥林嫂婆婆有责任。她是家里的长老，但是她将祥林嫂掳走，为了彩礼，又把她强行许配给贺老六，还抢走了她仅有的一千七百五十文工钱，据为己有，这严重影响了祥林嫂以后的生活。从现代人的角度来看，她就是在拐卖人口。

师：婆婆认为自己有权处置儿媳妇，可以占有儿媳妇的钱，可以把儿媳妇卖出去，在她看来这是天经地义的；但在现代人看来，这是不人道的，人怎么能跟货物一样买来卖去?

生 10: 而且她的行为前后矛盾。婆婆是个女人，好像也是个寡妇，她最该明白“一女不嫁二夫”的道理；自己不改嫁，为了彩礼却逼迫儿媳妇改嫁，多么矛盾啊，可见她并没有什么节烈思想，心里想的就是钱。

师: 分析得很棒。你发现了婆婆的双重身份，一方面她是家族的首领，是家长，在这个层面，她可以支配祥林嫂，逼祥林嫂再嫁；但与此同时，她也是个女性，她更应该明白女人再嫁的风险。自己不改嫁，却逼迫儿媳妇改嫁，这不是“双标”吗? 在实际利益面前，所谓的贞洁观念和封建礼教变得一文不值。说到底，婆婆是自私的。祥林嫂作为儿媳妇，她必须服从婆婆；作为女人，她还要服从道德。你说她能怎么办? 这是把她往死里逼啊。这就是礼教的虚伪，这就是礼教的残忍。

生 11: 柳妈的责任也很大。和祥林嫂在一起，她总是看祥林嫂额角上的伤疤，又死死钉住祥林嫂的眼睛。小说里写道:“再一强，或者索性撞一个死，就好了。现在呢，你和你的第二个男人过活不到两年，倒落了一件大罪名。”这些话就是往伤口上撒盐，让祥林嫂更加绝望。

师: 你能想象柳妈此刻的心态吗?

生 11: 我觉得她不怀好意。她其实瞧不起祥林嫂，话里带着一种恶意，还劝别人去死。小说里说她是一个吃素的善女人，可我觉得这个善女人一点也不善。

师: 她带着道德优越感去审判祥林嫂，觉得祥林嫂做了一件不合礼的事情。鲁迅在描写柳妈眼神的时候还用到了一个“钉”字，这个字读第几声?

生 12: 应该是第四声。

师: 作者是不小心用错了吗?“钉”和“盯”有什么不一样?

生 12: 我认为不是用错，这个“钉”比“盯”更有力量，似乎要看透祥林嫂一般，让人有一种无法呼吸的压迫感。所以，祥林嫂这才局促起来，收敛了笑容，她觉得自己确实是做了这样的错事。

生 13: 我跟大家的思路不太一样，我觉得这样的心态不只柳妈有，大家都有。在小说中，不止一个人看到祥林嫂的惨状时会有这样的嘲笑和蔑视，人们抱着一种听故事的心态去听祥林嫂讲她的不幸遭遇。一开始同情她，还陪出许多眼泪来，但后面就换成了鄙薄的神气。从这个“陪”字可以看出，她们并不是真心地同情祥林嫂，只是拿她作为消遣罢了。鲁迅说他们听完后“满足”地去了，这个“满足”是多么讽刺啊。鲁迅还用了“咀嚼赏鉴”这个词，也是讽刺了众人的麻木，他们跟柳妈也差不多。

师: 你发现了“故事”这个词儿，这是鲁迅的厉害之处，也说明了你的眼光。四里八乡的人来听祥林嫂讲她的遭遇，你以为大家是真的同情她吗？真想安慰她吗？不是，他们不过是来听“故事”的。什么是听故事？不就是为了满足自己的好奇心吗？所谓的同情与安慰，也只是居高临下，施舍一点眼泪以显示自己的优越感罢了。你们推断一下，她们可能会怎样议论祥林嫂呢？

生 14: 这个女人真惨啊，可是她也是活该。谁让她要再嫁呢？谁让她再嫁了还要生个儿子呢？谁让她不安安分分守寡呢？

师: 可是这些事是谁让她干的呀？不就是她的婆婆吗？不就是礼教吗？作为家族长辈，婆婆有权处置守寡的儿媳妇，祥林嫂不能不服从；作为礼治秩序中的一个女人，她又必须守寡，无权再嫁。祥林嫂无论怎样做，都难逃悲剧命运。宗法制度与礼教观念的内在矛盾，就在这里体现出来了。

祥林嫂的死，首先是她的心理被众人蹂躏了，她的精神被大家杀死了。这样看，每个人手上都沾有鲜血，每个人都参与了“吃人”。鲁迅认为这世界容不得“吃人”的人，他发誓要掀掉这“人肉的筵席”，打破各种束缚人们的不平等的枷锁。

环节四　总结反思，深化认识

师：说到这里，回到我们课前的问题，害死祥林嫂的，应该不是一个人，甚至不仅仅是一群人。那么，究竟是谁害死了祥林嫂？

生 15：我认为，这个"谁"，实际上就是一种礼制。祥林嫂自卑，自惭形秽，柳妈取笑她，让她捐门槛，四叔不准她碰祭品，这背后其实都有一个东西，那就是世代流传下来的"礼"。在"礼"的巨大的力量下，人们循规蹈矩，不敢越雷池半步。我用一个不是很恰当的比喻，这个礼制，已经成为人们心中的一座大山。就是这个落后的、矛盾的、伪善的"礼"害死了祥林嫂。

生 16：费孝通在《礼治秩序》里说："礼治社会并不是指文质彬彬……礼也可以杀人，可以很'野蛮'。"在礼治秩序下，没有人真正关心过祥林嫂，他们称她"嫂"却从未把她当人，他们咀嚼她的悲伤，用她的故事换来自我满足，用想当然的正义感去"行侠仗义"，甚至怂恿她一头撞死。从这个角度来说，所有人都与祥林嫂的死有关。

生 17：我觉得就连祥林嫂自己，也是杀死她自己的"凶手"。她深受礼教的毒害，她信奉礼教，别人才能拿礼教来害她。如果她能反思，觉醒一点点，柳妈的嘲讽对她就没意义。比礼教更可怕的，是她对礼教的固守和麻木。

师：说得太棒了。你的回答让我想起了费孝通在《无讼》中的几句话，他说："长期的教育已把外在的规则化成了内在的习惯。维持礼俗的力量不在身外的权力，而是在身内的良心。"说祥林嫂害死了自己，也是合乎逻辑的，外在的力量是通过她自我的精神折磨发挥作用的。

20 世纪初，广大知识分子怀着对国家和民族的责任，怀着对人生和生命的热爱，纷纷将眼光投向乡土，到中华文明根植的土壤中寻找反思的源泉。费孝通先生站在社会学的角度，对那个时代的人和事，做一种文化上的归因。而鲁迅先生则是用文学的笔墨，把那些真相血淋淋地展现在我们面前。新文化运动以前，中国的文字史上是没有女字旁的这个“她”的。而鲁迅先生在这篇小说中，他连用 153 个“她”字，绝不仅仅是告诉我们一个女人的非正常死亡，他是想让我们关注那些正在或已经被遗忘的“她”和“他”，还有千千万万的他们。因为在他们身上，不仅包含着我们的历史，也蕴藏着我们的未来。（板书：她、他们）知来路，才能明去路。下课！

课后作业

1. 下课后，有同学发了一条微博：“看来礼治秩序已经完全不适应现代社会了，只要我们有健全的法律，就能维持社会的正常发展。”看到这样的言论，你会在下面如何回复？请写一段 140 字以内的评论。（必做题）

2. 当今中国社会正处于转型的关键时期，乡村与城市的碰撞和融合使社会发生着巨大变化。请以“我眼中的乡村变迁”为话题，从“礼”与“法”的角度，小组合作开展调查访问，写一篇不少于 1 000 字的报告。（选做题）

板书设计

<table>
<tr>
<td>婆　　婆（掳走、改嫁）
卫老婆子（出卖、掳走）
四叔四婶（嫌弃、驱逐）
柳　　妈（恐吓、教唆）
“我”（无回应）</td>
<td>谁害死了她/他们</td>
<td>道德观念
自我主义
行为习惯
礼治秩序</td>
</tr>
</table>

点评

以书解文，运思成妙

姜恒权，重庆市沙坪坝区高中语文教研员，西南大学教育硕士兼职指导教师，人民教育出版社教材培训专家。

赵韵如老师这堂课，用费孝通先生《乡土中国》中的核心观点，来深度解读鲁迅先生的《祝福》，准确说是寻找祥林嫂的死因。社会学的理论工具，被用来分析小说中人物之间的复杂社会关系，从而烛照出各色人等言行背后的原因，理性思维与感性思维互耦，让两部经典名作交相辉映，成效是明显的。

一、寻找法律意义的“凶手”

导致祥林嫂死亡的具体“凶手”，学生在教师的带领下一一排查，婆婆、卫老婆子、四叔四婶、柳妈，还有“我”，这些最有可能的嫌疑对象一个也没放过，讲求研读的全面性。这一步，先让学生停留在法律层面考察小说的人际关系，为后续探讨做准备。巧妙的是，这些嫌疑人看似都有责任，但谁都可以在法律意义上免责，这是《祝福》本身具有的探究基础，若是在法律意义上有一个最该负责的人，那这课也没法进行下去。

二、寻找文化意义的“凶手”

赵老师设计了一个巧妙的思考支架：“我是________，我认为祥林嫂的死与我无关，因为__________。”让学生的身份转换为上述的每一位嫌疑人，顺势引入了《乡土中国》中的核心观点，使课堂的思考走向深入。这是本课的重头戏，也是叠影戏，一边是《祝福》里面的人物依次上场为自己辩解，一边是《乡土中国》里的理论相应地跳出来说明，而后者内容还以PPT呈现在课堂上，这就等于让《乡土中国》的核心观点在学生大脑里复刻了一遍。婆婆的“三从四德”和“血缘社会”观念，还有亲子间要讲究“负责和服从”的主张；中人卫老婆子浓厚的道德观念，还做出了冤枉的陈述；鲁四老爷一家合“礼”的主张及其“自我主义”；柳妈的鬼神信仰；接受过新教育的“我”的迟疑不决……这些都构成了封建礼教的文化磁场，让祥林嫂深陷其中而不能自拔，甚至连祥林嫂本人也成了她自己的文化杀手，祥林嫂只能走向死亡——被礼教文化剿灭的死亡。这种分析框架，已经从小说的要素分析转化为社会学分析，因为学生有了《乡土中国》的理论储备，所以能实现这样的教学目的。

三、寻找“凶手”背后的“凶手”

本课的高潮在第三个环节——“转换立场，聚焦思辨”。先让学生从虚拟的身份中走出来，回到当下21世纪的今天来，为了避免悲剧的重演，师生一起探求产生“凶手”的原因。找不到法律意义上具体的凶手，就无人为祥林嫂的死负责；文化意义上谁都是凶手，也就让真正的凶手落空了。最好的办法是找到产生凶手的土壤，挖掘出悲剧的根由。婆婆的前后矛盾和“双标”，祥林嫂的自我身份叠加，无论从外因还是内因看，悲剧的发生都在所难免。这种思辨的探讨还要沉淀到理性结论上来，费孝通在《无讼》中说：“长期的教育已把外在的规则化成了内在的习惯。维持礼俗的力量不在身外的权力，而是在身内的良心。”走到这一步是无比深刻的，但愿学生能得到有效的启蒙，能够在未来的生活中保持一点基本的清醒。

《乡土中国》的核心观念并不多，但它们几乎就是支撑起中国的四梁八柱，以它们为思考工具，可以较为清楚地看清楚中国从哪里来。《祝福》虽然是一篇短篇小说，其文化当量堪比《乡土中国》，且思想与《乡土中国》

同构。若要了解半封建半殖民时期的中国，《乡土中国》可以讲给你听，但《祝福》可以演给你看，这是文化史上的经典“双璧”。若是停留于拿《祝福》里面的现象去印证《乡土中国》的观点，思维就是肤浅的；好在赵老师是走的另一条路径，动用《乡土中国》的理论成果，拿着理论的解剖刀，去解读感性的《祝福》。这就不是简单的“群文阅读”可以概括的了。

课例16 贾探春悲剧命运的文化成因

景娟，北京中学语文教师，北京市朝阳区优秀青年教师。参与编写《如何阅读〈边城〉》，开发《乡土中国》《红楼梦》《四世同堂》《呐喊》等名著阅读课程资源，《四世同堂》整本书研读课例入选“国培计划”远程教学项目。

设计意图

费孝通从中国基层社会的乡野调查中筛选案例材料，上升为“现象级”分析，通过概念提炼和阐述，进入社会学理论分析的层次。文中出现的核心概念揭示了中国基层乡土社会的普遍性质，为读者提供了认识和理解中国社会的理论工具。

学生阅读《乡土中国》，“抓概念”是清除阅读障碍的有力抓手。但在实际的阅读过程中，大部分中学生读者（尤其是大城市的中学生），缺乏乡土生活经验，阅读过程中面对应接不暇的专业术语，以及陌生无感的乡土案例，容易进入阅读倦怠。这种情况下，针对书中的概念理论难点，教师可以精选描写乡土社会的文学文本，填补学生乡土经验的缺漏。通过文本对照阅读，思辨地理解作者的观点和论述逻辑，提升学生的思维品质。

《红楼梦》是高中生的必读书目，且是长篇巨著，人物繁多，矛盾复杂。鲁迅在《中国小说史略》中将《红楼梦》注为“人情小说”。《红楼梦》塑造的贾府是典型的中国古代大家族样本，由家族伦理中生发出的人情社会、差序格局、礼治秩序等，影响着生活在其中的各式人物的命运。对高中生来说，“要走进《红楼梦》，‘人物论’是最便捷的阶梯……最有活力、最有思辨空间的领域”[1]，尤其是处在封建礼教旋涡中心的贾探春，有很大的探究价值和言说空间。

在前期梳理《乡土中国》逻辑框架和核心概念的基础上，本节课的重点在于用《乡土中国》的相关概念理论解读《红楼梦》，完成对《乡土中国》观点、概念的转化与运用。以贾探春的悲剧命运为切入点理解贾府，以贾府为典型环境理解乡土中国的传统文化。从费孝通基于乡野调查的“乡土中来”，到《红楼梦》集中呈现的“乡土中去”，通过分析典型人物贾探春的所处环境和行为动机，帮助学生读懂《乡土中国》，深刻领悟传统中国礼治秩序对个体的影响；同时，利用《乡土中国》的社会学理论，帮助学生理解《红楼梦》中复杂的人伦关系和文化内涵。

学生在通读《红楼梦》全书的基础上，聚焦第五十五回“辱亲女愚妾争闲气”和第五十六回“敏探春兴利除宿弊”，厘清节选部分的情节和人物关系，圈点勾画重点信息，围绕贾探春的悲剧处境展开研讨。本节课设定以下学习目标：

1. 初步把握社会学著作的阅读方法，学会抓核心概念灵活理解作者的观点，构建学术类作品的阅读经验。

2. 通过与《红楼梦》对读，聚焦贾探春这个人物及其相关情节，以贾探春的悲剧为案例，分析个体命运与家族伦理背后的文化传统的关系，能够运用《乡土中国》的学术理论解读文化现象。

---

[1] 余党绪.抓好五环节，教好整本书——以《红楼梦》整本书阅读教学为例[J].中学语文教学，2021（10）：22.

3. 学习费孝通透过现象看本质的思维方法，在思辨阅读中提升思维品质。

教学扫描

环节一　导入：贵族家庭的“乡土本色”

师：课前同学们已经通读了《乡土中国》，梳理了全书的逻辑架构和核心概念，但是好书不能止步于读过、知道，更大的价值在于指导我们理解社会与人生。今天就让我们进入运用环节，用《乡土中国》的概念、观点解读文化名著《红楼梦》。

《红楼梦》塑造的贾府是典型的中国古代大家族样本，我们借助文学作品，领略到鲜活的中国社会风貌，认识了生活在其中悲欣交集的人物，而贾探春就是挣扎在礼教旋涡中的典型人物。

这节课我们就以探春和她的处境，为《乡土中国》作注解，用读书研讨会的形式一起研讨探春命运浮沉背后的文化成因。（板书：贾探春　文化成因）

环节二　探春身上的“乡土”矛盾

师：“才自精明志自高，生于末世运偏消”道出了贾探春的悲剧命运，判词中哪两个字词突出指向她的悲剧性？

生 1：“末世”“偏消”，她生于末世贾府衰落时，这极大程度上决定了她的悲剧命运。

生 2：那么多人都在贾府衰落时出生，也不见得都有她这么悲剧。还有前半句呢，不能是单纯的赞美吧。

师：前后两句构成了什么关系？

生 3：对比。空有才气和志向，可惜时代衰亡命运不济。一个“偏”不够，还得和徒自、白白无用的“自”连起来，才足以凸显其悲剧性。

师：你注意到了前后句子的关联，阅读意识很好。这两句词对仗，恰恰表示探春的悲剧首先源于她身上暗含的矛盾，自身特点与外在环境不合的矛盾。（板书：矛盾）

现在请同学们聚焦《红楼梦》第五十五至五十六回，也可联系前后文，来一起探究探春自身特点与外在环境不合的矛盾具体体现在哪里，是如何造成了她的悲剧的。

生 4：探春有才华有志向，和赵姨娘争吵时说：“我但凡是个男人，可以出得去，我必早走了，立一番事业，那时自有我一番道理。”但是她的女儿身决定了她不可能像宝玉、贾兰那样考取功名成就事业。她的志向就无法实现。她的志向高远和女子不能科考之间的矛盾造成了她的悲剧。（板书：男女）

生 5：她本身很要强、自尊自爱。但赵姨娘三天两头来找事，抹杀她的尊贵感，也挺悲剧的。虽然不能说赵姨娘就是探春的悲剧来源，但有这么一个母亲的确对探春的命运影响很大。

师：哦，否认了这一部分的矛盾性。她和赵姨娘之间的关系有些复杂，我们尝试借助费孝通的“差序格局”理论来理解。（板书：差序格局）

请同学们在学案上画出贾探春的差序格局圈层图。我请一名同学在黑板上画。（学生板书：贾探春，第一圈层赵姨娘和贾环，第二圈层王夫人，第三圈层宝玉、黛玉、宝钗、湘云，第四圈层房内丫鬟）我们来看他画的差序格局图，和你的一样吗？

生 6：赵姨娘似乎不能排在第一层，照理来说，母亲赵姨娘应该是第一层才正常，但现在她的圈层不正常。

师：你说的“照理”是基于什么理论？

生 6：费孝通用中国的“家”做例子，说中国社会最重要的亲属关系就是同心圆的差序格局，那么按亲属血缘的亲疏远近，亲生母亲赵姨娘自然应该在第一层。但按贾探春的实际处境，赵姨娘和她之间显然没有那么亲近。

师：大家有没有这样的疑问，决定“差序”亲疏远近的标准只是亲属血缘吗？那曹雪芹为什么写贾探春鄙夷生母，疏远胞弟？

生 7：费孝通讲差序格局有差等次序的特点时，说儒家的人伦重在分别，用君臣父子贵贱亲疏来举例，说明这些都是分别。所以决定个人处境和关系远近的不只是亲属血缘，还有身份贵贱。探春母子争执的焦点在于，赵姨娘希望女儿掌权后多拉扯，让她扬眉吐气，但探春偏要照规矩办事，拉开距离。在探春心底，姨娘所生这个庶出的身份就是一根刺，时刻提醒她出身不好。而赵姨娘的存在就是她出身的最大证明。

师：也就是说她们之间最天然的母女关系受到了什么观念的冲击？

生 8：嫡庶的身份贵贱。（板书：嫡庶）

师：好，那么嫡庶之别对探春影响有多大？

生 9：连看人特别准的王熙凤都说可惜了三姑娘命薄，没托生在太太肚里，不然她会有更多机会施展自己，结果因为庶出身份甚至会影响婚嫁。嫡庶之别关乎人生大事，贾探春不可能不介意。

师：这样一说是不是稍微能理解贾探春对生母的“出言不逊”了呢？接着看，她们的母女亲情还受到了什么冲击？

生 10：探春说：“那一个主子不疼出力得用的人？”“谁家姑娘们拉扯奴才了？”说明探春是以主子自居的，而赵姨娘是家生奴才，其亲人都要世代在贾家为奴，这一点还比不上从外买来的袭人。所以赵国基虽然在血缘上是探春、贾环的舅舅，但在贾府的规矩礼法下，他也就是个奴才。探春气急时就反驳：谁是我舅舅，如果他是舅舅，为什么在贾环出门上学时还恭恭敬敬跟在后面。这话太扎心了。

师：所以说明他们的亲子关系还受到了什么冲击？

生 11：主仆身份。（板书：主仆）

师：亲属血缘掺杂了嫡庶之别和主仆身份的干扰，赵姨娘自然不能排在第一位，那么谁取而代之了呢?

生 12：王夫人在第一层，赵姨娘至少在宝玉后面。（板书修改差序格局圈层图）

师：所以说才志双绝的探春处于男女、嫡庶、主仆矛盾聚集的位置上，这一处境本身就构成了悲剧。那么探春有可能脱离这一处境、化解这些矛盾吗？我们尝试用《乡土中国》的理论来解说。

生 13：不能化解。探春由王夫人抚养教育长大，接受的是正统礼仪教育、贵族教育。王夫人、贾母是她的教化者，代表了一种长老权力。探春所做的一切就是为融入以贾政、王夫人为代表的家族正统体系，她怎么可能违背长老统治呢?（板书：长老教化）

师：那赵姨娘呢，能教化她吗?

生 14：不能。小说写她在屋里训斥贾环，王熙凤听到了就说："凭他怎么着，还有太太老爷管他呢，就大口啐他！他现在是主子，不好了，横竖有教导他的人，与你什么相干！"这直接说明了赵姨娘奴才出身、居于妾位，没有教化权力，她只是贾府繁衍子孙的一个生育机器。所以她不可能通过自幼的启蒙教化，唤醒探春内心对母女亲情的渴求与守护。

师：好，这是长辈教化的层面，谁还有补充?

生 15：不只长辈教化，整个家族里的礼法氛围都把她牢牢地束缚在这里。

师：关于礼，费孝通怎么说?《红楼梦》是怎么体现的?

生 16：费孝通说礼是社会公认的行为规范，经过一代一代人的教化形成让人敬畏的文化氛围。探春所处的贾府家规礼法鲜明，众人都遵循默认。贾母吃饭时，儿媳妇在旁边摆菜，大家鸦雀无声。姑娘们进屋时，赵姨娘只能站在一边掀帘子。这些都是家礼表现的细节，体现着尊卑长幼有序。还有元春省亲时，连贾母也是带头长跪迎接，这是国礼，比家礼规格

更高。所以在这种环境下熏陶成长起来的贵族小姐，怎么可能逾越礼仪？她不可能挣脱。（板书：礼俗约束）

生 17： 之前老师发的拓展阅读材料《生育制度》里，费孝通说，在乡土中国，人的社会身份主要靠家庭关系来确定，媵妾制是婚外关系，没有正式性。那探春作为小妾所生的子女，需要被正妻王夫人认领才有名分，才能获得社会关系。这些都构成了探春生活环境中“礼”的一部分。在她这个处境的人，对母女亲情的追求和对个人尊严的守护是矛盾的，这种不可兼得的尴尬与痛苦就很悲剧。

师： 很好，结合了拓展材料。这是从文化习俗、制度层面，说明了礼俗等级、媵妾制度在以家族为核心的宗法社会全方位组成了封建礼教的包围圈。

这部分我们集中探讨了贾探春在贾府的处境，她不如薛宝钗，嫡女尊贵；不如黛玉，虽生母去世，终究是正经小姐主子；同为庶出，她甚至不如贾环，因为男子还有参加科举的机会。传统礼教以男尊女卑、嫡庶有别、主仆有分的种种矛盾施加在探春身上，让她处于封建礼教最集中的地方，呈现出封建礼教对鲜活人性的挤压。

环节三　探春改革缘何失败

师： 如果说探春的处境本身就是悲剧，无论谁处于那个位置上都必然面临尴尬与痛苦，那么更因为是探春，她有着非同于常人的卓绝才华与志向，有意识有目的要做些什么，结果却以失败告终，这个悲剧的意味就更浓厚了。

接下来，我们聚焦探春的“兴利除弊”，探讨她的改革为什么没能挽救贾府，并尝试运用《乡土中国》的理论分析这深层的悲剧从何而来。同学们可以先聚焦《红楼梦》中的情节，在对现象的剖析追问中逐步深化思考。

生 18： 我们先看探春“兴利除弊”在大观园实施的这三项措施：免去公子哥儿在学堂的纸笔钱，蠲免姑娘们的脂粉买办，这两项主要是节流，避免虚支冒领造成的金钱浪费；第三项措施是在大观园实施承包制，属于开源，但是效果不太明显。每年盈利区区四百两银子，贾赦购买一个通房丫头都需要八百两银子，这对花钱如流水的贾府来说，不过是杯水车薪，很难填补贾府的亏空。所以说，探春改革的力度还是太小，根本无力触及贾府的经济基础，也就难以挽救贾府衰颓的趋势。

师： 好，这是从具体改革措施的角度来分析。那么探春为什么没能采取更有力度的措施？

生 19： 因为她作为王熙凤的代理者，权力有限，主要局限在姐妹们居住的大观园，即便如此，后边写丫头们因为茯苓霜、玫瑰露的事情吵架，探春突然就极力回避，无力处置了，只能交给王熙凤裁夺。看书的时候只觉得探春的“兴利除弊”轰轰烈烈展开，却不了了之，感觉像曹雪芹忘了一样。（生笑）

师： 这里的草草收场恰恰是曹雪芹创作忠实于生活的犀利记录。那么无力处置是不是仅仅因为涉事人员超出了大观园这个地域？

生 20： 超出大观园这个空间也就扯出了赵姨娘、贾宝玉，以及王夫人门下各种错综复杂的人际关系，超越了探春这个级别的管理权限。贾府的实际掌权人是贾母，连王夫人都只是贾母的代言人。探春管理后期遇到赌博事件，贾母问探春既然早发现了，为什么不早来回，而不是问为什么不解决。这说明探春没有充分的处置权力。

师： 人际矛盾解决起来有困难，那贾家的经济衰落问题呢？

生 21： 经济问题更不是一般的改革能解决的，要想真正解决，需要依赖最高领导的强力支持，可探春完全不具备这个条件。所以看似轰轰烈烈的“大观园改革”，可能在一开始就注定了失败的结局。

师： 这是从探春的权力范围角度来分析。我们继续深入思考，为什么贾母不能全力支持，授权给贾探春呢？

生22：贾母是统治阶层的代表，而探春改革触碰了统治阶层的既得利益。

师：这是假定贾母已经知道探春要除宿疾，才有意识限制她的权力。上一环节我们也讨论了，贾探春是在贾母、王夫人的长老教化下成长起来的，长老不可能精心培养出一个反对者。所以问题是，贾母、王夫人有可能一开始就彻底放权给小一辈管家吗？

生23：不可能。不只不会彻底放权给贾探春，之前的王熙凤也不过是代言执行者，重大决策还是要听贾母的。费孝通不是说了吗？在变化慢的乡土社会，长老权力势力雄厚，因为长老依据经验传统就能指导人们过好一生，所以极有威信。那么具有指导性、教化性的长老自然不可能轻易放权，小一辈没有生活经验，自然没有权威性，也难以让其他人顺服。

师：联系到长老权力，很好。所以从这个角度来说，贾探春、王熙凤都是长老权力的代言人。王熙凤作为孙媳妇，比未出阁的小姐贾探春被授予的权力更大。那么我们设想，如果换成王熙凤改革，结果会好一些吗？

生24：一样不能扭转贾府衰颓的趋势。书中描写王熙凤与平儿对话，她看出了贾府收支难抵，但她已经骑虎难下，一方面是贾府面临财务危机进项少，一方面依着贾母的生活习惯，奢侈铺张难以省俭。王熙凤自己也无能为力了，就把这个难题抛给了贾探春。所以说本质上不是探春改革力度和代理身份的问题，而是大势所趋，贾府已经处于由盛转衰的滑道上，不可逆转。而且更关键的是，王熙凤不可能做出探春这样的改革举措。

师：这就是大厦将倾，非一木可支。那为什么王熙凤不会这么做呢？

生25：王熙凤比较看重人情往来，擅长笼络关系，不会逆着贾母和其他几房长辈，损害他们的利益；贾探春相对理性，公私分明，理家就不怕得罪怡红院和凤姐。

师：仅仅是个人层面的性格原因吗？

生 26: 感觉不单纯是自身原因，还和时代背景有关系。王熙凤理家的风光时期，主要是协理宁国府，建造大观园，那时处于贾府的兴盛期，四大家族联系紧密，从护官符可以看出来四大家族之间人情关系网络明晰，互相谋利。没有外界因素去刺激她挑战人情社会的传统做出变革，她没有大刀阔斧改革的必要性。而到了探春改革时期，连林黛玉都看出贾府面临“出多进少”的财政负担，那敏锐的探春提出变革，用理性、规则去抵抗人情社会的沉重负担，也就顺理成章了。所以贾探春和王熙凤二人的理家方式和行为是在不同时代的不同需要。

师: 非常好。我们的讨论正在由现象追根溯源，在比较和追问中逐渐走向深入。也就是说，在稳定时期，顾好眼前；受到冲击时，有意识调整行为动机。这种理解有理论依据吗?

生 27: 费孝通讲乡土变迁中最突出的变化，是人们的行为从“欲望”支配转变到按“需要”行事，感觉和二人理家很像。王熙凤重视用人情关系解决眼前问题的理家方式，更像是依着本能“欲望”去行事，所以没有长远规划，导致寅吃卯粮，能依照旧例生存下来就皆大欢喜；而贾探春明辨贾府好日子不长久，因此有计划地推进改革，就像为了营养开始有意识地选择食材，这是理性的管理方式，更像是现代社会靠“需要”指导行为，谋求发展。（板书：欲望到需要）

师: 这就是现象与理论之间的互相阐释。阅读社会学著作，需要不停在术语理论和社会现象之间多穿行几个回合，才能更好地理解。

生 28: 我有疑问，那这样的话，探春这种偏现代化的理家方式，适应历史大趋势，按理论来说不该以失败告终，沦为悲剧呀。

师: 问得好！有同学能解释吗?

生 29: 理论是经过提炼的，本质性的。社会发展涵盖各个方面，矛盾聚集，一次变迁可能要经历上百年，探春相对超前了。大时代是有这样的发展趋势，但具体改革以及改革成功的土壤还不成熟。她相当于社会变迁时的一个先锋，在和旧有秩序抗衡的过程中她本人必然失败，但后续无数探索之士站起来，终能成功。

师：说得无比悲壮。如果说这里的旧有秩序是以贾母为代表的长老统治，那么探春相当于哪种权力呢？怎么理解？

生30：应该是“时势权力”吧。在变动缓慢的乡土社会，文化稳定，人们都遵从长老权力，可以适应生存。贾家晚辈的享乐得益于祖辈的开拓奠基，甘愿接受长辈的教化，维护贾母权力，进而没有变革的动力和必要。可是随着时代变化，贾府陷入政治势力的斗争旋涡、遭受经济危机，这些大环境带来的冲击导致传统的办法不能应对当前问题，改革就有了孕育的可能。所以贾探春更像是费孝通所说的“文化英雄”，在新旧交替时期，有知识、有能力，可以组织新的探索和试验，带领大家度过惶惑、无所适从的阶段，也就产生“时势权力”。（板书：时势权力）

师：所以用这几种权力理论来分析，怎么理解探春悲剧的必然性？

生31：探春改革的失败就是在封建社会贵族阶层趋于没落时期，刚冒头的“时势权力”与实力雄厚的“长老权力”之间的角逐失败。特别像历史上众多变法志士一边必然死去，一边前仆后继，是历史发展的必经过程。

师：很好，打开思路，就能串联很多现象。所以至此，我们意识到探春改革的失败不单是她个人的命运悲剧，更是缘于在千年历史文化传统中，“长老权力”的根深蒂固与难以撼动。从这个角度看，探春改革的失败更凸显其悲剧的沉重性。

生32：哇，厉害了。（小声）

师：什么厉害？

生32：感觉曹雪芹和费孝通在强强联手，一个古代的作家居然能发掘社会发展变迁的本质，一个现代的社会学家抽象的分析居然能关涉到古代封建社会的一个鲜活生命。

师：是呀。这就是优秀文学家与社会学家的犀利与敏锐之处，而你作为读者，领会到了，也是幸事一桩。

环节四　总结

（PPT 展示）

> 我不愿意把文化看成一个有意为难人、试探人的对象。若是我们发现一种制度不能满足人某一方面的要求，我们并不必姑息它，或隐讳它，但是要了解它所以然的苦衷。——费孝通《生育制度》

师： 费孝通不只有犀利眼光，更有悲悯情怀。曹雪芹同样以他的敏锐和悲悯，呈现了个人与封建制度、礼教文化之间的纠缠与互动。面对《红楼梦》，我们既不必以现代人的道德立场评判指责贾探春，也不必怀着对家族的深切依恋哀悼如今的家族衰落。而是既看到历史中人物的局限性，又看到历史车轮滚滚向前的必然性。

这节课我们将《乡土中国》和《红楼梦》对读，既是用《红楼梦》这本鲜活呈现社会面貌的文学作品，帮助理解费孝通的社会学概念；也是将《乡土中国》的社会学理论作为一把钥匙，解开长篇巨著《红楼梦》的文化解读密码。阅读《乡土中国》，最大的意义在于我们知道了中国人行为的文化心理从何而来。知道来处，才能更好地走向去处。今天只是选取《红楼梦》的一个角度进行二书联读，大家可以继续研读，并参考费孝通的《生育制度》等书拓展理论储备。

课后作业

将《红楼梦》与《乡土中国》对读，可以就宝玉挨打、金玉良缘 PK 木石前盟、刘姥姥三进贾府等内容展开探讨，透过现象看本质，挖掘其中的民族文化心理根源，写一篇阅读心得。（400 字）

板书设计

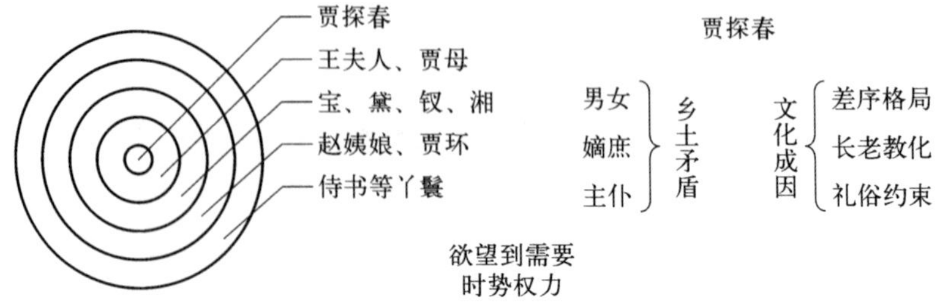

点评

读之关键，唯用为妙

孙晋诺，中学语文特级教师，正高级教师，陕西师范大学兼职教授，苏州大学文学院兼职教授硕士生导师，江苏师范大学兼职硕士生导师，枣庄学院客座教授。荣获山东省十大教育创新人物提名奖、山东省中学语文优秀教师。

我们的语文教学百分之九十的时间用于阅读教学，而长年来的阅读教学一直囿于识，止于知，狭于用，而滞于浅薄。对阅读的认识一直停留在传授文章学知识的基础认知阶段，把一棵“知识树”当作语文学科的全部，一枝一叶地摘除嚼碎给学生。其实，文章学知识只是阅读教学的部分基础知识，阅读教学真正教的应该是阅读学，或者准确地说是语文阅读学，可惜一个多世纪以来，始终囿于文章学知识而不能越雷池一步。这样的教学结果是，不论是师还是生，大都停留在知道了解文章内容与写作方法的层面上。尤其可悲的是，读而不能用；读则读矣，读止于读矣，读只是读。如果读即能用，即使把12年的语文课程内容掌握一半，也足以成为读写素养极高的优秀人才了，可是，事实是目前高中毕业生的读写素养堪忧。堪忧的具体表现为师生大都没有建立起正确的阅读观，更没有读之能用的学习结果。

面对这种状况，新课标提出了核心素养的概念，规划了整本书阅读的课程内容。

整本书阅读的方式方法是什么？价值在哪里？基于知识传授的阅读理念还可以支撑整本书阅读的教学实践吗？

整本书阅读的价值在于帮助阅读者建构认知观，而不是死记那些所谓的修辞知识。通过对内容提要、逻辑架构、言说结构、思想体系的认知，获得整本书之“整”的认知能力的提升，才是整本书阅读的价值所在。因此，整本书阅读需要更新阅读教学理念，贯通读写思维，达到读之能用、用之能新的学习状态，这才是整本书阅读的教学价值之所在。

无疑，景娟老师的这则课例给整本书阅读教学提供了一个创新而典型的样本。

首先，本课例阐释了整本书阅读深化与转化的教学理念。

《乡土中国》作为一本著名的社会学著作，它有严密的逻辑体系与思想体系，有独创的学术概念。让高一的学生完全、准确、深透地把握这些概念，有一定的难度。同时，还要让现代中学生理解中国乡村的一些语境内涵，时空的阻隔都会带来较大的困难，虽然《乡土中国》所探讨的传统文化作为中华民族的文化内核依然清晰地存在于现实生活中。这样一来，要杜绝毛泽东主席所批评的学了经济学不能解释法币的现象，就更加困难了。面对这样的难题，景娟老师采用改换阅读语境的方法，本着学以致用，使用中深化阅读的教学原则，让学生运用《乡土中国》的概念来阐释《红楼梦》中的社会现象，可谓一种极妙的教学创新。这一设计形成了三层深化与两维转化的教学效果。所谓三层深化，一是在这个学习活动中，学生因针对跨语境使用的前提要求，需要重读或者重新思考《乡土中国》中的那些重要概念；二是在把概念与《红楼梦》情境对接的过程中，要再一次考量这些概念的内涵与适用性；三是要真正用《乡土中国》的理论阐释《红楼梦》中的社会现象就必须把抽象的概念具象化，把《红楼梦》中鲜活的事例抽象化，无论是从抽象到具象，还是从具象到抽象，都是一种较大难度较高质量的思维活动。所谓两维转化，是指在这个学习活动过程中，社科阅读与文学阅读形成了流畅的转化与生成。《乡土中国》的阅读因《红楼梦》小说故事的加入，而生成了更为广阔的阅读语境；《红楼梦》的阅读因《乡土中国》的加入，使阅读者提升了去除故事外衣理解其灵魂的解读能力。两本书在这个巧妙的教学设计里融合为一体，这是对整本书阅读教学极有价值的尝试。

其次，学生在这个学习活动中收获了什么？是阅读认知结构的重建与优化。

差序格局、长老教化、团体格局、礼俗文化，在《乡土中国》里，费孝通先生是以土地属性、人空关系固定、熟悉社会这三个特征为论述核心向外延伸展开的，要让学生理解整本书的内在逻辑关系，单纯地讲述是普通的教学方式，而景娟老师利用《红楼梦》中探春这一个人物形象，把《乡土中国》的逻辑架构给自然地展现出来，让人赞叹。这一设计让学生围绕着探春这一人物形象的分析，把《乡土中国》的思想观点与逻辑关系简化为一个人物的评价，从特定视角，重构了《乡土中国》的逻辑关系，深化了对《乡土中国》与《红楼梦》写作艺术的理解，这一基于个体认知能力提升的教学设计无疑是巧妙而富有创意的。尤其是环节三的教学立意，是值得深思和学习的。环节二是对探春人物形象的《乡土中国》视角的初步辨认与审察，而环节三则是对探春这一人物形象的文化根源的深入探讨。这一探讨是对《红楼梦》文化基因的剖析，更是对《乡土中国》文化精神的提炼与运用。景老师巧妙地抓住探春改革失败这一情节，从小说视角转向社会学考察，从而揭示了《红楼梦》里民族文化意义上的时代背景、人际关系，让人耳目一新。比如，对探春与贾母、王熙凤、王夫人等人的关系的探讨，是对其本来伦理关系的突破与超越，因为在一般的小说阅读中，大都只从其伦理关系、道德内涵等角度来解读人物形象，但两本书的嫁接式阅读，让学生清楚地意识到伦理关系只是一种表象，而决定这种伦理关系的根本因素是文化，或者说是历史文化。探春改革的出发点、目的、权力范围、结果等等，蕴含着差序格局、团体格局、长老统治、欲望与需要等文化内因。由此，真正开辟了小说阅读新的认知渠道，即小说人物的命运既不只是性格使然，也不只是小说本身的情节设计决定的，最终决定者可能是这个人物形象的文化内因。同时，也巧妙地打开了《乡土中国》的深层阅读之门。社会科学论著阅读的本质并不在于对概念内涵的文字性阐释、记忆，而在于能够把这些内化于文学作品的概念、规则准确地辨认出来、融通理解，从而把一本抽象的理论著作读成鲜活的社会生活情景剧，达到既能进得去又能出得来的阅读目的。因此，学生通过这节课的学习，不论是对《乡土中国》这类社科类文化著作，还是对像《红楼梦》这样的文学名著，都会具有一种突破原思维的阅读意识，并能在一定程度上融会贯通。

那么，景娟老师为什么能这样设计教学？

所有教学设计的背后都立着属于那个老师的教学论。立在景娟老师教学设计背后的教学论是什么？是提升核心素养的学科教学理念。

核心素养不是一个虚空的概念，它体现在日常教学中的点点滴滴，正如一个人不能掩饰自己的灵魂一样，一节课也是无法掩饰每个教学细节背后的教学理念的。

景娟老师最为突出的阅读理念是“用”。不把一书的阅读局限在这本书的内部，而是要在不同的书间穿越；更不以内容的识别为目的，而是要让学生具有运用所读解决问题的能力。这是若干年来阅读教学所没有意识到更没有人尝试的以“用”为教学目的的有益之举，素养只能在这种真实的运用中养成！景娟老师的这节课应该成为向导，启示大家，阅读教学也可以这样教。

当然，“乡土本色”“乡土矛盾”“改革失败”三个教学层次代表着景娟老师解构教学文本的逻辑思维层次，从这三个层次来看，可以发现景娟老师对《乡土中国》与《红楼梦》的解读作了多次的淘洗筛选，不然，是无法选择出探春这个典型代表与梳理出层层递进的逻辑关系的。而这种教材解构能力，恰恰是提升“语言建构与运用”能力的核心教学因素。

在这一意识的支配下，景娟老师课堂里的学生也是以教师的思维为基点向外发散、延伸的，形成了对《乡土中国》《红楼梦》内涵理解的合体建构，切实体现了以《乡土中国》之理论解读《红楼梦》人物形象的社会价值的教学设想。学生在学习过程中完成了对《乡土中国》与《红楼梦》内涵解读的跃升性成长，这一成长的核心就是语言建构与运用、思维发展与提升，也就是说，教学的落点亦是落在了提升核心素养这一语文的命脉之上。

一节优秀的课正如美丽如画的庐山，远近高低各不同，以上所谈只是其中一二，更多的教学价值还需广大读者自我领悟。

课例17 牌坊里的“乡土中国”

盛庆丰，安徽省特级教师，正高级教师，现任教于安徽省马鞍山市第二中学。安徽师范大学特聘教授、文学院硕士生导师，马鞍山市名师工作室主持人。

设计意图

完成《乡土中国》整本书学习任务后，仍感觉教学是一个草率的过程。从学术著作阅读的角度看，大多数学生对乡土社会的理解止于知识、概念层面，至多梳理出整本书的逻辑体系；从对传统文化审视的角度看，费孝通先生所阐述的农耕时代中国乡村的社会结构、人情往来、礼仪制度，已经与今天中国农村的真实情状有了极大的不同，我们可能失却了审视的对象，仅仅从一些零碎的现象进行印证、评价甚至是批判，即使有看法或主张，多是一种盲人摸象式的结论。

“徽州行研学旅行”是一次契机，到徽州近距离地去感受丰厚的传统文化，探寻那里的乡土中国。程朱阙里、礼仪之乡、徽州朝奉、牌坊、民居、徽商、徽墨、徽雕……让人“痴绝”的是厚重的文化资源，所以，我们把这里当作调查研究场所，将《乡土中国》的教学空间延伸到徽州，从那些凝固的物中找寻乡土社会的深痕，更重要的是把“游山玩水”做成有质量的文化观察与思考，也可视为对费先生实践精神的一次浅层次的模仿。

这是一个探究创新的学习过程，也是一个情境式体验的过程，还是一个小组协作的过程。

“牌坊里的‘乡土中国’”是一节教学研讨课，是该系列活动的成果展示之一。选择“牌坊”作为教学话题，有这样的考虑：

1. 徽州现存上百座大大小小的牌坊，有“中国牌坊城”之誉，引人注目的牌坊群自然会勾起一种好奇：为什么徽州会有这么多的牌坊？这便于“课”的开端。

2. 从内容上看，牌坊所负载的功能多样，牌坊里有道不完的故事，以此为话题（研讨对象），便于“课”更聚焦，思辨也更有了可能。

3. 从学生兴趣点来看，牌坊是他们主要关注的对象，但多是泛泛而过，缺乏深度透视，所以有必要深究一番，可以体现“课”的价值功能。

前期的学习产品（小论文、调查报告、游记等）普遍存在的问题是内容过散、探究不深，有质量的作品并不多见。这节课围绕“牌坊”开展课堂研讨，希望通过质疑、探究，提升学生的思维品质。所以，教学的重点是如何将学生对牌坊历史文化的思考引向纵深，这也是教学的难点。

本节课的学习目标设定如下：

1. 以“牌坊”为视点，结合《乡土中国》等作品，注重发展学生将“读—行—思”有机融合的能力，提升学生关注生活、理性思考的自觉性。

2. 以“思辨”为方向，聚焦“牌坊文化”，探寻其背后的社会制度、社会伦理的表里关联，重点培育学生批判性思维的品质，掌握批判性思维的方法。

3. 以“表达”为方式，通过课堂的陈说、探讨甚至争辩，培养学生的语言表达能力，在此基础上，发展学生的学术表达能力，进而提升学生的写作水平。

教学扫描

环节一　扫描——牌坊里有什么

师： 同学们好！明代戏剧家汤显祖说过：“一生痴绝处，无梦到徽州。”这次研学旅行我们选择的地方正是魅力无限、极富文化内涵的徽州。从同学们提交的学习成果来看，大家没有把此行当作纯粹的旅游，在“研”与“学”上还是下了一番功夫的，但总体感觉大家想要写的点很多，内容上太散，深度还不够。做研究，选点要小，着力于一处，凿出泉来。所以，这节课以牌坊为例，“小题大作”，看看牌坊里究竟藏着什么奥秘。

下面是一名同学作业中的一段文字。

（PPT展示）

漫步在新安江畔，穿行于街巷古道中，抑或是在乡野阡陌、村口，我们总能与高大、凝重甚至斑驳的牌坊不期而遇，注目瞻仰、用手触摸、辨读文字，一柱一匾一饰物，能让我浮想联翩：牌坊，作为一种文化记忆实物，曾绽放过多少人间的辉煌与荣光，也留下了多少辛酸凄苦、让人感慨扼腕的故事……夕阳余晖映照之下，这些静默伫立的精美建筑，拖着长长的影子，越过几百年的沧桑岁月。

师： 读了这段文字，大家怎么看？

生1： 她把自己融入环境之中，文字有画面感，也有诗一般的意境，给人以身临其境的感觉。

生2： 她用词很讲究，语言表达有一种美感，有解说词的味道。

生3： 我喜欢读文化散文，读过余秋雨的《文化苦旅》、王笛的《显微镜下的成都》，可能是受其影响吧，平时写东西就自然而然地用上了。

师： 文化散文对中学生的读写有过很大的影响，即使现在也很受学生的欢迎。客观地讲，这段文字也正如同学们的评价一样，文笔好，有视觉冲击力，值得肯定。但问题就出在“写得好”。

生 1： 她写得不好吗？

师： 我们习惯把“有文采”当作好文章的标准，对“有思想”不怎么待见，也许是不好操作和评判，所以一看到文采斐然，便赞不绝口。面对牌坊这一文化符号，我们更需要见识、思考甚至是批判，而不是只停留在景象描绘、复述故事、抒写情绪。

大家想一想：牌坊是什么？牌坊究竟要发挥什么样的社会功能？为什么在徽州这个地方会有这么多的牌坊？今天又该如何评价这些历史遗迹？要回答这些问题，首先要从“牌坊是什么”说起。请看：

（PPT 展示）

牌坊又称牌楼，古称绰楔，是一种中国独有的门洞式纪念建筑。一般用木、砖、石、琉璃等材料建造，上题刻字，点缀精美浮雕，古代多建于宫殿、庙宇、陵墓或者市井街口，在建筑学上起到划分空间、装饰美化、标识引导的作用。其多为封建社会统治者为了表彰功勋、科第、德政以及忠孝节义所立，也有一部分作为建筑群的山门使用。牌坊集中国古代传统的建筑、绘画、书法、雕刻、楹联等艺术于一体，是中国传统文化的综合载体，是中国古代文化艺术的结晶。

师： 这是对牌坊最简要的概述，研究牌坊可以有很多角度，我们今天着重研讨牌坊里蕴含的文化内涵。请同学们结合在徽州所见到的牌坊，看看有什么发现。

生 4： 我看的牌坊有棠樾牌坊群、许国大学士坊、叶氏木门坊，它们都是徽州最有代表性的牌坊。我回来后，查看了一点资料，做了一个表格。

（PPT展示）

徽州牌坊类型与代表性牌坊建筑

牌坊类型	功能解说	代表建筑
功德坊	对象是朝廷重臣，旌表功名和政绩，树立为臣典范	许国大学士坊 槐塘“丞相状元坊”
仕科坊	褒扬科举成就，激励读书上进	江氏世科坊 吴氏世科坊
百岁（寿）坊	祝福寿星，以表达敬老爱幼的道德观念	许村“双寿承恩坊”
忠烈坊	表彰保境安民、忠君爱国、建立殊勋的忠烈	郑村西溪三石坊（“忠烈祠坊”“司农卿坊”“直秘阁坊”） 斗山街“豸绣重光坊”
节孝坊	表彰孝道、贞守	叶氏贞节木门坊 棠樾牌坊群中的“汪氏节孝坊”“吴氏节孝坊”“鲍逢昌孝子坊”“慈孝里坊”
其他	旌表义举善行	棠樾“乐善好施坊” 黟县“圣人坊”

师：你的功课做得不错，归纳很完整，不同的牌坊发挥不同的作用。那么，我们应该怎样评价它们的功能？评价的角度又应该是什么？

生 4：牌坊主要宣传“忠孝节义”“礼义廉耻”“三从四德”“三纲五常”等社会伦理道德，换一个说法就是封建社会的核心价值观。

生 5：我看牌坊的时候，一般会记匾额文字。因为从这些题字里就可以晓得牌坊的内容。有的一看就知道意思，比如“双寿承恩”，就是夫妻双双都是百岁老人，为“人瑞”请求旌表，表达尊老敬老的情感；也会遇到“豸绣重光”这样的匾额，意思看不懂，一查才知“豸绣”是明代御史的服饰，“重光”是恢复名誉、再获恩赏的意思，这是说牌坊的主人江秉谦死后重新获得皇帝的表扬和朝廷的追封；许国大学士坊上有很多题字，“大学士”“先学后臣”“恩荣”“少保兼太子太保礼部尚书武英殿大学士许国”，表明这是皇帝赐予的荣耀，彰显着特殊的身份和成就，看这座牌坊，我想到今天的名片，上面也有头衔，只不过今天的名片用于交流，多是自己印制，而许国的这张名片是朝廷恩准特制，供人瞻仰，不能交换。

师：联想到名片，有意思。我们研学的主题就是在徽州寻找“乡土中国”，大家还应该再想深入一点。

生 6：再读《乡土中国》，我就有一种强烈的感觉，费孝通先生所论述的乡土中国的社会特征，在这里得到充分的体现。这些牌坊里的内容，无论是道德教化，还是家庭伦理、社会伦理，都是“礼治”的要求。在《乡土中国》第 8 章《礼治秩序》有这样的阐述：

> 礼是社会公认合式的行为规范……礼和法不相同的地方是维持规范的力量。法律是靠国家的权力来推行的……维持礼这种规范的是传统。
>
> 礼并不是靠一个外在的权力来推行的，而是从教化中养成了个人的敬畏之感，使人服膺；人服礼是主动的。

我认为牌坊的背后是“礼”，是规则和传统，其实就是费孝通所说的“教化权力”，是一种无形的力量。

师：这就是社会观察与分析，我们鼓励这样的理性思考。怎么理解这“无形的力量”？

生 6：就是这里的人们遵循礼，是一种自觉，也是徽州地区民风淳朴的原因吧。

生 7：你说是一种自觉，我不太赞同。《乡土中国》里说“人服礼是主动的”，但我认为这种主动可能很有限。大家也看到，徽州的牌坊，极少由民间自建，更多的是皇帝敕造、朝廷恩准或州府批准的，这就说明“礼”是一种自上而下的力量，有利于统治者更好地规范人们的行为，达到控制的目的。

师： 这就是以上御下的力量。

生 7：《乡土中国》里将礼和法作为一对对立的概念，我也不太认可。

师： 那说说你的观点。

生 7： 我们习惯把“礼”看成一种说教，是虚的，其实不是这样的。比如，“乡规民约”一般都有详细的规定，人们违反了就会遭到处罚。我们都看了“徽州府衙”里的断案表演，大老爷是依“法”断案的，我还看到府衙墙上有很多条文，比如，“不孝父母，责杖十板”等，不就是把“礼”细化为法吗？这里的“礼”和“法”其实是一致的，处罚的权力在官府手中。

师： 也就是说“礼”的解释权、使用权最终归上面，对吧？你提出的“乡土社会礼和法不是完全对立的”，很有价值，后面可以就这个话题写一写。大家还有什么其他收获？

生 8： 我读《乡土中国》第 14 章《从欲望到需要》，觉得牌坊文化与这一章内容有关系。费孝通先生说，在乡土社会中人可以靠欲望行事，在徽州，读书求功名、荣归故里、行善尽孝等等，更多的是一个人、一个家庭的本能愿望，“做生意”或“求功名”就成了徽州人的最大欲望了。

生 9： 你认为是“欲望”，我看到的却是“需要”。徽州人的这些愿望，我认为是一种“自我实现”的需求。“欲望”是一种本能，它并不能指导人的行为。你刚才说的徽州人“做生意”或“求功名”，难道不是徽州人的生涯规划？大家看《从欲望到需要》这一章倒数第二段，里面说“自觉的生存条件是‘需要’”，“做生意”或“求功名”也就是费先生说的“自觉”，这可以证明徽州这样的乡土社会已经不是那种落后的乡土社会。

生 8： 牌坊里的东西几百年不变，徽州文化的本质也没有变，它又进步在哪里呢？

生 9： 我认为你看问题不够深入，徽州地区从最初的封闭落后，到后来的经济发展，再到文化繁荣，它符合“从欲望到需要”的发展规律呀，这些牌坊就是最好的说明。读书上进、尊老爱幼、行善尽孝，还有爱国敬业，即使在今天，不也是很有积极意义的嘛。

生 8: 这一点我也承认，但是牌坊里宣扬了太多的功名思想，这也不太好。第 14 章中有这样一句话:“在乡土社会中欲望经了文化的陶冶可以作为行为的指导。”不客气地说，牌坊中的欲望被蒙上一层文化的外衣，追名逐利也就有了冠冕堂皇的理由了。说到底，乡土社会不能停留在欲望满足的阶段，它需要向现代社会转型，这是费孝通先生写这本书的愿望之一吧，我理解的就这么多。

师: 不错，不错。读书首先要读进去，在这个基础上才有可能进行深度批判，你们的交锋证明了这一点，非常好。应该说费孝通先生对乡土社会特征的描绘，是有一定的批判性的，同样，对牌坊文化，可以见仁见智，有碰撞才能激发思维的活力嘛。有的话题，如果要深入讨论，还需要更多的阅读，我们以后再说。

环节二　探究——徽州牌坊何其多

师: 刚才同学提到了风尚，我就想到一个问题：兴建牌坊，成为徽州的风尚，烙上了鲜明的地域文化的特征，为什么在徽州这个地方会出现这么多的牌坊? 比如，徽州的自然条件十分恶劣，有“七山一水一分田，一分道路和庄园”之说，但是文化又非常发达，怎么解释这种两极现象?

生 10: 我先跟大家分享一下“臭鳜鱼”这道徽菜吧，我查了一些资料，比较一致的说法是这道菜与徽商有关。鳜鱼多生长在长江流域，发家的徽商想把长江的美味带回山区，怕鱼坏了，就撒上盐，但没想到做出来之后却成了美味，闻起来臭，吃起来香。徽菜发展成为饮食文化，与徽商行走天下分不开。老师刚才说徽州自然条件不好，靠天吃饭是很困难的，出门讨生活就成了徽州的风俗惯例，男孩子十几岁就要出门学做生意。徽州有句流行的民谚:“前世不修，生在徽州；十三四岁，往外一丢。”生意做好了，发达了，就荣归故里，建房修祠堂、办学校，希望自己的后代能走读书这条路。所以，我们在徽州能看到那么多的“状元坊”“进士坊”。

师：这里有那么多贞节牌坊，又是为什么呢？

生 11：《乡土中国》中说：“乡土社会是个男女有别的社会，也是个安稳的社会。”我理解的“安稳”就是男人在外挣钱养家，女人在家扶养老幼，这是徽州人的生活常态。男人在外，女人守家，守节就特别重要，不能后院起火，这是社会伦理的要求。

师：能不能说得深入一点呢？

生 11：我做了点小研究，先补充一点徽州的发展历史。徽州自然条件差，山多地少，交通不便，原来这里人口极少，但在经历了封建社会的大动荡之后，比如汉末、五胡乱华、唐五代，大量中原人口因躲避战祸而迁入深山之中，与此同时，他们又带来了中原文化，到了宋代，徽州文化得到充分的发展，程朱理学盛行，而程朱理学最核心的主张就是“存天理，灭人欲”，三纲五常、三从四德是这种主张最明确的要求。所以忠君、节孝牌坊就特别多。

师：这个小研究角度好。同学们注意一下，文化的形成原因是多方面的。探讨牌坊文化，应该从政治、经济、文化、历史等多方面的角度，这样我们对徽州牌坊奇景才会有更深入的了解。我特别表扬一下你刚才从人口迁移的历史视角来分析。《乡土中国》里讲到迁移，就像种子撒向四方。对于徽州地区而言，历史上的人口大迁徙，何尝不是文化的迁徙呢？另一方面，徽商行天下，也会把外面的文化带进来，所以，徽州文化繁盛也有这方面的原因。

生 12：徽州是一个躲避祸乱的好去处。我们在黟县的“陶家村”时，看到牌匾上说这一支陶氏宗族就是陶渊明次子陶俟的后代，是不是真的，我没有查资料。但徽州民风淳朴与《桃花源记》里很相近。

师：我们知道中原文化多以儒家文化为主流，而儒家文化重耕读、轻商贾。但在徽州很奇怪：一方面儒家文化气息浓厚，另一方面“做生意”又特别在行。怎么解释这种两极现象?

生13: 可能对商人，我们喜欢贴标签，认为商人重利，无商不奸的观点也就深入人心，这其实是对行商的一种偏见。徽州商人一向看重货真价实、童叟无欺、合法经营、互惠互利等基本道德，这也是他们共同遵守的底线，很多大姓祠堂里都有类似的家训。

生14: 我们常说的“儒商”，应该是这样的吧?

师: 我给大家看两则材料。

(PPT展示)

> 旌阳程淇美“年十六而外贸……然雅好诗书，善笔丸，虽在客中，手不释卷”。——《旌阳程氏宗谱》
>
> 休宁商人江遂志行贾四方时，“虽舟车道路，恒一卷自随，以周览古今贤不肖治理乱兴亡之迹”。——《济阳江氏族谱》

师: 这样的商人往往是饱学之士，在徽州特别多。经济发达了，为文化的兴盛提供了保证。所以，儒商在徽州享有很高的声誉。

生15: 难怪徽州两种人最有名，一是商人，二是读书人。胡雪岩、胡适是这两类人中的代表，一个是“红顶商人”，一个是新文化代表人物。

生16: 你说到这两位胡姓名人，我就想到徽州地区有一个特别的现象，那就是大姓家族的势力。一个姓氏就是一个点，然后不断向外扩张，形成了乡土社会的差序格局。我查了一下徽州的大姓，最有名的是汪氏、程氏、胡氏、李氏、黄氏、江氏、鲍氏、叶氏等，家族的荣耀跟功名、仕途、德操有关，很多牌坊都与这些姓氏有关。

师: 聚族而居或是家族迁徙，是乡土社会的特点。这就是《乡土中国》里说的“乡村里的人口似乎是附着在土上的，一代一代地下去，不太有变动”“世代定居是常态，迁移是变态”。

生17: 但是也有不同，徽州很重视文化，而《乡土中国》里认为文字不是最重要的，不识字不影响交流；还有徽州商人多，像种子撒落四方，不是完全固定在土地上的，流动也是徽州的特点。

生 15: 对呀！经济上去了，才有建的条件，加上大力宣扬儒家文化，徽州人兴建牌坊、祠堂，就是很自然的了。

师: 同学们看到了牌坊兴盛有家族、文化、经济的作用，还有一种力量，不能忽视。我认为，这一种力量才是真正起决定性作用的。

生 18: 皇帝，或者说是朝廷。

师: 应该说是一种政治力量。谁能解释一下?

生 18: 我认为朝廷恩准兴建牌坊，当然是因为对统治有利啦！本来，皇恩浩荡就是一种强大的吸引力。皇帝需要忠烈之士，就会给为国尽忠的人树牌坊；治理国家重视教化，就会给孝子、贞妇树牌坊；朝廷要招揽人才，就会给考取功名的人树牌坊。说白了，牌坊就是一种政治需要。

师: 你总结得很好。也就是说徽州牌坊之多，是因为这里朝廷需要的“典型人物”很多。这不是徽州人深感荣幸的地方吗?

环节三　质疑——徽州牌坊是与非

师: 胡适在他的《口述自传》开篇很自豪地说“我是安徽徽州人”；陶行知先生在《给徽州同乡的公开信》中无比骄傲地赞美道：“我们徽州，山水灵秀，气候温和，人民向来安居乐业，真可谓之世外桃源。察看他的背景，世界上只有一个地方和他相类，这个地方就是瑞士。”（PPT 展示）

生 19: 谁不说自己家乡好嘛!

师: 前面我们就说了，牌坊作为一种特殊的建筑物，是文化、文明的符号，是智慧与艺术的结晶，在历史发展的进程中起到过巨大的作用。现在的问题是：作为一种文化象征，我们怎么看?

生 20: 我老家就是歙县的，但我不太喜欢老家，特别是那些祠堂、牌坊，总给我一种压抑感。这次徽州行，同学们比我积极，我却没有什么兴致。

生 21：你是不是身在福中不知福?

生 20：我爸总跟我说“荣宗耀祖”，要我读书上进。我认为封建社会的人才观与我们今天的人才观应该有本质的不同，成功学的大道理是很狭隘的。

生 21：前面已经有同学提到牌坊里宣扬功名的思想了，但我们还是要看到它积极的意义。比如我们学校的校训“厚德、励学、敦行”，这与牌坊中的“崇学上进”也差不多，不能一棍子打死吧，取其精华，剔除糟粕。

生 20：我觉得那时候的读书观念是落后的，这是我跟父亲最大的分歧。

师：的确，我们今天需要有更健康的读书观，读书观直接关系到人才观。刚才就说到统治者需要什么样的人，就会为这样的“典型”树牌坊，我看徽州牌坊树得最多的是“忠臣孝子”，这就是为统治者培养顺民或者奴才，褒奖功名，崇学上进，就是希望这样的忠臣孝子越多越好。这一点，我们一定要区分开来。还有什么值得反思的?

生 22：我在看有的牌坊时，也会有不舒服的感觉，比如贞节牌坊，那种压抑感就很明显。棠樾牌坊群中有一座“汪氏节孝坊”，故事讲的是汪招嫁与鲍文龄为妻，25 岁时丈夫死了，留下她与年幼的孤儿。汪招终身没有再嫁，含辛茹苦地把儿子培养成人，守寡 20 年后病亡，10 年后官府以“立节完孤、矢贞全孝”为名为她树起了这座贞节牌坊。还有鲍氏家族的第一座贞节牌坊“吴氏节孝坊”，上面有“圣旨”二字，更是了不得。你们看这两位 20 多岁就守寡的女子，牌坊是荣耀，还是悲剧?

生 23：守贞要分两种情况看：一种是守妇道，另一种是守寡不嫁。徽州大多数男子外出经商，那就要求家中女人必须安守妇道。女子守妇道也利于一个地方形成好的风气。所谓民风淳朴，也有这方面的要求；女子从一而终，不应过多指责。

生 22: 一个女人，年轻守寡，终老孤身，难道不是一种残忍？为什么不能再婚？一座贞节牌坊，让一个鲜活的生命就此老去，这是不人道的，我的压抑可能来自这方面。

生 24: 这才是要批判的。如果民风淳朴以牺牲女性为前提，这样的民风还是不要为好。守妇道，其实就是要妇女“三从四德”。从人性角度看，这是非常残忍的。

生 25:《祝福》里的祥林嫂就是一个最好的例子。鲁镇人认为她克死了祥林，又克死了贺老六，最后克死了儿子阿毛，克夫克子是罪状，再嫁更是罪状。她额头上的疤，是晦气，是罪恶的标签，所以鲁镇的人都很嫌弃她。

生 24: 我记得老师上《祝福》时，问了一个问题：“假如祥林嫂活在今天，她会不会那么不受人待见，会不会穷死？”当时我们只是信口说“不会，因为时代不同了，她可以凭力气吃饭”。现在想想，我们的回答还是太简单了。

师: 婚姻是社会伦理最直接的反映，又集中体现在女性身上，同学们把注意力集中到贞节牌坊上，就很有问题意识。据学者罗刚先生统计，徽州现在一百多座牌坊中，贞节牌坊就占一半以上（罗刚《千古悲欢阅沧桑：徽州古牌坊》）。前人说过：“新安节烈最多，一邑当他省之半。”当守节、守寡成为一种集体意识时，这才是要警惕的，更应该遭到批判甚至抛弃。《乡土中国》里有一句什么话来着？

生 25:“礼也可以杀人，可以很‘野蛮’。”

师: 对呀！理性、思辨，是我们对待传统文化应有的思考方式。

生 26: 对，我想起来了，《儒林外史》里就有这样一个故事，女儿为未婚夫殉死，父亲却大笑说：“死得好，死得好！”更好玩的是同乡人都称赞他生了一个好女儿。真是愚昧透顶。

师: 传统的东西真要仔细辨识，不能一说传统文化，就满怀自信。鲁迅先生有一篇文章《我之节烈观》，就曾说道：

（PPT展示）

然而现在的“表彰节烈”，却是专指女子，并无男子在内。据时下道德家的意见，来定界说，大约节是丈夫死了，决不再嫁，也不私奔，丈夫死得愈早，家里愈穷，他便节得愈好。烈可是有两种：一种是无论已嫁未嫁，只要丈夫死了，他也跟着自尽；一种是有强暴来污辱他的时候，设法自戕，或者抗拒被杀，都无不可。这也是死得愈惨愈苦，他便烈得愈好，倘若不及抵御，竟受了污辱，然后自戕，便免不了议论。万一幸而遇着宽厚的道德家，有时也可以略迹原情，许他一个烈字。可是文人学士，已经不甚愿意替他作传；就令勉强动笔，临了也不免加上几个“惜夫惜夫”了。

总而言之：女子死了丈夫，便守着，或者死掉；遇了强暴，便死掉；将这类人物，称赞一通，世道人心便好，中国便得救了。

生25: 牌坊里面并不都是美好，愚昧、腐朽、残忍，甚至血腥也充斥其中。敢质疑，会质疑，才能有比较完整的思考。树立了几百年的牌坊，有时并不是那么崇高的，换一种眼光看，有的牌坊就是一种反面警示牌。

师: 所以，我们看牌坊文化，就应该以一种批判的眼光，要“祛其魅”。记住鲁迅的话：“运用脑髓，放出眼光。”

课后请同学们修改先前的作业，按论文的要求写好研学论文。

这节课就上到这里，下课！

课后作业

请同学们根据“观察、视角、思考”的思路修改或重写论文。为了让同学们的写作有点学术味，也成系列，大家不妨参照下面的表格内容自选写作角度。

“徽州行”研学小论文写作参考表

角度	内容参考
徽州牌坊	牌坊类型与功用，它所折射出的社会与家庭伦理，则是一种秩序。
徽州“三雕”	徽派建筑的重要特征是木雕、砖雕和石雕，在其精湛的工艺背后是智慧，体现了“建筑是凝固的诗”的文化内涵。
徽州祠堂	通过祠堂，来窥见聚族而居的兴盛与凋零，也能看到《乡土中国·家族》在这里的缩影。
探访状元县	休宁为何有“状元县”之称？从这里看乡土中国有一重要特征——浓厚的耕读传统。
徽州民居	以宏村、西递为考察对象，探寻其“背山面水”的地理选择与白墙黛瓦的视角审美。
陆路与水道	徽商如何从皖南起伏的山峦中进出？徽州古道与新安江水道曾经的繁忙与今日的冷寂，从这一视角看徽州，也算是独具慧眼。
其他	徽墨、徽戏、徽商……

点评

为学术经典寻找现实的接口

郭惠宇，正高级教师，语文特级教师。原马鞍山市第二中学校长，现为马鞍山市成功学校校长，安徽师范大学兼职教授。曾获全国先进工作者、全国模范教师等荣誉称号。著有《灵动与沉潜——郭惠宇谈语文教育》《“好玩”与“有用”——语文教学散论》《阅读教学与思维品质》等。

每一位教或学《乡土中国》的人，可能都会在心里追问："阅读本书的意义何在？"经典的形成，"既有赖于经典创造者的个体记忆和经验表达，又有赖于它在传播过程中获得的普遍肯定，最后则是经过代代传承，固化为一种不随时代变易的永恒价值"。《乡土中国》就是这样一部具有"永恒价值"的学术经典，讲授本书需要解决的一个问题，便是教师如何引导今天的学生去找到其与现实生活的接口，认识学术经典的价值，通过研读达到窥见社会真实、洞察人性善恶、提升思辨能力、植入学术基因的教育效用。盛老师这节《牌坊里的"乡土中国"》的教学实践，不仅给我们提供了一个如何突破文本局限、发现教育资源的实践性案例，而且让我们看到了如何使学术经典既带有时代印记又保有其固有价值，并使之在中学的课堂上发挥其应有的思辨力量。

一、拓宽阅读空间，创设立体的设计

本课是在完成了整本书课堂学习任务之后，借助一次"徽州行研学旅行"而进行的活动成果展示，在阅读空间上作了三个方面的拓展，实现了三个不同方面的对接。一是文本内外的空间对接。在教学的设计之初，就把"徽州行"纳入整本书阅读的项目化学习当中，让学生从书本里走出来，构成了"课堂—社会—课堂"的空间转换，也实现了关注视野的延展与转化。二是过去与现在的时间对接。尽管社会不断地发展变迁，但农村是整个中国社会的基层，乡村问题对于中国社会的研究依旧意义非凡；选择徽州相对比较典型的区域，可以引导学生以历史的旧迹看今天，再以今天的眼光看过去，很自然地可以找到中国社会的文化基因，加深对乡村传统文化和社会结构的认知。三是理论与实践的能力对接。这个项目化的教学设计，融合了"读—行—思"的能力，不仅实现了对费孝通先生实践精神的浅模仿，而且成为高中生的一次有质量的文化考察和思考，让他们带着问题去行走，行有所思，思有所向，让费孝通先生所谈的"乡土本色""差序格局""男女有别"等理论一下子找到了现实的根基和验证。因而，本节课的设计是流动的、是立体的。

二、展示文化图景，培养发现的眼光

从教学过程中，我们看到学生对牌坊这样一种文化现象，作了全景式的观察与认知，这是学习方式改变的成果。但更重要的是他们不仅发现牌坊有什么，还发现牌坊里有什么。这就改变了一般性的游山玩水、看景赏花，所有的观察有了焦点，有了深度透视，有了理性的总结。所以从学生的课堂表现，我们看到他们可以对牌坊如数家珍般地侃侃而谈，看到了他们从《乡土中国》走出来后的实践性思考。在教师的引导下，学生对牌坊和牌坊文化，进行着溯源性、发现式的阅读，进行着抽丝剥茧似的分析，他们从中发现牌坊背后的传统伦理、家族荣光、教化权力、礼法关系，发现牌坊文化在徽商文化甚至徽文化中具有的家族、文化、经济和政治的影响力，当然，更发现了费孝通先生的真知灼见和治学精神。

三、建构思辨场域，形成批判的张力

盛老师在本课的设计之初，就旨在提升学生理性思考的自觉和培育学生批判性思维的品质。围绕着这样一个初心和意图，他在教学中竭力地去构成对话、思考和探究活动，为课堂交流搭建思辨场域。本课是从牌坊这一文化符号的不同表述方式切入的，引导学生不但要善于描绘景象、复述故事、抒写情绪，而且要学会发现问题、积极思考、发表见识，以此来唤醒学生的理性自觉。课堂上，师生们围绕徽商的兴盛展开了热烈的讨论，由表及里，教师有效地推动学生的思维不断延伸拓展，从小小的牌坊探讨出儒家文化与商业经济为何能在徽州得以融合，以及牌坊背后起决定作用的力量。在教学的第三环节“质疑——徽州牌坊是与非”，盛老师借胡适、陶行知对家乡文化的盛赞，提出了对徽州文化现象的辩证思考，于是，课堂上出现了许多思维火花：有对读书观的反思，有对封建婚姻伦理的批判，有对传统文化的理性思辨，有了“运用脑髓，放出眼光”的教学场景。

当下，我们时常会问及研习经典在现时代的意义，其实，经典不仅给了我们观看社会的不同视角，提供了审视人生的不同方式，在教育的课堂上，研习经典的意义更在于将经典的精神能量转化为学生成长的养分，为他们植入学术基因，学会学术表达。因此，教师需要为学术经典寻找现实的接口，打通学生亲近文化经典的经络，一如在盛老师的课堂上，尝试着为学术经典找到文化的、思维的、情感的和实践的等不同的接口，形成了丰富的对话层面，构建了深度的思维场域，既入乎其里，又出乎其外，不断地将经典价值转化成教育的有效资源。

课例18 写作中的概念界定与诠释

蓝玉，语文特级教师，正高级教师，广西南宁市学科带头人"深蓝工程"导师。在教学中能够根据学情设计"班本课程"，进行有针对性的教育教学，深受学生和家长的喜爱，获评南宁市"我最喜爱的老师"。

设计意图

阅读和写作是语文教学的"一体两面"，议论文写作教学不应该脱离阅读而独立进行。《乡土中国》是一部生动易懂又逻辑严谨的学术著作，为高中生议论文写作提供了很好的范例。

《乡土中国》有三个特点：诗性的概念、散文化的结构、杂话式的表述。这三个特点在增强学术文本可读性的同时，也增加了理解的困难。这就需要了解学术思维的一般过程：搜集现象—理性思考—概念阐释，在此基础上厘清关键概念的内涵、理清论述思路、把握论证结构。

本课的教学目标主要有两个：

1. 格物致知，跟着《乡土中国》学习概念界定。

2. 学以致用，跟着《乡土中国》学写议论文。

在议论文写作中，我们要格物致知，探求事物的原理、法则，获取对事物的理性认识。概念是逻辑思维的基本形式之一，反映客观事物一般的、本质的特征。人类在认识过程中，把所感觉到的事物的共同特点抽取出来，从感性认识上升到理性认识，就成为概念。概念界定有助于我们透过现象看本质、揭示事物内在的因果关系，从而提出具有启发意义的观点。为此，我在课前进行了概念界定的示范，布置了概念界定和写作的任务。

概念界定的示范：差序格局。

1. 与差序格局相关的形象化描述（用典型现象揭示概念内涵）

（1）我们的格局不是一捆一捆扎清楚的柴，而是好像把一块石头丢在水面上所发生的一圈圈推出去的波纹。

（2）我们社会中最重要的亲属关系就是这种丢石头形成同心圆波纹的性质。

（3）像贾家的大观园里，可以住着姑表林黛玉，姨表薛宝钗，后来更多了，什么宝琴、岫烟，凡是拉得上亲戚的，都包容得下。可是势力一变，树倒猢狲散，缩成一小团。

（4）在我们乡土社会里，不但亲属关系如此，地缘关系也是如此……在传统结构中，每一家以自己的地位作为中心，周围划出一个圈子，这个圈子是“街坊”……有势力的人家的街坊可以遍及全村，穷苦人家的街坊只是比邻的两三家。这和我们的亲属圈子是一般的。

2. 用关键词找现象的特征（提炼普遍属性）

（1）“同心圆”“以自己的地位作为中心，周围划出一个圈子”——以己为中心

（2）“有势力的人家的街坊可以遍及全村，穷苦人家的街坊只是比邻的两三家”——依中心势力厚薄而定

（3）“势力一变，缩成一小团”——伸缩性

（4）“一圈圈推出去”——愈推愈远，也愈推愈薄

（5）“亲属关系如此，地缘关系也如此”——适用范围

3. 理性诠释（界定概念）

差序格局是一种发生在亲属关系、地缘关系等社会关系中的，以己为中心，依据中心势力厚薄而定，愈推愈远，也愈推愈薄，且能伸缩自如的社会格局。

课前布置三个学习任务，学生先自主学习，然后以学习小组为单位，在课堂上汇报研究性学习成果。

任务一：结合自己对“差序格局”这一概念的理解，以《红楼梦》为例分析差序格局的特点。

任务二：用作对比、下定义、诠释等方法界定概念。

任务三：写一篇议论文，要求厘清关键概念，灵活运用从《乡土中国》中学到的说理方法。

> 易中天教授在《闲话中国人》中说，人生有三“得”，即学习时沉得住气，成功后弯得下腰，失败时抬得起头。这三“得”也是一个人为人处世的准则和必备的素质。
>
> 对上述三“得”，你有何体验或思考？请选择其中一“得”，自选角度，自拟标题，写一篇不少于 800 字的议论文。

教学扫描

师：同学们，概念辨析是逻辑阐述的起点，旨在将核心概念从众多可能的意义中剥离出来，并赋予它只在文章语境下才能成立的特定意义。辨析关键概念的常规方法有作对比、下定义、诠释等等。

课前，我给大家印发了任务清单，让同学们深入思考，自主学习，完成任务。学习小组的组长检查了同学们完成任务的质量。这一节课，是问题解决情况的汇报课。请同学们在合作探究的基础上展示交流。

环节一　结合自己对概念“差序格局”的理解，以《红楼梦》为例分析差序格局的特点

生 1: 我们第一组从贾政打宝玉的行为来看差序格局。

对于贾政来说，贾府与忠顺王府相比，贾府是“内”，忠顺王府是“外”。从血缘关系来讲，贾政与宝玉是父子，关系最亲密。但是忠顺王府地位远高于贾府，所以当忠顺王府的长史堵上门来，从自己和贾家的利益出发，贾政必须给王府一个交代，就只能痛打宝玉给王爷出气。把贾府与忠顺王府的内外顺序颠倒过来，这就体现出以自我为中心分辨亲疏远近的差序格局的特点。

生 2: 我们第二组从探春管家来看差序格局。

探春从小在贾母身边长大，颇受宠爱。在她的差序圈子里，先有嫡系一脉的亲戚：祖母贾母、父亲贾政、嫡母王夫人、嫡兄弟宝玉，然后才到生母赵姨娘和庶兄弟贾环。虽然赵姨娘和探春有血缘关系，但赵姨娘只是侍妾，身份低微，而且赵姨娘愚笨、粗鄙，没见识，所以探春对赵姨娘更是疏离。

生 3: 我们第三组从贾家的亲戚来看差序格局。

贾府鼎盛时可以包容得下林、薛、史等很多异姓亲戚，甚至包括李纨的堂妹、寡婶，刘姥姥等人，范围很广。贾府败落时则树倒猢狲散，薛姨妈和宝钗也搬出了荣国府。刘姥姥作为贾府远亲，来往颇少，对贾府的作用也小，只能算是贾府最远最薄的水波纹。对于王熙凤来说，当刘姥姥不能为自己带来利益时，就用几两银子打发她；当刘姥姥得了贾母欢心，态度就完全不同；而当贾府破败，自己有求于刘姥姥时，态度极为诚恳。这既体现了差序格局的伸缩性，也体现出以与自己关系的亲疏远近为标准来处理人际关系的差序格局的特点。

师: 同学们能从《红楼梦》中不同人物的行为举止总结出差序格局的特点，做到融会贯通，非常好！血缘、地缘 、经济水平、政治地位、知识文化水平是形成差序格局的五大因素。在差序格局这种社会结构中，人与人之间构成了“以己为中心”的人际关系网。站在网的外围往中心看，都是“自己人”，属于“公”的范畴；站在网的中心往外围看，离自己越远的人，关系越淡漠。要维护这张网中的人际关系，需要礼治秩序的强化。

环节二　寻找文本依据，理性辨析概念

第四小组界定核心概念：团体格局。

第一步：搜集现象，寻找文本依据。

1. 我说西洋社会组织像捆柴就是想指明：他们常常由若干人组成一个个的团体。团体是有一定界限的，谁是团体里的人，谁是团体外的人，不能模糊，一定分得清楚。在团体里的人是一伙，对于团体的关系是相同的，如果同一团体中有组别或等级的分别，那也是事先规定的。

2. 当西洋的外交家在国际会议里为了自己国家争利益，不惜牺牲世界和平和别国合法利益时，也是这样的。所不同的，他们把国家看成了一个超过一切小组织的团体，为这个团体，上下双方都可以牺牲，但不能牺牲它来成全别种团体。这是现代国家观念，乡土社会中是没有的。

3. 在“团体格局”中，道德的基本观念建筑在团体和个人的关系上。团体是个超于个人的“实在”，不是有形的东西。

4. 团体格局的道德体系中于是发生了权利的观念。人对人得互相尊重权利，团体对个人也必须保障这些个人的权利，防止团体代理人滥用权力，于是发生了宪法。宪法观念是和西洋公务观念相配合的。国家可以要求人民的服务，但是国家也得保证不侵害人民的权利，在公道和爱护的范围内行使权力。

第二步：归纳特征，提炼普遍属性。

1. “一定分得清楚”“事先规定”——界限分明、注重契约

2. “把国家看成了一个超过一切小组织的团体，为这个团体，上下双

方都可以牺牲”——“公”的明确界限：国家

3. “道德的基本观念建筑在团体和个人的关系上”“团体是个超于个人的‘实在’”——团体先于个人又不能脱离个人

4. “人对人得互相尊重权利，团体对个人也必须保障这些个人的权利”——成员地位平等，宪法观念：人民服务国家，国家保证不侵害人民的权利，互为牵制

第三步：厘清种差，理性辨析概念。

团体格局是一种发生在团体中，借助宪法和人权等社会契约划定团体边界，成员之间地位平等、界限分明，人与所属团体互为牵制，团体先于个人又不能脱离个人的社会格局。

生 4: 我有一个困惑。在《乡土中国》中，费孝通先生创造性地提出了两个重要的概念——“差序格局”和“团体格局”，研读文本可以看出，“差序格局”体现的是中国人的“自私”“利己主义”“不会去克群，使群不致侵略个人的权利”；而“团体格局”就成了“公”的化身，这是一种借助宪法和人权等社会契约划定边界的、特殊领域的公。费老是要通过对比批判“差序格局”的“私”或“公私不分”吗？

师：这是个涉及议论文如何写得深刻的好问题！费孝通先生在“差序格局”这个核心概念的界定上，采用了“作比较”的方法，用与之相对的“团体格局”作对比。这对我们的阅读和写作颇有启发意义。在阅读和写作中，“比同”可以强化共同点，把握事物特征，有助于实现知识的系统化、条理化；“比异”能够了解差异，理解和尊重事物的多样性，有助于开阔视野，深化理性思维，提高思辨力。其实，《乡土中国》中也提及“当西洋的外交家在国际会议里为了自己国家争利益，不惜牺牲世界和平和别国合法利益”，他们在某种程度上也和“差序格局”一样，公私只是相对而言的，内公而外私。费孝通先生后来将对多元文化的关怀，融入了新的差序格局中，倡导“美美与共”，引导民众在欣赏本民族文明的同时，能够做到

欣赏、尊重其他民族的文明，达到“和而不同”的和谐状态。从“各美其美”到“美美与共”，这是文化领域的思想飞跃。

第五小组界定核心概念：横暴权力、同意权力 、长老权力、时势权力。

以横暴权力为例。

第一步：搜集现象，寻找文本依据。

1. 从社会冲突一方面着眼的，权力表现在社会不同团体或阶层间主从的形态里。在上的是握有权力的，他们利用权力去支配在下的，发号施令，以他们的意志去驱使被支配者的行动。

2. 权力，依这种观点说，是冲突过程的持续，是一种休战状态中的临时平衡。冲突的性质并没有消弭，但是武力的阶段过去了，被支配的一方面已认了输，屈服了；但是他们并没有甘心接受胜利者所规定下的条件，非心服也。于是两方面的关系中发生了权力。

3. 权力是维持这关系所必需的手段，它是压迫性质的，是上下之别。从这种观点上看去，政府，甚至国家组织，如果握有这种权力的，都是统治者的工具。跟下去还可以说，政府，甚至国家组织，只存在于阶级斗争的过程中。如果有一天“阶级斗争”的问题解决了，社会上不分阶级了，政府，甚至国家组织，都会像秋风里的梧桐叶一般自己凋谢落地。——这种权力我们不妨称之为横暴权力。

4. 至于横暴权力和经济利益的关系就更为密切了。统治者要用暴力来维持他们的地位不能是没有目的的，而所具的目的也很难想象不是经济的。我们很可以反过来说，如果没有经济利益可得，横暴权力也没有多大的意义，因之也不易发生。甲团体想用权力来统治乙团体以谋得经济利益，必须有一前提：就是乙团体的存在可以供给这项利益；说得更明白一些，乙团体的生产量必须能超过他的消费量，然后有一些剩余去引诱甲团体来征服它。这是极重要的。一个只有生产他生存必需的消费品的人并没有资格做奴隶的。我说这话意思是想指出农业社会中横暴权力的限制。

第二步：归纳特征，提炼普遍属性。

1. “社会冲突”“支配在下的”“发号施令”“以他们的意志去驱使被支配者的行动”——在社会冲突中占主导地位的一方以自己意志支配在下的

2. “冲突过程的持续”“休战状态中的临时平衡”“并没有甘心”“非心服也”——在下的一方暂时屈服

3. “压迫性质的”“统治者的工具”“阶级斗争”——具有支配、压迫性质，存在于阶级斗争中

4. “经济利益”“维持地位”——以经济利益来维持统治地位

第三步：厘清种差，理性辨析概念。

横暴权力是阶级矛盾中存在的一种在社会冲突中占主导地位的一方对暂时屈服的一方所拥有的具有支配、压迫性质，且通过获得经济利益来维持统治地位的力量。

同意权力是一种以社会契约或双方同意为基础，偏重社会合作，随社会分工的复杂而扩大，为保障社会分工中双方的权利和义务而共同授予的与经济利益有关的力量。

长老权力是在社会继替过程中，社会中的长辈对新成员宣教规范的文化性而非政治性的强制力量。

时势权力是指在激烈的社会变迁时代，在新旧交替、人们无所适从时出现可以推动乡土社会改变现有的社会形态和社会方式，指导社会变迁进程的文化英雄所拥有的不能包容反对的力量。

生 5：第五小组的同学以“下定义”的方式对维持乡土中国运转的四种权力进行了概念界定。首先，文本依据充分；其次，准确提炼了“横暴权力”的普遍属性，以此作为定义的“种差”；第三，界定概念的时候符合“被定义概念 = 种差 + 邻近属概念”的要求；第四，写出的句子是一个长单句，符合下定义的要求。

师：1917 年 4 月，《新青年》第三卷第二号封面上赫然印着《体育之研

究》，这是 24 岁的毛泽东第一次公开向大众展示了他深刻而独到的思想。同学们常常困惑，不知道议论文写作中论证的第一步是什么。高人的做法是辨析概念，即对要论述的概念给出清晰明确的界定。这就像是在一场战役中占据了高地，像是在一场战争中赢得了民心，接下来，你将利用这个制高点，横扫一切反动的力量和观点。

毛泽东的《体育之研究》第一节名为“释体育”，明确观点：“由此言之，体育者，人类自养其生之道，使身体平均发达，而有规则次序之可言者也”，“动之属于人类而有规则之可言者，曰体育”。

体育是什么，这还用解释吗？答案当然是肯定的。因为，争论往往产生于双方对同一概念的不同理解。比如，体育是否重要？有的人认为不重要，因为他认知中的体育就是不好好学知识，出去瞎跑瞎玩；有的人认为有点重要，因为体育是中考的考试项目；有的人则认为体育非常重要，因为他所理解的体育是人类使自己的生命得以保养，使身体得以均衡发展，并使人学会遵守规则、秩序的方法。

从对一件事含义大不相同的理解，我们就可以看出思想境界的区别。而这种想法，用于议论文的写作，则是辨析概念的经典方法。换个角度，通过辨析概念，就能看出作者思想的深度。

环节三　学以致用，跟着《乡土中国》学写作

第六小组展示习作：《抬起头，才能走出失败》。

“人生的光荣，不在于从不失败，而在于能够屡败屡战。”人生之路崎岖坎坷，走在路上总有重重跌倒的时候。跌倒，难道要就此不起吗？不，不是的，失败并不能让人停止前进。在失败时不屈地抬起头，才能继续走下去，走出黑暗，也走向成功。

“抬头”是积极的心态与不屈的意志的体现。高考落榜后，有人大哭一通然后重新树立目标，勉励自己，继续奋斗；有人日益消沉，虚度时光，在娱乐中麻痹自己，沉浸在过往中痛苦不已。前者正是失败后不屈的表现。或许一时陷入悲伤，但总会挣脱出来，着眼未来，继续积极地踏上人生之路。在积极的心态建立后，才有未来的一切可能；人生之路上，“抬头”的动作必不可少。

“抬头”是坚持与勇气，是相信成功终会到来。J.K.罗琳曾被多家出版社退稿，但她并不气馁，继续投稿，这个神奇的魔法世界才得以出现在世人眼前。屠呦呦从1969年开始研发抗疟药物，其间辛苦与失败不计其数，但她从未被失败磨去研发的信念；最终，青蒿素于1972年提取成功。徐梦桃三战奥运都未能摘金，她不愿放弃，一次次辛苦训练，一次次参赛积累经验，最终在北京冬奥会夺得金牌，成功圆梦。人人都知道“失败乃成功之母”，而在失败的困境中坚持下去，需要不被失败吓倒，需要巨大的勇气和对成功的渴望，需要对理想无尽的向往。在崎岖的路上行走，纵然孤单，纵然漫长，抬头可见闪耀星光——这般美景，不会被颓丧者所看到。

“抬头”才能看到失败背后的原因，找出路、改方向。假如在错误的道路上行走，将永远无法接近成功。中国古代历朝的初代君主实施的新政中，都看得到对上一朝代灭亡的反思与改进。中国近代史上无数仁人志士寻求救国之方，屡屡失败，一条路走不下去便换一条；直到中国共产党在探索中诞生，走出一条正确的革命道路，带领中国人民实现民族独立、人民解放。在时代的飞速发展下，不少企业因为无法适应新时代而倒闭，一些政策、法规也渐渐暴露出短板；故而近些年来国家愈发提倡创新，也更注重全面深化改革，注重法律法规的修订与调整。这一切都是在原先的失败上吸取经验教训，再在未来的路途中进行改进。人类历史便是在一次次失败后的回望、反思中前进，慢慢纠错，渐渐发展。个人的发展也离不开这样的方式，每个人都在失败中学习、成长。

失败是人生路上必不可少的经历，给生命带来挫折，也给每个人都带来了机会，从失败中走出的人将由此获得宝贵的成长。失败后，请抬起头，挣脱悲伤，坚定理想，反思过去，走向未来。当失败变成有价值的经历，回望时会发现，当时的抬首迈步，虽艰难，但值得。

生 6: 这篇文章运用结构化思维，开篇紧扣作文材料提出中心论点：抬起头，才能走出失败，并引用名言进行道理论证，观点鲜明。在文章主体部分，用“理由+事实+总结”的思路展开，事实和理由、理由和结论之间有证明和被证明的关系，逻辑严密，论证有力。

师: 第六小组同学在第二、第三段诠释了“抬头”的寓意，这是积极的心态与不屈的意志的体现，是坚持与勇气，是相信成功终会到来。第四段分析了“抬头”的意义：“抬头”才能看到失败背后的原因，找出路、改方向。解决了“是什么”和“为什么”的问题，分析透彻。这其实也是界定概念的一种方法：诠释。诠释法是将概念的内涵和外延融合起来的重要方法。同学们写作的时候，常常很难准确地给概念下定义，这时候可以采用诠释法说出自己对概念的理解，突出概念的特点、作用和意义，类似于下定义的种差，就能够让读者对概念有清晰而深刻的认识。

环节四　归纳概括，提升意义

师: 同学们今天表现非常出色，结合具体的例子，采用作对比、下定义、诠释等方式进行了概念的辨析。议论文写作中，同学们的弱点在于论证。论证的目的在于揭示论点和论据之间的必然的、内在的逻辑关系；学会紧扣概念分析，把握现象与本质的辩证关系，学会因果论证，培养思辨能力；学会由现象深入本质，紧扣概念内在逻辑进行推演是议论文论证的不二法门。

《乡土中国》是一本学术论著，我们在学习中采用“任务驱动”的方式，遵循“搜集现象—理性思考—概念阐释”的学术思维，厘清关键概念的内涵、理清论述思路、把握论证结构，并认真完成写作训练，小组合作学习开展得扎实有效。希望同学们在今后的写作中能够运用作对比、下定义、诠释等辨析概念的好方法，提高议论文的写作水平。

板书设计

一、厘清概念内涵的一般思路：搜集现象—提炼普遍属性—界定概念

二、辨析概念的方法：

（一）比较法
- 比同：强化共同点，把握事物特征，有助于实现知识的系统化、条理化
- 比异：了解差异，尊重事物的多样性，有助于开阔视野，深化理性思维，提高思辨力

（二）下定义：被定义概念 = 种差 + 邻近属概念

（三）诠释法：突出概念的特点、作用和意义

点评

从概念界定提升学生高阶思维

彭春华，原广西教育研究院语文教研员，现在广西教育杂志社工作。广西教学名师，自治区优秀教师，广西教育学会中学语文教育专业委员会副理事长兼副秘书长。先后在南宁市教育科学研究所和广西教育研究院担任语文教研员多年。曾获广西高中语文教师优质课比赛一等奖第一名，第二届全国高中语文教师基本功比赛一等奖，全国中学语文教师下水作文比赛特等奖。

在国际华语大专辩论赛上，第一环节就是由双方一辩代表全队界定辩题中的核心概念。这一步看似常规，其实是双方攻防的关键，是双方各自构筑防御工事的起点。很多辩论队之所以功亏一篑，究其原因，往往是在界定概念的阶段没有用心经营，最终被对方攻破逻辑营垒。那么，如何界定概念呢？高中生在议论文写作中，采用什么方法界定概念最有效呢？蓝玉老师在《乡土中国》教学中，尝试探索可操作的方法以解决这一难题。

《乡土中国》的学习，安排在高中语文必修上册第五单元，属于“整本书阅读与研讨”学习任务群。这是一本社会学的学术论著，关于学习任务群18“学术论著专题研讨”，新课标在“教学提示”中要求此任务群要“结合‘整本书阅读与研讨’进行，以学生自主研读为主”，旨在“引导有这方面追求的学生阅读学术论著，体验学者发现问题、探索解决问题的路径，以及陈述学术见解的思维过程和表述方式”。学业质量水平5－2要求，“能清晰地解释文本中事实、材料与观点、推断之间的关系，分析其推论的合理性，或揭示其可能存在的矛盾、模糊或故意混淆之处等……能从多篇文本或一组信息材料中发现新的关联，推断、整合出新的信息或解决问题的策略、程序和方法，并运用于解决自己学习和生活中遇到的相关问题”。从本堂课来看，蓝老师在课堂中很好地落实了新课标的相关要求。

一、教学理念：体现任务群教学的理念，让学生在“做中学”，在递进式系列任务中提升素养

任务群，就是一系列逻辑上前后勾连的任务。蓝老师在本课中，设计了几个前后勾连、步步递进的任务，体现了让学生在真实情境中提升解决问题能力的课程理念。

概括起来，蓝老师布置给学生的任务分为两类：一是建立模型的任务，二是运用模型的任务。前者包括让学生以差序格局等概念为例，学习概念界定的方法；再以团体格局为例，再次印证概念界定的方法。在学生

自主探究中，师生共同总结出概念界定的基本方法，即三步法：搜集现象，寻找文本依据；归纳特征，提炼普遍属性；厘清种差，理性辨析概念。每一步都先由学生交流讨论，然后由老师进行小结。这体现了以学生为主体、以教师为主导的教育理念。

在运用模型的任务中，本课按由近及远，由个别到一般，由理论到实践的原则，布置学生完成以下任务。一是界定横暴权力、同意权力、长老权力、时势权力等概念，让学生将界定概念的方法用于《乡土中国》阅读的学习。二是让学生学以致用，跟着《乡土中国》学写作。学生通过写作练习和点评同学作文《抬起头，才能走出失败》，既体验了概念界定法在议论文写作中的运用，又学习了界定概念时将概念的内涵和外延融合起来的重要方法。

教育家布卢姆将思维分为识记、理解、运用、分析、综合、评价等六个层级，蓝老师安排学生动手运用，让学生在做中学，在做中巩固和运用规律，体现了对运用、分析、综合、评价等高阶思维的重视。这也是本课的亮点之一。

二、教学方法：先扶后放、扶放结合探究式教学方法的示范

新课标要求教师让学生“体验学者发现问题、探索解决问题的路径，以及陈述学术见解的思维过程和表述方式”，也就是要求教师教会学生探究的方法。同时提出，“阅读整本书，应以学生利用课内外时间自主阅读、撰写笔记、交流讨论为主，不以教师的讲解代替或限制学生的阅读与思考。教师的主要任务是提出专题学习目标，组织学习活动，引导学生深入思考、讨论与交流”。

界定概念是写作和阅读学术著作的基本起点。蓝老师在本课中采用先扶后放、扶放结合的探究教学思路，引导学生总结界定概念的方法。在《乡土中国》中，费孝通先生创造了很多概念，但是他在书中对概念的界定，却走了一条不同寻常的路，那就是不用严谨的学术术语进行严格的定

义，而是多采用类比、打比方、作比较的方法来界定概念。这样写的好处是深入浅出，使专业的学术论文也能贴近普通民众的理解力，让普通民众也读得懂或懂一点。蓝老师的教学思路别具一格。她带领学生从字缝里读出字来，从费先生看似普通的类比界定概念中抽丝剥茧，去探寻概念的严谨定义。这是引导学生进行深度学习的探险之旅。

如果说写作者是编码者，他总是只表现出自己的一部分意义，那么阅读者常常是解码者，要通过种种努力去还原作者的本意。蓝老师的这种类似概念还原的教学法，是引导学生解码概念的很好的教学方法。本课教学步骤非常清晰。学生通过比同、比异，按照“搜集现象—归纳特征—厘清种差”三步法探究，在讨论中总结概念界定的方法，教师在学生探究的基础上小结。对每个任务，蓝老师先让学生探究，小组讨论，然后派出代表展示，最后才是教师的小结，师生共同总结概念界定的规律。通过一堂课，学生经历了从具体到抽象，从个别到一般的思维过程，体会了运用归纳法探究知识的乐趣。这种先扶后放、扶放结合的方法，也是探究教学法的很好展示。

三、核心素养：落实语文学科核心素养，为整本书阅读的教学提供了范例

语文教学，最终的落脚点在于培养学生的学科核心素养。本课的教学，重点落实了语言建构与运用、思维发展与提升两大核心素养。

在语言方面，本课例重视概念的解读，重视写作的输出。在课堂中教会学生对概念术语进行解码，而同时在写作中对核心概念进行编码。教师引导学生在丰富的语言实践中，通过主动的积累、梳理和整合，学习和总结界定概念的方法，培养学生在“具体语言情境中正确有效地运用祖国语言文字进行交流沟通的能力”。

在思维方面，教给了学生界定概念的方法。通过语言运用，使学生的逻辑思维、辩证思维和创造思维得到发展，促进学生深刻性、批判性和独

创性等思维品质的提升。概念界定是推理思维的起点，无论是对于学生进入高等学校后从事科研论文写作，还是对于学生以后走入社会生活，阅读学术著作和深入思考社会现象，都大有裨益。作者费孝通以深入浅出的笔法创造和阐述概念，而执教者引导学生以逆向思维从文本中看似浅显的现象中读出深意，并组织出概念原有的严谨学术意义。由个别到一般，由具体到抽象，这正是高中生需要加强的重要思维能力。蓝老师在上课中引导学生发展思维的方法非常成功。

四、写作教学：为阅读与写作搭建桥梁，促进学生从读到写的转变

在阅读中建模，再在写作中用模型，前者运用了归纳法，后者相当于运用了演绎法。长期以来，我们的写作教学陷入“少慢差费”的局面，一个重要的原因在于，写作教学中教师教授的理论不少，但教授的方法不多。写作教学在“写无定法”的借口下，主要靠教师个人的经验和学生自我的感悟，几乎成了玄学。本课例中，蓝老师引导学生通过阅读总结出界定概念的方法，又通过练习巩固概念界定的方法，并让学生结合写作实际演练，很好地将阅读与写作联系起来，使读写结合有了抓手，让概念界定的技巧在现实生活中得到了落实。这也说明，要想提升学生的写作能力，很重要的一点是要引导学生在阅读中建构写作思维模型，从阅读中总结写作的规律，然后让学生依靠总结出来的模型写作。因此，阅读不仅要教学生读懂文章写了什么，还要总结文章是怎么写出来的，文章中的某些写法是否有普遍性，其他的文章是否也用此法写作。如果是，是否形成了规律，将此规律总结出来，学生写作的时候就有了模型，就有了支架。在这方面，本课例也是成功的示范。

本课的教学也存在小小的遗憾。部分术语的使用还有可商榷之处。譬如“比较法、下定义、诠释法”为说明文中关于说明方法的术语，应用到议论文的写作范畴中是否妥当？在议论文中，建议用“界定概念”这一术语，而不用“下定义”这一术语；“比较法”也建议换成“比较论证”。当

然，这是白璧之瑕，无损本课的精彩。

概念是建构知识体系的基本单元，随着社会的发展和中国的崛起，我国社会科学中概念供给不足的问题已初步显现。建构和生产有效反映社会生活的概念，是我国学者加快构建中国特色哲学社会科学，建构自主知识体系的重要基础。而我国未来的科研工作者，就潜藏于现在的中小学课堂中，从这个意义上说，蓝老师所讲的概念界定课有了更深广的意义。

后记

由外而内，由浅入深，引领学生走进学术之门

余党绪

一、《红楼梦》可深可浅，《乡土中国》难深难浅

《红楼梦》教学能深能浅，《乡土中国》则难深难浅。这是我对入选高中语文教材的两部“整本书”的教学状况的概括。

2023 年 3 月，我主编出版了《〈红楼梦〉整本书阅读课例研究》一书。从素材采集，到课例打磨，一路下来，发现同行中有不少“红迷”“红粉”，也不乏教学的行家里手。看这些课例，有如行走山阴道上，山川自相映发，使人应接不暇。有了 50 多个素材打底，我很轻松就挑选出了 21 个不错的课例。也有遗憾，但总体看，无论是文本解读，还是教学设计，都达到了很高水准。而且我还有一个非常鲜明的感受，那就是《红楼梦》的教学可深可浅，能深能浅；深有深的道理，浅有浅的必要。有些课很深，但未必生涩；有些课浅显，但浅得可爱，并不会让人无聊。对于造诣深的老师，《红楼梦》有足够宽阔的挖掘空间；对于初涉“红楼”的人，似乎也能找到合宜的话题，只要用心用力，至少不会让自己坍台。我把这本书送给几位红学家，红学家也说想不到，感慨中学老师里有那么多高手，能把《红楼梦》教得那么精彩!

不言而喻，这与《红楼梦》自身的博大精深相关。螺蛳壳里都能做出

道场来，何况这样一个恢宏大气的文学世界？此外，还有一个原因不可不提，那就是我们对文学的阅读教学更熟悉，经验与方法也更多。特别是小说阅读，无论是袖珍小品，还是鸿篇巨制，终究脱不了人物、环境与情节这些基本要素，离不开结构分析与语言赏析这些套路。而这些，大概是我们这些语文教育从业者更熟悉的。

还有一点，红学研究的学术成果支持，也是《红楼梦》教学能深能浅的重要原因。几百年的红学研究，储备了取之不尽、用之不竭的资源。毫不夸张地说，无论我们多么富有教学想象力，都能找到足够的学术资源来支持我们展开想象的翅膀。

再说《乡土中国》。《乡土中国》原本是报刊文章，语言浅白，表达相对通俗，论证也不烦琐，单从字面看，读懂其实也不太难。尤其是前三章，就像随笔，偶尔也有俏皮与幽默，比如《文字下乡》的第一段，费孝通描述城里司机遇到手足无措的乡下人，“司机拉住闸车，在玻璃窗里，探出半个头，向着那土老头儿，啐了一口：‘笨蛋’！”，这画面让人忍俊不禁。费孝通就有这个能耐，讲述生活小故事、小趣事，描绘日常小场景、小细节，用鲜活的情节和情境引导读者进入文本，即使知识积累不够宽厚的读者，也能理解他的意思。再如《无讼》一章，作者描述了乡村常见的一个场景：

> 某甲已上了年纪，抽大烟。长子为了全家的经济，很反对他父亲有这嗜好，但也不便干涉。次子不务正业，偷偷抽大烟，时常怂恿老父亲抽大烟，他可以分润一些。有一次给长子看见了，就痛打他的弟弟，这弟弟赖在老父身上。长子一时火起，骂了父亲。家里大闹起来，被人拉到乡公所来评理。那位乡绅，先照例认为这是件全村的丑事。接着动用了整个伦理原则：小儿子是败类，看上去就不是好东西，最不好，应当赶出村子。大儿子骂了父亲，该罚。老父亲不知道管教儿子，还要抽大烟，受了一顿教训。这样，大家认了罚回家。那位乡绅回头和我发了一阵牢骚：一代不如一代，真是世风日下。

这个场景里蕴含了《礼治秩序》《无讼》《无为政治》《长老统治》几章所讲的道理。“调解”旨在维护父子兄弟之间的孝悌之道，具体的是非及责任分割并不重要，这触及乡村社会（传统社会）的礼治秩序及其治理观念；调解由拥有教化权力的长老（乡绅）担当，基层行政人员（如保长）没有发言权，这又呼应了费孝通所谓“皇权不下县”的断言，涉及皇权与绅权、政统与道统的关系；三个当事人不分主次都受到了责骂，看起来简单粗暴，实际上要的就是这个效果，因为调解的终极目的，是天下“无讼”，而非维护当事人的权益。

《乡土中国》里这样的段子很多，这样的“费氏风格”极大方便了读者的理解。若没有“学术”这个标签，你把这本小册子当散文读，当文化随笔读，也都能读得手舞足蹈，也会有不少心得体会。问题是，一旦有了“学术”这个标签，距离似乎就远了，那些字词也变得魅惑起来。特别是未曾受过学术训练的初读者，总在揣测文字的背后到底还隐藏了多少深奥的“学术”——心理上有了隔膜，读起来难免沉重。因此，在《乡土中国》的阅读中，帮助学生克服这个恐惧心理很重要。我发现，只要卸下了这个包袱，带着平常心进入，上手就快。总的看，读懂文本的基本意思，理解作者的表达初衷，问题不太大。

问题在于，作为一个教学单元，《乡土中国》的阅读是否到此为止？仔细阅读语文课程标准关于学术文阅读的说法，可以发现它的要求是有层次的，不仅要“通读全书”，“争取读懂”，还要进一步“把握书中的重要观点和作品的价值取向”，“了解本书的学术思想及学术价值”，“探究本书的语言特点和论述逻辑”。正是在更高的层面上，教学的困难就来了。我说它看起来可深可浅，实际上却是“难深难浅”，甚至“深不得浅不得”，表达的就是这个尴尬。浅了，像大白话，教学的必要性就值得怀疑；深了，学生不懂，教师也未必有相应的能力来支持。徘徊在深浅之间，教学的偏差就出现了。“深”不下去，只好绕弯子，兜圈子，不去碰文本这个“硬茬儿”；

“浅”不出来，只好拿理论去解释或印证某些似是而非的现象，一不小心就走样了。

俗话说“深入浅出”，没有“深入”的功夫，哪有“浅出”的清明?《乡土中国》的核心是什么？学术，本质上是以论证求真知，概念是学术的基石，论证是学术的核心。那么，费孝通是怎样从复杂的社会现象中抽绎出“差序格局”这些核心概念的？他秉持着怎样的逻辑构建了一套关于“乡土中国”的概念体系？基于这些概念，他又做出了怎样的推理与论断？其论证效力又来自哪里？……显然，只有进入概念的辨析与论证的反思层面，才算触摸到了《乡土中国》的文本核心。相对文学阅读而言，这些恰恰是我们所生疏与欠缺的。

《乡土中国》的整本书阅读教学，必须在这深浅冲突中找到突破口。

二、费孝通与《乡土中国》

如果承认每个人都有自己的命运，那么，作为学者的费孝通（1910—2005）应该算得上幸运。他出生之时，中国人正在走出绵延了两千年的封建帝制；他辞世之际，改革开放已经如火如荼了。[1]百年历史，波澜壮阔，时代馈赠给费孝通的，远比书斋给的多。而在这百年坎坷中，费孝通幸运地拥有了他这代知识分子所难拥有的履历、荣耀与幸运。燕京求学，他得遇恩师吴文藻；伦敦留学，因缘际会，他有幸投身马林诺夫斯基门下。这让他自然地拥有了他人终生难以企及的学术平台与空间。不能不说，《江村

[1] 费孝通用“三级两跳”来概括他经历的社会形态变革，即“先后出现了三种社会形态，就是农业社会、工业社会和信息社会。这里边包含着两个大的跳跃，就是从农业社会跳跃到工业社会，再从工业社会跳跃到信息社会。我概括为三个阶段和两大变化，并把它比作‘三级两跳’”。

经济》之所以驰誉世界，与马林诺夫斯基的举荐密不可分。即使在中华民族救亡图存的二十世纪三四十年代，费孝通也还幸运地拥有了他的“魁阁时代”，一批心怀学术理想而又朝气蓬勃的学术同道汇聚在他身边。费孝通遭遇了时代带来的各种挫折，但拉开了时间距离看，不能不说他是很幸运的。他甚至幸运地渡过了包括“文革”在内的历次运动，人到晚年又焕发出了耀眼的学术光芒。从早年思考中国底层社会贫困与落后的原因，到改革开放后探索乡镇发展的城市化进程，再到全球化时代思考人类文明的走向，费孝通的人生旅程与学术生涯，折射出了一个世纪的家国变迁与世界风云。无论如何，费孝通是成功的，也是幸运的。

出身于书香门第，成长于开明之家，这是费孝通拥有的第一重幸运。

在我看来，人生的最大不确定性便是不可选择的身世，而费孝通却幸运地出生在江南繁盛之地，降生在开明乡绅之家。费家在吴江有几百亩土地，还在同里开了一家典当铺，算是当地的大户人家。其父费璞安曾公派赴日留学，攻读教育。回国后担任过江苏省教育厅视学。费璞安有一个习惯，外出视学喜欢收集地方志。费孝通闲时喜欢翻看这些记载着各地的历史、风物、人物、民俗的志书，积久成习，无意间竟播下了一篇论文的种子，这就是费孝通的大学毕业论文《亲迎婚俗之研究》，这是“用全国各地方志里有关婚姻风俗的记载做材料写成的”[1]。

费孝通的外公杨敦颐乃前清举人，家世显赫。关键是，杨敦颐虽然熟读“四书五经”，却不守旧，相反还乐于接受西方新事物与新思想。在他的影响与培育下，儿女们皆有所成。费孝通的大舅杨千里乃晚清民初的风云人物，从“苏报案”为邹容奔走，到主笔《申报》呼吁共和，再到出任民国国务院秘书，他的人生波澜起伏，丰富多彩。费孝通多次提及这位大舅，说大舅对他的影响最大。有意思的是，胡适也说深受杨千里影响。1904

[1] 费孝通.费孝通文化随笔［M］.北京：群言出版社，2017：186.

年，杨千里到上海澄衷学堂执教，胡适正在那里求学。胡适在《四十自述》中写道：“澄衷的教员之中，我受杨千里（天骥）先生的影响最大。”“我去看他，他很鼓励我，在我的作文稿本上题了‘言论自由’四个字。”“他出的作文题目也很特别，有一次的题目是‘物竞天择，适者生存，试申其义’。”由这些只言片语，我们可想象杨千里的个性与风采。此外，费孝通的四舅杨左匋留学美国，参与了好莱坞早期动画片的制作，被誉为“中国动画之父”；而小舅舅杨锡镠是著名建筑师，参加了新中国北京“十大建筑”的设计工作。这样的外公，这样的娘舅，带给费孝通的影响不可小觑。

费孝通的母亲杨纫兰亦非等闲之辈。杨纫兰在婚后才进入上海务本女塾求学，这本身就有点传奇色彩。在新式学堂，她接受了民主共和、男女平等、崇尚教育等新思想。毕业后她创办了吴江第一家蒙养院，即幼儿园。在蒙养院，学生除了学识字，还做游戏，学跳舞，学唱歌，展示了全新的儿童观念与教育理念。费孝通在这个蒙养院长大，他说自己“没有进过私塾，没有受过四书五经的教育。连《三字经》《百家姓》也没有念过”。为此，他似乎还有一点遗憾。但其实，费孝通对“四书五经”并不陌生——《乡土中国》里随手援引的章句与故事可为佐证，这或许得益于幼年时的耳濡目染吧。同时，他更应该感到庆幸的是，因了这个缺憾，他才拥有了完整地接受新式教育的幸运，“从蒙养院（即今幼儿园）、小学、中学、大学、研究院到留学得博士学位——受过当时正规教育的全部过程”[1]。这在当时的中国人群中，算是凤毛麟角了。

也许正是家庭的开明氛围以及相对宽松的教育经历，造就了费孝通多元、平和、开放的文化心态。正如美国教授阿古什在《费孝通传》里写的

[1] 费孝通.学历简述［M］//费孝通.费孝通文集：第 11 卷.北京：群言出版社，1999：308.

那样：

> 费孝通与20世纪初期的大多数知识分子不同，他从感情上并不否定中国文化。他是在不背弃他小时所受的传统教育的情况下，没有遇到什么困难就获得西方知识的……他不属于参加“五四运动”的一代。但他继承了“五四新文化运动”的传统，他自然而然地接受了反封建思想。[1]

这样的自然与从容也表现在《乡土中国》的文字中。费孝通在古今中外的文化时空下审视脚下的“乡土中国”，却能保持相对的客观与冷静，固然与学术文章的表达追求相关，其实也与其深层的文化心态相关。在《文字下乡》一章，费孝通说“文字下乡”很难，但这不是因为乡下人智力不及人，知识不及人，而是在乡土社会中，“没有用字来帮助他们在社会中生活的需要”。这样的理解不仅出于他的洞察力，也与他平和的文化心态相关。

跻身名校，得遇名师，这是费孝通的第二重幸运。

1930年秋，费孝通转入燕京大学社会学系，师从吴文藻；1933年，考入清华大学研究院社会学人类学系，师从史禄国；1936年，公费留学英国。不能不说，费孝通不仅选对了专业，还很幸运地遇到了在不同人生阶段、在不同角度成全了他的良师，尤其是吴文藻、史禄国、派克、马林诺夫斯基等社会学大师。跻身名校，得遇名师，费孝通的学术生涯起步很顺，起点也很高。

吴文藻是费孝通在社会学领域的第一位领路人。这是一位敢于批判、革新与创建的学者。社会学是外来货，当时用的是洋教材，讲的是洋理论，中国的本土资源仅仅作为佐证材料而存在，“食洋不化”的现象触目惊心。有鉴于此，吴文藻提出“社会学本土化”的口号，主张从具体的社区研究入手，开展本土的社会调查与国情研究。为此，吴文藻邀请美国芝加哥

---

[1] 大卫·阿古什.费孝通传［M］.董天民，译.郑州：河南人民出版社，2006：13.

学派代表人物派克来华讲学。在吴文藻看来，引入芝加哥学派的社区研究，是促成社会学本土化的现实路径。

1932年，派克来华讲学。[1]费孝通晚年回忆说，派克“绝不单是一个诲人不倦的教授，亦绝不单是一个学识渊博的社会学家。这些名词用来介绍他是永远不够的。因为他所给予人们的不是普通的知识而是生命，一种能用以行动的知识。这种知识并非单由客观的描摹可以获得，一定要有主观的深察体会才能得到，所以我说是生命”。[2]费孝通将吴文藻和派克并列，说他们是自己“从事社会学的学术源头”。[3]费孝通在回望自己的学术人生时如此推崇派克，理当引起我们的关注。

派克做过记者，他用新闻记者的工作方式诠释了社区研究的方法论。为了探索芝加哥这座城市，他带领学生深入流浪汉出没的地区、黑人家庭和犹太人居住区、贫民窟和富人区，对不同群体的婚姻、邻里、贫困、犯罪、人口流动、社会交往、信息传递、群体亚文化等问题，进行了大量的调查与统计，获取了丰富的第一手材料。派克的理论主张与学术风格深深地影响了早期中国社会学。二十世纪二三十年代，由陶孟和、陈达、李景汉、陈翰笙等人推动的“社会调查运动”，将小学教师、人力车夫、南洋华侨、定县乡民都纳入了研究的视野，成为中国早期社会学的一道美丽风景。

在中国讲学期间，派克将这种研究方法带给了中国学生。他领着学生到贫民窟，到“八大胡同”，甚至还去参观监狱。费孝通回忆说，派克还带他们去过北平天桥，这让书生们颇为震惊。费孝通非常认可社区研究，认为它是“社会学中国化的具体方法”。后来，费孝通带着新婚妻子去广西瑶

---

[1] 孙平.从派克到费孝通——谈费孝通忆派克对中国社会学、人类学的贡献[J].开放时代，2005（04）：32.

[2] 费孝通.社会学家派克教授论中国［M］//费孝通.费孝通全集：第1卷.呼和浩特：内蒙古人民出版社，2009：137.

[3] 费孝通.补课札记［M］//费孝通.费孝通全集：第17卷.呼和浩特：内蒙古人民出版社，2009：10.

山探访，抗战期间做“云南三村”的社会调查与研究，都受到了派克与吴文藻的直接教导与影响。

除了派克的社区研究，费孝通的另一个学术源泉，就是功能学派。什么是功能学派？按照吴文藻的理解，“每一种社会活动，不论它是风俗、制度或信仰，都有它的独特的功能，非先发见它的功能，不能了解它的意义”。[1]换句话说，就是站在人的生存与生活的角度看待各种社会存在，哪怕是宗教与巫术，也不是莫名其妙的天外之物，而是与远古人类的生存压力与心理需要相关，有着满足原始居民的心理需要与社会需求的功能。功能学派的研究重点，就是看不同的文化要素如何各司其职、分工合作，共同维持着人类社会的有序运转。《乡土中国》对传统社会的分析有着明显的功能学派痕迹。从中国人的农耕生活出发，费孝通考察了依托于这种生产方式的人际关系、家族结构、婚姻状态、社会礼俗、权力形态，并做出了清晰的功能界定与合理解释，也为理解传统文化提供了一个新的视角。

1936年，费孝通赴英国伦敦政治经济学院，师从的正是功能学派的主要创建者马林诺夫斯基。费孝通的博士论文《江村经济》受到马氏激赏，不仅说该书“将被认为是人类学实地调查和理论工作发展中的一个里程碑”，而且极力促成了此书的出版与传播。在马林诺夫斯基看来，这本书不仅实地调查功夫了得，而且在研究内容上也独出机杼。当时的社会学多以落后民族或原始部落作为研究对象，而费孝通却将文明开化的江南村镇作为审视对象，这让马林诺夫斯基大为惊异。如果说马林诺夫斯基的研究是为了寻找文化的“他者”，那么费孝通则一头扎进了生于斯、长于斯的故乡，研究的就是自己的土地，探索的是他的父母之邦。马林诺夫斯基赞赏这是“社会学的中国学派”。

---

[1] 吴文藻.论社会学中国化[M].北京：商务印书馆，2010：6.

游历英美，跨越中西，这是费孝通的第三重幸运。

费孝通的家乡吴江，经济富庶，文化兴盛，读书观念与传统都很深厚。据说，小小的同里镇出了一位状元、一百多名举人和进士。在这样的环境下，出身书香门第、堪称“读书种子”的费孝通自然如鱼得水，前途不可限量。不过，倘若费孝通没有走出国门，他能不能成为我们熟知的这个费孝通呢?

人生不可假设。事实是，费孝通幸运地拥有了多次游历英美的经历。翻看他的英美游记，不难发现他在异国他乡的见闻与思考，与《乡土中国》有着内在的关联。我在《理解〈乡土中国〉的三个维度》一文中，分析过这种中西对比的思路，认为“《初访美国》明写美国，暗嵌着中国；而《乡土中国》明写中国，暗嵌着西洋”。其实，费孝通的这些游历之书，思路多类于此。可见，中国才是费孝通梦魂萦绕之地，而英美只是他思考中国问题的一个参照系。或者说，他思考英美的社会问题，还是为了更好地认识中国。

初到英伦的费孝通，最先看到的是英国的地理位置与岛国环境对人的影响。他认为，英国人不见得比中国人聪明，只是因为身处孤岛，空间有限，人力不足，不得不进取和冒险，这就有了发明创造，有了海外贸易，有了知识的进步。费孝通这样的判断未必完全合理，但显然，他希望从生存环境的角度来解释社会文化与心理状况，这与《乡土中国》的思考路径是一样的。《乡土中国》从“乡土本色”写起，说中国人“靠农业来谋生”，因而“人是黏着在土地上的”，这就导致了人的封闭、保守与不思进取。

1946年，费孝通重访英伦，这一次他似乎看到了英国人的另一面。这个曾经生机勃勃的岛国，也患上了老大帝国的毛病，沉湎于过去的荣光，对现实危机缺乏清醒认识。这样的忧患意识也出现在《乡土中国》中，而且弥散全篇。《再论文字下乡》一章谈到经验的代际传递时，费孝通写道:“同一戏台上演着同一的戏，这个班子里演员所需要记得的，也只有一套戏文。他们个别的经验，就等于世代的经验。经验无需不断累积，只需老是保存。”在日新月异的近现代社会，这种躺在祖先经验上的活法必将被时代所淘汰。

1943年，费孝通初访美国，新大陆让他兴奋不已。他发现，与中国不同，美国的土地是无限的，只要有欲望，敢冒险，你就有机会，就能创造更多的财富。在这样一个土地与机会都可以自由扩展的社会里，人的关系更自由、更平等，而家族的结构与权利关系也不一样。与家族捆绑在一起，可以守成，却失去了更多发展机会；独自闯荡，自然要吃更多的苦，却也因此有了新的活力。冒险很诱人，回报也很可观，这就造成了自由、开放与竞争的文化环境，社会洋溢着勃勃生机与活力。相比之下，传统中国是一个静态社会，人们安心地接受传统，克制欲望，按照克己复礼、知足常乐的原则安排生活，年年如此，代代如此，千年如此。

如此鲜明的对比，带给费孝通的震惊可想而知。费孝通主张文化自觉。什么是文化自觉？说到底，就是在不同文化的比较与鉴别中，发现民族文化的个性，包括自己的不足与别人的优势。有了这样的自觉，我们才不会自以为是，才不会妄自菲薄。显然，游历英美的亲身体验与直面中西的观念碰撞，有助于养成这样的胸怀与眼光。很多人饱读诗书，却终生拘囿于自我的圈子，终究难有会通古今、交接中外的大格局。在这个意义上，费孝通是幸运的，他是一个拥有世界眼光的人。

长寿，这是费孝通的第四重幸运。

文化创造与年寿的关系很复杂，但必须承认，一个经历了百年沧桑的高寿老人，人生经历所带来的智慧与通达，显然不是单靠努力与勤奋就能获得的。鲁迅先生55岁离世，算不算中国文化的一种损失？如果老天再借他30年，鲁迅的思想能不能达到另一种高度？耄耋之年的费孝通还有那么旺盛的文化创造力，那么鲁迅呢？这样的假设真是让人感慨。对照一下，不能不说费孝通是真的幸运。

三、由浅入深，处理好教学中的四组关系

梳理费孝通的人生经历与学术履历，有助于我们由外而内，借由学生熟悉的学习路径，帮助学生克服对学术文体与社会学的畏难心理。不过，阅读教学的落脚点毕竟在文本，若只在文本之“外”绕圈子，不能入乎其“内”，就谈不上真正的阅读。因此，直面《乡土中国》的文本，由表及里，由浅入深，在理解中反思，在反思中迁移运用，或可抵达课标的基本要求。

在由浅入深的阅读教学中，有四组关系需要辨析与处理。

1. 讲学者，更要讲学术

讲学者，还是为了讲学术。讲费孝通，目的还是读《乡土中国》。现在讲费孝通的课很多，梳理其履历，赞美其情怀，感慨其爱情，以此激发学生的读书兴趣，自然无可厚非，但终究不能主次倒置。讲费孝通，应该集中在他的学者身份与他的学术思想（特别是关于传统文化的思考，关于乡村建设的探索）。讲费孝通在新时期三访温州、三访民权、四访贵州等社会活动，与其赞美他关注民生，不如借此分析费孝通的“乡土情结”以及对“社区研究”“田野调查”等方法的自觉应用；讲他提出的苏南模式、温州模式、民权模式、侨乡模式等，与其赞美他为国献策，不如追溯费孝通小城镇建设的思想脉络——这依然根植于他的乡土情怀与认知。传统文化的根脉在乡村，在走向现代化的过程中，如何保全这传统文化之根呢？费孝通以西方工业化为前车之鉴，创造性地提出了“工业下乡”的理念。这样，既借助工业化解决了“人民的饥饿问题”[1]，又避免了西方工业化过程中出现的乡村凋敝与破败。在这里，我们不仅看到了一个文化学者的良苦用心，

[1] 费孝通.江村经济——中国农民的生活［M］.北京：商务印书馆，2005：236.

也看到了学术的力量与价值。关键是，这样的分析，更有助于学生理解《乡土中国》的写作立意。

费孝通有着知识分子的家国情怀与责任担当，是进行思想教育的好素材。不过也要注意，若忽略了费孝通的学者意识与学术思想，所谓家国情怀与责任担当，也只是一些抽象的说辞。情怀与精神只能体现在人的具体言行与行事逻辑之中。思想教育最忌讳的是空话，课堂上更要避免这样的空谈。

2. 重概念，更要重论证

费孝通在《乡土中国》序言里说《乡土中国》“不是一个具体社会的描写，而是从具体社会里提炼出的一些概念”[1]。可见，在现象中抽绎概念，通过概念来解释社会现象，是费孝通自觉的学术追求。这一点，他做得很成功。当代社会学家赵旭东评价说：“如果谈现代以来中国社会学和人类学最具原创性和影响力的学术概念，绕不开的便是费孝通在《乡土中国》中提出的‘差序格局’。”[2]除了差序格局，《乡土中国》使用过的很多概念，今天依然活在人文社科领域。

也正因此，概念在《乡土中国》的教学中受到了格外重视，围绕概念的教学案例也很多。不过，有两个问题还要辨析，一是《乡土中国》的概念教学，重点是什么？二是除了概念，我们可能还忽略了什么？

人文学科中的概念，不同于自然科学中的概念如重力、电磁波，一是一，二是二，内涵、外延一清二楚；人文学科中的概念如自由、社会契约等，则是仁者见仁智者见智，重要的是思辨，以思辨求共识。社会学家苏力说，差序格局“或许是费孝通先生著作中引发后辈中国学者最多讨论和

---

[1] 费孝通.乡土中国［M］.北京：人民出版社，2008：重刊序言3.

[2] 赵旭东，海子奕.费孝通学术思想中的中国式现代化路径——从乡土中国到转型中国的一种文化转型人类学的新探索［J］.学术界，2024（03）：81.

争论的一个概念”[1]，能够引发讨论与争论，这正是费孝通的能力，也是人文学科的魅力；而能引发“最多”的讨论与争论，恰恰证明了“差序格局”这个概念的存在意义。正因为“差序格局”是费孝通为了解释相关社会想象创造的概念，故不宜作为客观知识来接受，它的价值在于激发思考，引发探究，因此，应以思辨的眼光，审视作者提炼这个概念的目的、理由与逻辑，并借此把握概念的具体内涵。遗憾的是，目前的很多课例，重点似乎都还在证明与印证。不妨借苏力的质疑来看思辨的必要性。苏力认为“以差序格局作为对乡土中国社会格局的描述或概括，很难成立”，“因为差序化，是每个自然人，无论中外，应对和想象其生活世界的天然且基本的方式。尤其是在传统社会，由于血缘和地缘关系，人们自然甚至不得不以一种‘爱有差等’的方式来理解并组织其主观世界，并据此同他人交往”。但同时，苏力也认为，以“差序格局”解释中国人在“群己”“人我”关系中的“自我主义”，便于理解，也有说服力，因为“中国人的道德都是私人的，而私人的或主观的世界必定是差序化的”。[2]苏力的看法是否合理呢？学术旨在求真，贵在思辨，在这个意义上，结论并不重要，重要的是通过质疑与思辨，开启学生思考社会、追求真理的志趣。

概念教学中的另一个弊端，是就概念教概念，各个击破，导致了文本的碎片化。《乡土中国》有很多概念，但并非若干概念的简单相加。说到底，概念只是学术的基础，论证才是学术的核心；创造概念不是目的，以概念为基础，推断出合乎事实与逻辑的结论，才是目的。从整本书阅读的角度看，只有把握了全书的论证结构，才算抓住了一个“整”字。梳理《乡土中国》各章节之间的关系，可以发现其背后的论证框架：

[1] 苏力.较真“差序格局”［J］.北京大学学报（哲学社会科学版），2017（01）：90.

[2] 苏力.较真“差序格局”［J］.北京大学学报（哲学社会科学版），2017（01）：92.

生产方式 1—3章 核心概念：乡土本色	⇨	人伦关系 4—7章 核心概念：差序格局	⇨	社会治理 8—11章 核心概念：礼治秩序	⇨	社会变迁 12—14章

通过这个结构，可大体推断费孝通的社会观念：一个民族的生存状态与精神状态，归根到底取决于他们的生存条件与生产方式（乡土本色）；生存条件与生产方式，决定了特定的人伦关系（差序格局）；特定的人伦关系，决定了与之相适应的社会治理方式（礼治秩序）；特定的人伦关系与社会治理方式，在社会变迁的过程中会表现出自身难以克服的内在矛盾。基于这样的理念，费孝通从“乡土本色”出发，从“土地”开始自己的分析，对传统中国的社会关系、道德观念以及社会的内在矛盾，做出了一套合乎逻辑的分析与解释。

以论证求真知，乃学术之本质。把握了论证的总体框架，就抓住了全书的写作脉络，也就抓住了众多概念之间的内在关联，就避免了一盘散沙式的概念教学。

无论是从学术文阅读的角度看，还是从整本书阅读的角度看，都必须重概念，但更要重论证。

3. 重运用，先要重理解

借用费孝通的“乡土中国”理论解释社会现象或艺术现象，是《乡土中国》教学中的普遍做法。解释艺术现象的，比如《红楼梦》《阿Q正传》《祝福》《边城》《小二黑结婚》《平凡的世界》《秋菊打官司》的解读；解释社会现象的，比如探讨当代催婚、断亲现象的。这种理论联系实际的教学思路，能拉近学生与学术之间的距离，是推进《乡土中国》教学的切实路径。不过，理论运用毕竟存在着巨大风险，如果缺乏对理论的准确把握，就会泛化理论的解释力，陷入贴标签式的滥用，这恰恰违背了学术的根本。运用的前提是理解，不仅要理解《乡土中国》的理论建构，还要理解社会学的学科领域与边界，理解它与其他学科的不同。在《祝福》中，鲁迅对生活的描写显然超越了社会学的关注范畴，他提供的是一幅立体的、全息的生活图景，不仅揭示了宗法观念对人的影响，还暗示了现实的政治关系与经济关系对人们言行的左右，充分表现人性的复杂性与现实的复杂性。四叔雇用祥林嫂、婆婆出卖祥林嫂，其实都有经济上的考虑，只看到礼教的影响，拿尊卑有序、长老教化、家族权力等概念贴标签，不仅会带来对鲁迅理解的浅薄化，也会导致对社会学的误解。

4. 重无用之用，也重有用之用

读学术文，读整本书，当然要站得高，看得远，立足于宏观，不拘泥于一点一滴的得失。但考虑到学生整本书阅读的现状，还是有必要打通它与现有语文学习之间的通道。因此，既要重视立足于长远的“无用之用”，也要重视立足于当下的“有用之用”，让学生在整本书阅读中有切实的“获得感”。

如何让《乡土中国》参与到现实的语文学习中来？路径很多，前述将《乡土中国》与诸多文本联读，即其有效路径之一。其实在写作尤其是议论文写作教学中，《乡土中国》的资源也很丰富。比如前述费孝通对概念的处理，就值得借鉴。费孝通并未直接给“差序格局”下定义，而是通过打比方、举例子、援引经典或民谚等方式来诠释，把一个抽象的概念解释得清晰可感，让学术文摇曳多姿，这是一种深入浅出的能力，也是表达的艺术与境界。反观当下的议论文写作，偷换概念，内涵不清，生硬界定，比附不当，概念处理上的错误比比皆是，严重影响了议论文的说理质量。既然要读《乡土中国》，何不发挥它的多重功用呢？

讲学者，归根到底是为了讲学术；重概念，必须以整体论证为依托；重运用，前提是准确的理解；重无用之用，不妨从有用之用开始。在《乡土中国》的阅读中，处理好这四组关系，或可由外而内，由浅入深，引导学生走进学术之门，领略学术的魅力。

四、深深浅浅之间，蹒跚前行

无论是学术文阅读，还是整本书阅读，《乡土中国》教学都是一件新生事物，成功的课程开发与教学经验还很少。物以稀为贵，先行者的实践值得关注。先行者的可贵，不仅在于他们蹚出来的成功路径，而且在于他们经历过的挫折，比如踩过的雷，摔过的跤，掉过的坑，走过的弯路，做过的无用功。詹丹老师曾批评说，某些老师谈教学，写文章，缺乏历史意识与文献意识，好像一切都是从零开始的，是从他开始的，这话也适用于整本书阅读教学，适用于学术文阅读。总有一些不甘寂寞的人，在某个时段，在某个领域，在不为人所知的地方，或者还顶着我们所不知道的压力，默默地探索与耕耘。他们的经验让我们的起点不再是零。

本书的编写，就源于这样一个朴素的念头：能否将已有的教学经验，通过课例展示出来？作为一线教师，我深知，课例可能是一线教师最乐于接受的经验传播方式，它的优势在于聚焦与浓缩：聚焦的是《乡土中国》的具体问题，浓缩的是教学者的整体素质。

有了这个念头，便四处寻访，到处打听，发“英雄帖”，通过各种渠道广而告之。先后征集了近 40 个课例；经过几番筛选与反复打磨，最后形成了这 18 个精品。

感谢参与课例开发的老师。在开发的过程中，我们做了反复的、充分的沟通，希望达成更多共识。我将《乡土中国》教学分为“四环节”，也可以看作“四课型”，包括总览与通读、梳理与探究、整合与抽绎、转化与运用。这是一个比较“理想”的框架，在具体的教学中当然可自主取舍与合并。本书 18 个课例兼顾了四种课型，主要是希望给读者提供相对完备的参考。

总览与通读。旨在激发学生的阅读兴趣，做好通读的过程管理，并给予适当的方法指导。程载国、姜宁宁、屈伟忠、罗俊、肖杨、丁雨萌等老师的课例，由外而内，从作者、文体、社会学、题材等不同角度切入，希望激发学生对《乡土中国》的兴趣。值得一提的是程载国、姜宁宁两位老师，他们提供了一个《学术著作里的“有我之境”》课例，我觉得选题很好，内容也充实，但考虑到学术文章对客观公正的诉求，我提出建议：能否讨论一下“学术著作里的‘无我之境’”？这几年，载国老师致力于探索《乡土中国》及其教学，积累了丰富的学术信息与教学经验，于是就有了《学术著作里的“无我之境”》的课例。“有我之境”与“无我之境”并列，非常准确地解释了学者与学术的关系，揭示了人与文的关系。对于费孝通与《乡土中国》，这两个选题具有特殊的启发价值。

梳理与探究。针对整本书阅读中的重点与难点问题，开展必要的专题学习，这是课标的教学要求。专题从哪里来？来自文本梳理；梳理怎么做？依存于专题研究，这是我的基本理念。这里呈现了7个课例，何为、朱华华、左书珍三位老师聚焦家族的性质、结构及其过往与未来，姚玲老师讨论礼治的意义及其是是非非，李金华老师分析了长老统治及其内在机制，张进影老师关注的是社会变迁过程中权力的调整与博弈，赵艳艳老师则讨论了儒道文化与乡土社会之间的复杂关系。通过这些课例，《乡土中国》的核心概念与基本命题大多得以触及。同时，这些课例在教学方式上也呈现出一致性，这就是通过引入社会现象、生活现象、艺术现象，还理论以血肉，还概念以生气。这正是我所主张的“内外结合、深浅结合”的思路。

当然，最重要的还是老师们所选用的案例与费孝通理论的契合，这在很大程度上保证了阐释的合理性与有效性。

略感遗憾的是，这些课例聚焦的主要是概念，涉及全书论证结构与论证效力的课例，只能暂时告缺。这反映了《乡土中国》教学中的一个缺憾：重概念教学而轻论证分析。只有概念教学，只能算是切香肠式的教学，还不足以撑起《乡土中国》整本书阅读教学。这是需要引起关注的。

整合与抽绎。在整本书阅读中，引导学生厘清全书的内容框架，辨析文本的核心内容，概括文本的中心思想，追问作者的写作动机，都属于“整合”的范畴。但是，光有整合是不够的，“抽绎”的功夫不能少。抽绎，即理出头绪，理清思路，清晰地表达出来，这才算读明白了。文学阅读常给人以混沌感，想说也难说清楚，但学术阅读不一样，它追求的应该是清楚、明白、合乎逻辑、精确而清晰，容不得拖泥带水，更不能似是而非。有整合，有抽绎，黄剑老师的课例做了很好的示范。他抽绎出“何处来，何处去”，以此作为《乡土中国》讨论的核心问题，本身就显示了不俗的眼光。

转化与运用。理论的生命在实践与运用，运用很难，但训练学生的运用意识还是很有必要的。朱虹、赵韵如、景娟三位老师运用《乡土中国》的相关理论去解读《边城》《祝福》与《红楼梦》，这是典型的转化与运用，有理论的加持，能让我们抵达文本的更深处。盛庆丰老师的《牌坊里的“乡土中国”》，借用社会学理论研究徽州地区的牌坊文化，给人以耳目一新的感觉。蓝玉老师《写作中的概念界定与诠释》，将《乡土中国》的学习与议论文写作结合起来，训练学生的概念意识与界定概念的能力。这些课，既重视整本书阅读的“无用之用”，又开发其具体的“有用之用”，在运用中进一步加深了对《乡土中国》的理解。

深深浅浅之间，我们在蹒跚前行。如果你喜欢，就以它为师；如果不喜欢它，就以它为戒。

这本书另一个值得说道的内容，是我有幸邀请到18位业界有影响的教授与一线名师参与到课例的开发中，他们对课例的评点不仅让开发者受益良多，也给我提供了学习的宝贵资源。评点专家主要有三类，一是东北师范大学徐鹏、湖南师范大学周敏、陕西师范大学贺卫东等高校从事语文课程与教学论研究的教授；二是一些省、自治区、直辖市的语文教研员，他们是浙江省黄华伟、湖南省刘建琼、河南省丁亚宏、广西壮族自治区彭春华、广东省广州市陈坪、浙江省宁波市褚树荣、四川省成都市罗晓晖、北京市丰台区管然荣、上海市浦东新区兰保民、重庆市沙坪坝区姜恒权等老师；三是一直探索整本书阅读教学的一线名师，他们是深圳外国语学校的周鹏、南师大附中的张小兵、西安交大苏州附中的陈兴才、苏州中学的孙晋诺、马鞍山二中的郭惠宇等老师。

几乎所有专家在撰写评点的时候，都与课例作者进行了深入的沟通。感谢各位专家的友谊与智慧。

还要感谢陈心想教授。作为知名社会学家，陈心想教授这几年一直关注《乡土中国》的整本书阅读教学。这次能请他为本书作序，深感荣幸。感谢心想教授。

感谢责编陈晓琼老师。我的三本整本书阅读的课例研究（《〈红楼梦〉整本书阅读课例研究》《初中整本书阅读：一本书一堂课》《〈乡土中国〉整本书阅读课例研究》）都由陈晓琼老师担任责编，这是我的荣幸。

图书在版编目（CIP）数据

《乡土中国》整本书阅读课例研究 / 余党绪主编. 上海：上海教育出版社, 2024. 11. — ISBN 978-7-5720-3203-5

Ⅰ. G633.302

中国国家版本馆CIP数据核字第2024GW7018号

责任编辑　陈晓琼

封面设计　东合社

XIANGTUZHONGGUO ZHENGBENSHUYUEDU KELI YANJIU

《乡土中国》整本书阅读课例研究

余党绪　主编

出版发行　上海教育出版社有限公司

官　　网　www.seph.com.cn

地　　址　上海市闵行区号景路159弄C座

邮　　编　201101

印　　刷　启东市人民印刷有限公司

开　　本　700×1000　1/16　印张 22.5

字　　数　303 千字

版　　次　2024年11月第1版

印　　次　2024年11月第1次印刷

书　　号　ISBN 978-7-5720-3203-5/G·2832

定　　价　68.00 元

如发现质量问题，读者可向本社调换　电话：021-64373213